다문화시대의 이슬람, 그 반역의 역사

여는 글

우리는 모두 역사가 바람직한 방향으로 흘러가기를 희망하고 있다. 무엇보다 전쟁이 없는 평화의 역사가 이루어지길 원하고, 슬픔이 없는 기쁨의 역사, 가난이 없는 풍요의 역사, 불행이 없는 행복의 역사 등등. 그러나 역사는 언제나 우리가 희망하는 것과 반대로 흘러간다는 것을 경험을 통해 알게 된다. 그리고 그 아이러니에 괴로워하고 허탈해 하다 결국 신에게 매달리게 된다. 각자의 신은 우리에게 이렇게 말해준다. "나는 너희에게 낙원을 허락했으나 네 죄로 말미암아 스스로 낙원을 떠나지 않았느냐? 이제 악의 세력을 멀리하고 다시 내게로 돌아오라!" 그 되돌아옴을 신께서는 기뻐하실 것이고, 우리 인간들은 다시금 신으로부터 번영이라는 축복을 받게 되리라 믿는다.

고민 끝에 책의 제목을 "다문화시대의 이슬람: 그 반역의 역사"로 정했다. 서구는 오랫동안 이슬람을 뿌리쳐야 할 악의 세력으로 규정했다. 그들로 말미암아 인류는 낙원을 떠나게 되었고, 이제 다시 그 낙원으로 되돌아가려고 하지만 그들은 여전히 발목을 잡고 있는 형국이다. 반역(反逆)! 서구인들의 주장대로, 실제로 이슬람이 인류의 역사를 거꾸로 흐르게 하는 반역의 주인공일까? 만약 그것이 사실이라면 인류는 무슬림들에게 감사해야 한다. 우리는 바로 그 반역으로 말미암아 신으로부터 번영의 축복을 받을 수 있는 기회를 얻은 것이니까. 그런데 문제는, 이슬람도 역시 서구를 악의 세력으로 여긴다는 것이다. 그들이 볼 때 서구야말로 반역인 것이다. 상극(相剋)이다!

유럽에서는 이 문제를 소위 다문화주의라고 하는 공존의 논리로 풀고자 했다. 그러나 무슬림들은 동화정책에 기반한 다문화정책은 오히려 이슬람의 정체성을 약화시키는 것이라고 믿는다. 그들은 오히려 집단거주와 공적영역에서의 정교(政教)의 일치, 이슬람 율법인 샤리아법의 준수가 강조되어야 한다고 주장한다. 그러나 유럽의 입장에서 보자면 무슬림이 증가하면 치안불안, 테러의 증가, 정치적 긴장이 확산된다. 실제로 이슬람 문화가 종교의 자유와 남녀의 평등을 보장하지 않고, 또 그러한 이슬람 문화가 다른 사회에 유입돼 호스트 사회의 규범과 문화를 준수하지 않는다면 충돌은 불가피하다. 유럽의 지도자들이 다문화주의가 실패했다고 인정한 내용이 바로 이 점이다. 실제로 최근에 메르켈 독일 총리, 데이비드 캐머런 영국 총리, 그리고 사르코지 프랑스 대통령은 자국에서 다문화주의가 실패했음을 공식적으로 인정했다. 이제는 캐나다와 호주에서도 그 실패에 동의를 하고 있는 상황이고, 특히 이슬람과 관련한 유럽에서의 다문화주의란 이슬람권 이민자들에 대한 동화정책 이상도 이하도 아니었다는 데 대한 반성의 목소리

도 높다.(Kymlicka)

이 상극의 긴장과 갈등이 오늘날 한국사회에서 그대로 재현될 채비를 하고 있다. 의식주에서부터 언어와 에티켓에 이르기까지 다양한 생활문화에 대한 충돌을 고민해야 하는가 하면, 사상과 이념에 대한 충돌까지 고민을 해야 한다. 그 가운데 생활문화는 일상에서 가시적으로 드러나고 직접적으로 부딪히는 문제이기 때문에 다문화교육의 과제로 다루어야 할 부분이 한둘이 아니다. 그런가 하면 사상과 이념의 문화도 경제적 이익이나 정치적 힘의 균형을 유지하는 문제와 직결되어 있어 시급하기는 마찬가지다. 종교의 문제는 더 그렇다. 다문화교육에서 주제로 다루어진 적이 거의 없다. 아마도 생활 문화처럼 당장에 가시적으로 드러나는 문제가 아니기 때문일 것이다. 게다가 한국의 역사에서는 종교가 공존을 위해 균형을 잘 유지해왔기 때문이라고도 할 수 있다. 그러나 이제 이러한 주장은 설득력이 없게 되었다. 과거에 그러했기 때문에 앞으로도 그러할 것이라고 하는 주장은 위험하기까지 하다. 이것이야말로 지금 한국 땅에서 이슬람이 연구되어야 할 이유이다.

오늘날 한국 사회에서 이슬람에 대한 인식은 그리 긍정적이지 않은 상황이다. 일종의 이슬람 공포증(Islamophobia)으로 말미암아 경계와 배척의 대상으로 여겨져 다문화사회를 위한 걸림돌로 작용할 가능성이 충분하다. 그것이 다문화사회를 지향하는 서구의 오랜 고민이었음에도 여전히 해결책을 찾지 못하고 있다는 사실을 주목할 필요가 있다. 이슬람과 '상극'(相剋)의 한 축을 이루어왔던 서구의 입장에서는 기대할 수 있는 게 그리 많지 않다. 그것을 어떻게 '상생'(相生; coincidentia oppositorum)의 관계로 바꿀 수 있는지가 우리에게 주어진 과제다. 당장 교실에서 활용될 수 있는 구체적인 교육과정을 제시할 수는 없다 할지라도 결국에는 다문화교육이 감당해야 할 몫임에는 틀림없다. 그러나 현재 한국은 이슬람 문화에 대해 문맹이나 다름없는 상태다.

그동안 우리는 이슬람 세계에 관한 한 매사에 지나치리만큼 비판적이고 폄하적인 서구의 시각과 서구의 언론에 기대왔다. 이제 이슬람권에 대한 연구는 먼 훗날의 이야기가 아니라 당장 발등에 떨어진 불이고 21세기 인문학에 부여된 절실한 과제다. 따라서 우리가 가장 먼저 해야 할 일은 서구의 시각에서 벗어나 이슬람에 대한 오해와 편견을 버리고, 경험을 바탕으로 한 정확하고 객관적이고도 주체적인 사고를 갖는 것이다. 하지만 말처럼 이게 그리 쉬운 일은 아니다. 그렇다고 해서, 섞임과 혼종을 전제로 하는 국제화 시대에 그들에 대한 학술적 연구도 더 이상 미룰 수가 없는 형편이다.

그래서 나는 지난 몇 년 동안 직접 배낭을 메고 세 차례로 나누어 실크로드를 기웃거리며 이슬람의 냄새를 맡기 시작했다. 타클라마칸 사막을 지나 신장(新疆) 위구르의 우루무치와 카슈가르, 그리고 우즈베키스탄의 사마르칸트를 거쳐 부하라와 히바까지 찾아갔지만, 그 너머 이슬람의 심장이라고 할 수 있는 바그다드나 다마스쿠스까지는 발을 딛지 못했다. 최근에 이르러 갑작스레 불안해진 그쪽의 정치적 상황이 계속해서 길을 막고 있었기 때문이다. 그 대신 스페인의 톨레도와 코르도바, 그리고 그라나다를 중심으로 한 안달루시아를 비롯하여 모로코를 중심으로 한 북아프리카의 마그레브를 거치면서 이슬람과 관련한 대략의 지형도를 그릴 수 있었다.

발로 뛸 수 없었던 지역은 책상에서라도 퍼즐을 끼워 맞추듯 찬찬히 공부하는 수밖에 없었다. 한편으로는 역사의 현장을 직접 더듬으면서, 다른 한편으로는 학부의 "다문화사회와 한국문화"라는 과목과 대학원의 "동아시아비교문화론"이라는 과목을 통해 이슬람의 대략을 다루기도 했다. 나도 학생도 땀 꽤나 흘렸다. 워낙 척박한 땅이고 미개척지인지라 사소한 일에서도 힘들었다. 그러나 무엇보다도 학생들의 반응이 예상외로 뜨거워 즐거웠다. 그만큼 배가 고팠다는 뜻일 것이다.

다문화사회와 관련된 문제 제기가 너무 지루한 잔소리처럼 되었는지도 모르겠다. 그것은 이 책의 제목이 "다문화시대"라는 수식어를 달고 있기는 하지만, 실제로는 다문화적 이슈를 본문에서 제대로 다루지 못했기 때문이다. 또한 오늘날 우리가 이슬람을 더 주의 깊게 살펴야 할 당위성을 강조하고 싶어서였다. 엄격히 말해 이 책은 이슬람에 대한 초보적 입문서일 뿐이다. 이것을 바탕으로 주체적으로 다문화 사회에 접근할 수 있는 동기부여가 될 수 있다면 좋겠다. 역사적으로 이슬람과 한국문화 사이에서 일어났던 경험까지도 들추어 보면서 우리 나름대로의 의미세계를 구축하는 것이 마땅하지만, 급한 대로 이 책에서는 이슬람 문명사의 개괄로 만족하고자 한다.

사실은 전문적인 연구 성과가 이미 적지 않게 학계에 나와 있다. 특히 정수일의 선구적인 연구 성과와 이희수 등 중견학자들의 다양한 선행연구는 우리에게 큰 도움을 준다. 그럼에도 불구하고 여전히 이슬람이 우리에게 어렵고 낯설다. 왜 그런가? 이슬람 역사에 대한 기본적인 배경 지식이 없는 상황에서 지나치게 현실적인 이슈에 매달리기 급급했기 때문일 것이다. 이슬람을 호전성과 테러리즘, 여성학대, 반 근대주의 등으로 일방적인 규격화를 하는 것이 대표적인 예이다. 그러면서도 르네상스와 관련된 이슬람의 과학사 · 문예사 · 예술사 · 철학사 등은 여전히 신비주의의 커튼으로 가려져 있는 형편이다. 어둠 속에서 보물을 찾는 심정으로, 그래서 글쓰기 방식도 좀 더듬거리며 자유로운 방식을 택했다. 적절한 긴장과 적절한 흥미가 책 전반을 흐르도록 하기 위해 노력했지만 얼마나 효과가 있을지는 잘 모르겠다. 때로는 시공간을 뛰어넘어 한반도에서 일어났던 일을 언급하면서 숨을 돌리기도 하고, 때로는 문학과 예술을 이야기하고, 때로는 연애사건과 전쟁터의 숨 막히는 순간을 묘사하기도 하고, 때로는 전설 같은 에피소드를 삽입하기도 했다. 독자들이 흥미를 잃고 책을 덮는 일이 없도록, 마치 한 편의 소설을 읽는 느낌이길 바라서였다. 실증주의의 입장에서 보자면 자칫 역사를 왜곡할 수 있다는 우려가 있을 수 있으나, 우선 이슬람에 대해 친숙함을 느낄 수 있도록 개괄하는 것이 이 책의 목적이다.

세부적인 이슈에 대해 자세한 논고를 시작하기 전에 우선 전체적인 맥락을 놓치지 않고 큰 그림을 그릴 수 있기 바란다. 그런 독자들을 위해 이슬람의 문화적 개별 이슈를 다루게 될 두 번째 책의 출판을 미리 약속한다. 이 책에서 다루지 못한 세부적 주제들에 대한 심층적 분석을 시도해 볼 작정이다. 우리가 이슬람을 공부할 때 유난히 어렵게 느껴지는 이유 가운 데 하나는 익숙지 못한 용어나 고유 명사, 그리고 생소한 지리 때문일 것이다. 그래서 군데군데 지도도 곁들였다. 용어 또한 피해 갈 수 없는 일이기는 하지만, 가능한 한 단순화시키려고 노력했다. 또한 같은 고유명사라 할지라도 영어권 표기 방식이 보다 익숙하다면 그쪽을 선택했다.

이 책은 수업을 진행하는 과정에서 대학원생 다섯 명과 함께 책을 읽고 토론하면서 공부한 결과다. 박사과정의 이정윤, 황우철을 비롯해 중국에서 유학 온 석사과정의 정휘, 폴란드에서 유학 온 도미니크, 멀리 러시아의 사하 공화국에서 온 알렉산드라가 그들이다. 그리고 일종의 적대감(?) 마저 표하며 한국인들의 이슬람 편견에 대해 속상해 하던 타지키스탄 유학생 타블라토프 군의 이름도 언급해두고 싶다. 이들 외국인 유학생들이 직접 경험한, 혹은 그들 스스로가 믿는 이슬람에 대한 의견을 솔직히 개진해 준 덕택에 이슈마다 토론이 활발할 수 있었다. 덕분에 단순히 이슬람 종교의 형식을 맴도는 대신 그들의 삶 깊은 곳에 체화된 경험을 공유하기 위해 노력할 수 있었음을 감사하게 생각한다. 동학 이경규, 권상우 교수의 꼼꼼한 지적도 큰 도움이 되었다. 보잘 것 없는 연구 결과물에 대해서도 소중한 배려를 아끼지 않는 소통출판사의 최도욱 사장에게도 감사의 뜻을 전한다. 방학 때마다 바람난 것처럼 혼자서 배낭을 메고 싸돌아다닌 데 대한 아내에게의 미안함을 이 책으로나마 변명을 해 볼 작정이다.

목 차

제 1 장

아직 세상이 깨닫지 못했을 때

1. 바람이 들려주는 이슬람 이전의 세계
2. 시(詩)가 들려주는 이슬람 이전의 세계

1. 바람이 들려주는 이슬람 이전의 세계

이슬람의 탄생 배경과 관련해서 가장 중요한 지역은 아마도 페르시아 만과 인더스 강, 옥수스 강, 아랄 해, 카스피 해, 흑해, 지중해, 나일 강, 홍해에 이르기까지 강과 바다가 둘러싼 지역일 것이다. 그런데 이 지역을 통째로 묶어 부를 만한 적당한 지명이 없다. 보통 중동아시아(Middle East Asia)라고 칭하지만, 이 지명에서는 중앙아시아를 포함하여 페르시아에서 인더스강 건너편 지역까지는 포함되지 않는다. 게다가 그런 구획은 유럽을 중심으로 만들어진 것이 아니던가? 그래서 이 지역을 일컬어 타밈 안사리는 중간세계(Middle World)라 칭하자고 제안을 했는데, 아직 학계의 반응은 그리 신통치 않은 것 같다.(안사리 37)

아무튼 이러한 지역적인 구분은 중요한 시도라고 생각된다. 이 지역은 지중해 지역이 주로 해상을 통했던 것과는 달리, 육로를 통해 자기 나름의 독특한 내러티브를 형성했기 때문이다. 내러티브란 여행자들에 의해 전달되는 문화적 사실들이다. 농담에서부터 잡담에 이르기까지, 그림에서부터 음악에 이르기까지, 전설에서부터 신화에 이르기까지, 거의 모든 분야에 걸쳐, 사람들이 살아가는 이야기를 포함하며 나름대로의 문화적 색깔을 그려나가는 것을 말한다. 이 색깔은 이스라엘과 레바논, 시리아와 요르단을 중심으로 길게 뻗어 경계를 이룬다. 오늘날의 주요 분쟁지역이 바로 그곳인데, 서쪽의 지중해 지역과는 색깔뿐만 아니라 냄새까지도 확연히 다르게 나타난다. 다시 말하면, 이 지역은 지중해(地中海), 그러니까 서구인들이 말하는 지구의 중심에 위치한 바다에서 보면 동쪽의 변방이 된다. 한편, 메소포타미아와 페르시아에 중심을 놓고 보면 서쪽의 변방이기도 하고, 우리가 사는 한반도에서 보자면 옛날부터 우리는 서방정토, 혹은 서천서역국이라 부르기도 했던 곳이다.[1)]

하기야 이 지역은 오늘날에도 접근이 쉽지 않다. 이란, 이집트, 사우디아라비아, 리비아 등은 우리가 여행할 때 여전히 비자를 요구하는 지구상의 몇 안 되는 나라들 가운데 속한다. 이 지역의 역사는 기원전 6000년부터 시작된 것으로 짐작되지만, 문자와 바퀴, 수레, 도자기, 물레, 숫자체계 등이 발명되면서 수메르 문명이 꽃을 피웠다. 당시 수많은 전쟁을 거치는 과정에서 역사의 치열함은 설형문자로 남은 점토판에 잘 나타나 있다. "이 자가 들고 일어나기에 내가 그를 쳐부쉈다. 저 자가 들고 일어나기에 내가 쳐부쉈다." (안사리 42)

아모리인은 그 유명한 바빌론을 건설하여 최초의 바빌로니아 제국을 통치했고, 그곳을 다시 아시리아 인들이 통

---

1) 바리공주를 비롯한 한국의 설화에서는 불교의 발상지인 지리적 공간으로서의 인도 혹은 중앙아시아를 서천서역국(西天西域國) 혹은 서방정토(西方淨土)라고 했다. 상상의 공간으로서 당시로서는 갈 수 없었던 땅 끝 마을인 저승 혹은 그 너머에 있는 오늘날의 중간세계였을 것이다.

치하면서 바빌론보다 더 크고 웅장한 니느웨를 수도로 세웠다. 아시리아인들 다음으로 이 지역을 통치한 것은 갈데아 인들이다. 그들은 다시 바빌론을 재건하고 세계 7대 불가사의로 꼽히는 바빌론의 공중 정원을 건설하기도 했다. 예루살렘을 정복하고 유대 민족을 포로로 끌고 온 정복자가 갈데아의 왕 느부가드넷살(BC 604-562)이었고, 유대 민족이 거의 두 세대(BC 597-539)에 걸쳐 나라를 잃고 노예로 끌려와 목 놓아 울었던 곳이 바로 여기다.

유프라테스와 티그리스 강 사이에서 운하 공사를 위해 강제 노동을 하던 중 바빌로니아 십장(什長) 들이 유대인들

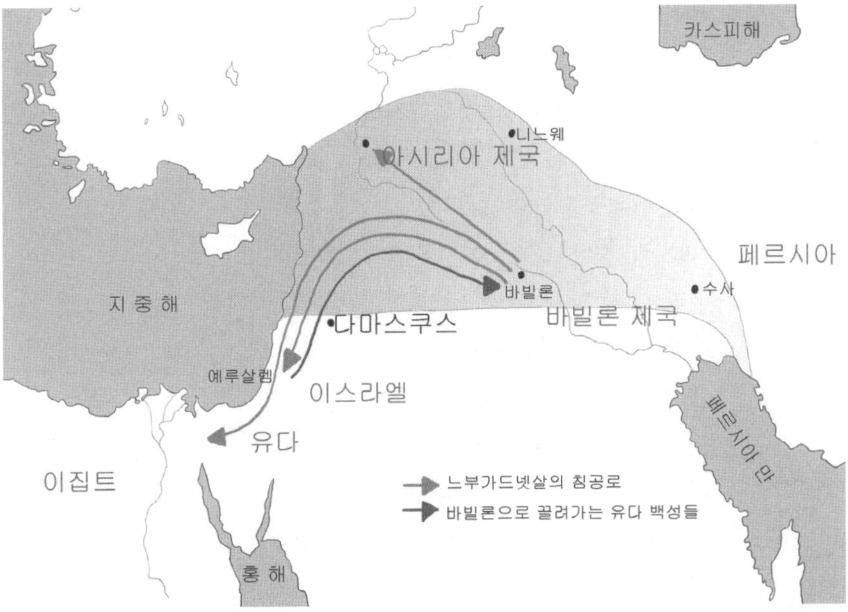

그림 1. 바빌론으로 끌려 간 유대 백성들

에게 고향 시온(Zion)의 노래, 곧 야훼를 기리는 노래 한 수를 불러 보라고 강청했던 모양이다. 그러나 어찌 노래가 나오겠는가? 그들은 노래 대신 스스로에게 저주를 퍼부었다. 만일 버드나무에 걸어 놓은 수금을 내려다가 오른손으로 그것을 뜯는다면 그 순간 오른손이 말라버리고, 시온의 노랫가락을 흥얼거린다면 그 순간 혀가 입천장에 붙어 버릴 것이라고 ...

> 바빌론 강가에 앉아
> 우리는 울었노라 시온을 생각하면서,
> 그 언덕 버드나무 가지 위에
> 우리의 수금 걸어 놓고서,
> 우리를 잡아 온 그 사람들이
> 그 곳에서 노래하라 청하였지만
> 우리를 끌어 온 그 사람들이
> 기뻐하라고 졸라대면서
> "한가락 시온 노래 불러라"고 하였지만
> 우리 어찌 남의 나라 낯선 땅에서
> 야훼의 노래를 부르랴!
> 예루살렘아, 내가 너를 잊는다면,
> 내 오른손이 말라버릴 것이다,
> 네 생각 내 기억에서 잊혀진다면
> 내 만일 너보다 더 좋아하는 다른 것이 있다면
> 내 혀가 입천장에 붙을 것이다.[2)]

그들의 아픔을 자마이카 출신 4인조 보컬이 「By the Rivers of Baylon」라는 제목으로 불렀고, 베르디가 오페라 『나부코』 3막에서 「히브리 노예들의 합창」의 배경으로 삼기도 했다. 이런 노래를 들으며 그들의 슬픈 역사를 기억하면 눈물을 흘리지 않을 수가 없다. 한 부족의 종교가 세계 종교가 되듯이, 한 부족의 슬픔이 인류의 슬픔으로 승화되는 것은 역시 예술의 힘이라고 할 수 있을 것이다.

이스라엘 민족을 바빌론 유배로부터 구원해 준 이는 페르시아 인들이었다. 이들은 '문명의 요람'인 이집트와 메소포타미아를 손아귀에 집어넣고, 서쪽으로는 소아시아, 남쪽으로는 나일강, 동쪽으로는 이란 고원과 아프가니스탄을 넘어 인더스 강까지 뻗으며 제국을 세웠다. 제국의 황제 고레스(=키루스 2세)는 539년 신바빌로니아를 점령한 다음, 이스라엘 민족에게 귀향을 허락했던 것이다. 그리고 200년이 채 지나지 않아 마케도니아의 알렉산더 대왕(BC 356-323)은 페르시아와 이집트를 정복하고 인도까지 진출해 유럽과 아시아, 아프리카 3대륙에 걸친 대제국을 이뤘다.

이것을 두고 역사는 알렉산더 대왕이 세계를 정복했다고도 하지만, 실제로 세계 정복은 페르시아에 의해 그 전에 이루어진 것이고 알렉산더 대왕은 페르시아를 무너뜨린 것이라고 할 수 있다. 이는 지중해의 내러티브를 유라시아로 옮겨 놓는 계기가 되었다. 소위 문명의 혼융이 이루어지게

---

2) 「시편」 137: 1-6, 『성서』 공동번역.

된 것이다. 그러나 알렉산더 대왕이 바빌론에서 급사하자 제국은 마케도니아, 시리아, 이집트의 세 왕국으로 나뉘게 되고 이들은 다시 로마에 모두 흡수된다. 이 시기를 헬레니즘 시대라고 한다.

그들은 지중해에 접한 이집트 북쪽 끝에 '알렉산드리아'라는 도시를 세워 헬레니즘 문화 형성에 큰 구실을 했다. 그곳을 중심으로 동서 문화가 교류·융합하면서 헬레니즘 세계가 형성되었기 때문이다. 또한 대제국의 동쪽 끝인 인더스강 유역의 박트리아 지역에서 힌두쿠시를 가로질러 캘커타(Calcutta) 지역에 이르기까지 동서양이 절충된 새로운 예술양식인 '간다라(Gandhara) 미술'이 탄생하였다. 이것은 우리에게 동서 문명교류의 중요한 증거품으로 남아 있어 잠시 들여다 볼 필요가 있다.

간다라 미술은 기원후 1세기에서 7세기까지 수세기에 걸쳐 서북 인도, 펀자브, 아프가니스탄, 파키스탄 일대에서 번성했던 특이한 불교미술이 되었다. 미술의 주제는 인도에서 태동한 불교이지만 그것을 표현한 조형양식은 그리스의 헬레니즘 문화가 혼합된 혼성미술이다. 간다라 불상에서 볼 수 있는 물결모양 머리카락이나 서구형 이목구비를 한 얼굴과 자세 등은 헬레니즘 또는 로마 시대 초기 조각상과 유사하다. 몸에 걸친 옷에 보이는 깊고 원만한 곡선의 옷 주름 표현도 기본적으로는 그리스의 조각에서 보이는 사실적인 조각기법의 모방이라고 할 수 있다. 반쯤 내리뜬

눈으로 명상적인 모습을 하고 있으며 콧수염과 이마 가운데에 백호를 묘사한 것과 무늬 없는 원반형의 광배(光背)가 특징이다. 마지막 10장에서 다시 언급하게 되겠지만, 최근에 아프가니스탄에서 파괴된 바미안 대불(大佛; Bamiyan Buddhas)도 이 때 만들어진 대표적인 간다라 미술 형식이다.

그림 2. 간다라 불립상(佛立像).
일본 도쿄 국립박물관 소장

그러나 영원한 왕국은 없는 법! 그리스는 쇠퇴하고 파르티아(Partia)인들이 새로운 세력으로 등장했다. 그들은 동쪽으로는 그레꼬-부디스트 왕국, 남쪽으로는 힌두교도들, 더 먼 동쪽으로는 중국, 서쪽으로는 기울어가는 그리스 왕국들, 북쪽에는 아르메니아인들과 이웃을 하고 있었다. 파르티아 왕국의 역사시대는 희한하게도 중국에서 진나라가 등장하여 최초의 통일을 이루고, 그 후 한나라가 멸망할 때까지의 시간과 일치한다.(BC 247-AD 226) 파르티아 왕국에 이어 등장한 것이 사산왕조(AD 226-651)이다. 이 때 이미 로마제국은 무너지고 있었다.

그리고 유럽은 암흑시대로 접어들었다. 서유럽 쪽의 사람들은 이 때 읽고 쓰기조차 거의 하지 않았고 도시들은 폐허로 변해갔으니, '무지의 시대'가 틀림없었다. 다만 콘스탄티노플에 중심을 둔 동로마 제국은 살아남았고, 우리는 그들을 비잔티움이라고 부른다. 기독교의 분파인 정교회(Orthodox Church)가 그들의 중심이 되어 비잔티움은 거의 1천년 동안 지속된다. 사산 왕조는 이들과 인접하며 히말라야 산맥 기슭 동쪽까지 뻗어 있었다. 비잔티움과 사산 왕조는 지중해 해안을 따라 긴 분쟁지역을 가지고 있었다. 그 분쟁지역이야말로 두 세계의 역사와 중첩이 되면서 오늘날까지도 우리에게 골치 덩어리로 남아있다. 이것이 이슬람이 태어나기 직전(622년)까지 세계의 구도이다.

1천년의 역사를 이렇게 몇 줄로 서술해버린 것은 결코

그 역사가 중요치 않아서가 아니다. 우리에게 중요한 것은 그들의 연대기적 역사보다는 이 책의 주인공인 이슬람이 그 역사를 어떻게 엮어왔는가 하는 것이다. 여기까지의 역사, 즉 이슬람이 생기기 이전, 대략 200-300년의 시대를 가리켜 무슬림들은 자힐리야(Jahilliyya)라고 한다. '무지의 시간'이라는 뜻이다. 이 명칭은 아랍 사람들이 이슬람에 개종한 이후에 붙인 것으로 무지라는 뜻 외에도 신앙의 암흑시대라는 뜻도 숨어 있다. 또 이 시대를 '아랍 알 야움'(Ayyam al-'Arab; 그날의 아랍인)으로도 부른다. 즉 철부지 시절의 아랍 사람이란 뜻이다. 이 두 명칭은 새로이 등장하는 이슬람을 광명의 시대로 설명하기 위한 일종의 장치라고 할 수 있다. 다시 말해, 이슬람은 무지의 세계에서 허덕이는 백성들을 광명의 세계로 이끌어 낸 종교인 것이다.

당시 아라비아 반도의 신앙 형태는 다신교였고, 애니미즘적 성격이 강한 원시 형태의 종교였다. 그런데 기원후 70년경 예루살렘 성전이 로마군에 의해 파괴되면서 유대교의 아라비아 반도 침입이 시작되었다. 그들은 홍해 연안을 따라서 남하하여 야스리브, 즉 오늘날의 메디나와 예멘에 정착하게 되었다. 이 지역의 종교 지형도에 큰 변화가 생기기 시작한 것이다. 예루살렘 성전의 파괴는 유대교와 초기 기독교가 새로운 변화를 맞는 터닝 포인트였지만, 새로운 종교 이슬람의 탄생에도 커다란 영향을 끼친 사건이었다.

잠시 그들의 이야기도 좀 들어보자. 예루살렘 성전의

파괴로 말미암아 무엇보다 당시 유대교를 지배했던 사두개파가 사라졌다. 왜냐하면 사두개파는 성전을 중심으로 한 제사장 무리들이었는데, 이제 그들은 더 이상 존재이유가 없어졌기 때문이다. 반면에 바리세파는 율법과 토라를 예배의 중심으로 두었기에, 유대 종파 중에서 유일하게 살아남는 종파가 된다. 성전 파괴 후 바리세파는 율법을 연구하고 가르치는 랍비 전통으로 거듭난다. 그래서 새로 생겨난 기독교와 경쟁할 수 있는 조직을 가진 유일한 유대교파가 된다. 에세네파는 성전파괴에 조차도 관심을 두지 않았던 신비주의 종파이었기에 일반대중의 관심으로부터 완전히 멀어져 버리면서 없어진다.

사태가 이렇게 되니 무력으로 로마를 물리쳐서 하나님이 다스리는 독립된 유대 국가를 세우고자 반란을 주도했던 열심당(zealots)은 결과적으로 예루살렘과 그 성전 파괴의 일차적인 책임자들이 된다. 열심당은 AD 130년 로마에 대항하여 다시 반란을 일으키지만 패하고, 더 이상 민중의 지지를 잃고 사라져 버린다. AD 70년 이후 초기 기독교는 유대교로부터 분리되기 시작하고 하나의 새로운 종교로 떠오르게 된다. 이때까지도 대부분의 기독교인들은 유대인들이었고, 이방인들은 소수였으나, AD 130년의 2차 유대전쟁 이후 교회에서 이방인이 많아지고 유대인이 줄기 시작하면서 점차로 기독교와 유대교는 분리되기 시작한 것이다.

초기 기독교는 나름대로 교리적 정당성을 확보하느라

논쟁이 끊이지 않았다. 교리 싸움에서 밀린 단성론과 네스토리우스파들은 아라비아 반도 북부 변경으로 쫓겨 왔다.[3)]중부의 히자즈 지방이나 남부의 나즈란에도 많은 기독교인들이 정착하기 시작했다. 아라비아 반도는 종교적으로 더욱 복잡한 동네가 되고 말았다. 그런데 이 땅은 애초에 미신적 요소가 많을 수밖에 없는 다신교 사회가 아니었던가? '카힌'[4)]이라고 불리는 샤먼이 접신하여 사람들에게 신탁을 전하였으며, 사막에서는 진(Jinn; 靈鬼)이 사람들에게 해악을 끼친다고 하여 공포의 대상이 되었고, 돌을 신상(神像)으로 삼아 숭배하기도 했다.

이미 이슬람 이전부터 아랍인들은 진의 존재에 대해 믿고 있었다는 말이다. 즉, 진은 아랍인들 스스로가 "무지(無知)의 시대"(Jahiliyah)라고 부르던 이슬람 이전 시대에 아라비아 사막에 살고 있었고, 인간 능력 밖에 있는 모든 무서운 존재의 총칭이기도 했다. 이 진의 개념은 이슬람 이후에도 이슬람 교리에 그대로 유입되어 『쿠란』에서 여러 차례 언급되어 있을 뿐 아니라 제72장은 '진(jinn)의 장'이다. 이는 기존의 유대교나 기독교의 유일신 개념뿐만 아니라 토속적 진의 개념까지도 이슬람의 교리 형성에 많은 영향

---

3) 그리스도의 신성보다 인성을 더욱 강조한 네스토리우스파와 그리스도의 신성의 단일성을 주장한 그리스도 단성론자(Monophysite)들은 431년 에페수스(Ephesus) 공의회와 451년 칼케돈(Chalcedon) 공의회에서 이단으로 결정됐다.
4) '카힌'은 고대 근동의 제사장을 총칭하는 말이다. 고대 이스라엘의 사제들, 야훼신앙 이전과 이후의 사제들을 모두 이르는 단어는 '코헨'이다.

을 끼쳤음을 말해 준다.

이슬람 교리에 따르면, 신의 피조물 가운데 이성을 갖춘 피조물은 인간(insan), 천사(malak), 진(jinn) 등 세 가지가 있다. 신은 빛으로부터 천사를, 흙으로부터 인간을, 불로부터 진을 창조했다고 한다.(『쿠란』 55: 15) 진은 인간의 형상을 하고 있지만 불로 되어 있으며 인간은 그 존재를 전혀 느끼거나 볼 수 없다. 진은 기독교에서 말하는 사탄과는 다른 존재이다. 아랍어로 샤이탄(Shaytan) 혹은 이블리스(Iblis)라 불리는 악마는 원래 천사로 창조되었었다. 그러나 절대신이 최초의 인간 아담을 창조한 후 천사들을 불러 아담에게 경배하라는 명령을 내렸을 때 이블리스는 절대신의 명령에 불복했다. 그래서 신의 은총으로부터 버림받았고 그때부터 인류를 타락시키려고 하고 있다.(『쿠란』 8: 2)

진은 매우 꽤가 많고 장난이 심하며, 사탄이 인간에게 해만 끼치는데 반해 진은 때때로 인간에게 복을 가져다주기도 한다. 따라서 이슬람에서의 진은 우리나라 토속의 도깨비와 비슷한 성격이기도 하다. 일반적으로 진은 주로 땅속에서 살고 있지만 나무 공동 속, 폐허가 된 집이나 버려진 방앗간, 변소처럼 어둡고 한적한 곳, 강, 우물, 목욕탕처럼 물이 있는 곳에서도 살고 있다고 믿는다. 낮에는 거의 나타나지 않으며 일몰 후 동이 틀 때까지 불빛이 없는 곳만 돌아다니며 장난을 치거나 잔치를 연다. 그래서 무슬림들이 우물에서 물을 긷거나 해가 진 후 변소나 목욕탕에 들어

갈 때 "비스밀라(bismillah, 하나님의 이름으로)"라고 짧게 외치며 들어간다. 이것은 우리의 민속에서 뒷간에 들어갈 때 인기척을 내는 관습과 유사하다.(신양섭 2002)

어느 종교나 마찬가지로, 예언자는 이런 위기의 순간에 짜~잔하고 등장하는 법이다. 무함마드도 이러한 문제점과 도덕적, 상업적 타락 상태를 바로잡고자 예언자로 등장한 것이며, 유일신 알라로부터 계시를 받아 이슬람을 전파하기 시작한 것은 과거의 무지한 시대 '자힐리야'를 타파하기 위함이었다. 그런데 당시에 다신교주의가 비판을 받았던 것은 단순히 그것이 사회의 윤리적 타락을 야기 시킨 원인이었기 때문만은 아니었을 것이다.

당시 아랍에는 이미 일신교의 분위기가 득세를 하고 있었다. 그들은 '알라(Allah)'라는 최고신의 개념을 갖고 있었다. 북부에서 그런 경향이 뚜렷했고, 예멘에는 오래전부터 유일신을 믿는 유대인들이 살고 있었으며, 에디오피아도 그리스도교로 개종한 상태였다. 메카는 예멘 항구들로 이어지는 남북로와 홍해에서 이라크까지 잇는 동서로가 교차하는 교통의 요지였기에 유일신 사상의 영향은 더욱 컸을 것이다.

유일신교가 이슬람에 의해 새로이 제기된 것이 아니라는 데는 또 다른 근거가 있다. 무함마드가 전해 받았다는 메시지는 조로아스터교, 히브리전통, 그리고 기독교의 유일신 사상과도 겹치는 데가 있다는 사실이다. 또한 심판의 날에 신의 말에 따르고 숭배한 자는 영원한 낙원에 갈 것이며, 신의 뜻을 거스르는 자는 지옥의 영원한 형벌을 받으리라는 가르침도 마찬가지다. 유일신교 이슬람의 탄생은 이미 예고된 것이었다. 관념체계로서의 이슬람교는 그리스도교보다 유대교에 더 가깝다. 중세까지만 해도 그리스도교도들은 이슬람교를 전혀 새로운 신앙이라기보다 그리스도교의 한 이단이라고 했을 정도였다.(Him 128)

『쿠란』은 놀랍게도 이슬람교가 유대교와 그리스도교의 전통을 모두 포함하는 혼합종교와 같은 성격임을 다음과 같이 표현하고 있다.

> 우리는 알라와 우리에게 계시된 것을 믿는다. 아브라함과 이스마엘과 야곱과 부족들에게 계시된 것을 믿는다. 그리고 모세와 예수와 주님으로부터 온 대언자들을 믿는다. 우리는 그들을 구분하지 않는다. 우리는 알라에게 승복한다.

『쿠란』 3:84

정리하면 이렇다. 유대인과 그리스도인은 하느님으로부터 바른 인도를 받았고, 위에서 언급한 대언자들을 통해 '신에게 진정으로 승복(*islam*)'하는 사람(*muslim*)이었으나 때때로 종교와 종파를 만들면서 대언자의 말이 왜곡되었다. 그러자 하느님이 『쿠란』, 즉 암송을 통해 무함마드에게 평이한 아랍어로 계시했다. 아브라함의 자손인 유대인, 그리스도인 그리고 영적 뿌리를 상실한 이교도 아라비아인을 모두 하느님께서 아브라함과 그 자손을 통해 이루신 '원래의 종교'인 '이슬람'으로 인도했다는 것이다.(배철현 202)

2. 시(詩)가 들려주는 이슬람 이전의 세계

대부분의 이슬람 세계의 기록에서는 자힐리야 시대를 종교적으로 무지한 상태였다고는 하지만, 문학과 예술 분야에 대한 평가는 좀 다르다. 특히 자힐리야 시대의 시(詩) 문학은 오늘날 귀중한 문화적 유산이 되고 있어 나름대로 그 가치를 인정받고 있다. 그래서 중세의 이슬람 학자 이븐 타이미야(Ibn Taymiya: 1263-1328)[5] 같은 경우에는 '자힐리야'라는 표현을 다른 의미로 사용하기도 했다. 그는 세계를 이슬람을 따르는 세계와 그렇지 않은 세계로 구분하였으며, 이슬람에 대해 무지한 이슬람 밖의 세계를 '자힐리야' 상태라고 설명했다. 오늘날에도 많은 학자들은 무슬림

---

5) 시리아 하란의 학자 집안에서 태어났다. 몽골군의 침입을 피해 다마스쿠스로 이주하여 거기서 교육을 받고 후에 교사 생활을 하였다. 그는 철학 · 수피즘 · 교리신학에도 많은 관심을 보였다. 시리아와 이집트를 무대로 활동하면서 단순한 학문 연구에만 머무르지 않고 당시의 정치 · 사회문제에 대하여서도 대담한 발언을 하여 큰 논쟁을 불러일으켰다. 그는 신과 인간의 절대적 부동성(不同性)을 강조하고, 신비적인 신과의 합일을 부정하였다. 인간의 최고의 목적을 '이바다', 즉 신에 대한 봉사에 있다고 하고 그 기초를 샤리아(이슬람 법체계)의 절대성과 그 완전한 실천에 두었다. 이와 같은 입장에서 수피적인 범신론이나 세속적 권력에 추종하는 울리마(정통 이슬람 학자)의 타락을 날카롭게 공격하여 수피와 울라마 양자의 반감을 샀다. 쿠란과 순나(이슬람교의 전통적 습관 또는 규범)야말로 신앙의 기본이며 샤리아의 원천이라 하고 그 원점으로 돌아갈 것을 강조하는 그의 사상은 18세기 와하비파를 탄생시키고 근 · 현대 이슬람원리주의의 출발점이 되었다. 그의 일생은 그 엄격한 사상 때문에 울리마나 수피들과의 논쟁이나 권력자에 의한 투옥 등 박해와의 투쟁의 연속이었다. 결국 다마스쿠스 성채에 갇혀 있다가 죽었다.

사회의 문제점을 비판하며, 본래의 순수한 이슬람 정신을 상실하고 지나치게 세속화, 서구화 되어있는 상태를 '자힐리야' 상태라고 하기도 한다.

아라비아 반도의 토착민족인 베두인족은 문명화와 거의 무관한 민족이었다. 사막생활을 가능케 한 낙타가 기원전 1100년경에야 사육되었으므로 베두인족의 역사도 그 이상으로 거슬러가지 않는다. 이들 유목민들은 넓은 사막을 배회하면서 초원을 찾아 방목하여 생활을 꾸려 갔으므로 소유물이 많을 필요도 없고, 오아시스를 중심으로 정착한 사람들은 농경 생활을 영위하거나 상업 활동을 통하여 생계를 이어 나갔다. 그들은 궁술, 기마술과 더불어 웅변을 '완벽한 인간'의 세 가지 기본 속성으로 여겼다.(Him 90)

궁술과 기마술은 생존을 위한 방어와 공격의 수단이었을 것이지만, 웅변은 시(詩) 문학으로 대표되는 그들의 대표적인 정신문화를 이루었다. "인간의 아름다움은 혀의 놀림에 있다"(Him 91)고 할 정도로 오늘날에도 아랍인들은 말의 리듬과 운율, 즉 음악을 통해 소위 '허가된 마술'(sihr halal; lawful magic)이라는 것을 만들어낸다. 그것은 주로 구술전통을 가지고 있으나, 글로 기록된 가장 오래된 시는 6세기에 나온 카시다(qasidah), 즉 송시라는 형식이다. 카시다의 반복적인 운율은 사막을 가로지르는 낙타의 흔들림에 맞추기 위한 것이라고 하는데, 마치 한국의 전통 가사문학의 낭송을 연상시키기도 한다. 때로는 애잔하게, 때로는 격정적으로 ...

이들이 외우는 시들은 아라비아의 한 방언이 아니라 여러 곳에서 몰려온 대상(隊商)들을 일관되고 공통된 상징과 개념으로, 그리고 미적 감각을 살려 개개 부족들과 흩어진 아랍인들을 한데 묶는 역할을 했다. 따라서 이 시들은 그들의 과거에 대한 집단기억이라고 하는 역사적이고 사실표현적인 가치가 있었다. 고대 그리스에서처럼 이러한 시를 외우고 낭독하는 경연대회가 열려 장원한 사람들의 시는 메카에 있는 카바 신전에 헌정되기도 했다.(배철현 207)

이슬람이 들어오기 이전의 아랍 전통시는 아랍의 역사를 말해주는 유일한 기록이다. 거기에는 아랍인의 가족과 부족이 소개되고, 그들의 계보, 즉 족보가 나열되고, 유목 아랍부족 간의 매일같이 벌어졌던 전쟁이 기록되고, 그들의 삶이 기록되고, 그들의 사랑이 기록되었다. 그래서 아랍 전통시는 이슬람 이전 아랍인과 아랍사회를 엿볼 수 있는 가장 좋은 도구이자 자료다. 비록 아랍 전통시가 종교생활에 대한 묘사는 비교적 많지 않지만, 적어도 이슬람 이전 아랍인의 의식, 가치관 그리고 그들을 둘러싼 사회적 환경과 문화적 특징을 이해하는데 매우 훌륭한 자료가 될 수 있다. 우리에게는 아직 낯설기만 한 아랍문학이지만 김능우(2004)나 장세원(2011) 같은 학자의 연구 결과에 기대어 대략을 살펴보자.

아랍문학은 자힐리야 시대를 영웅시대라고 한다. 450년부터 이슬람 도래 이전까지의 시기 약 150여 년 동안 아랍 부족 간에는 크고 작은 전투가 1,700여 차례나 일어나 전쟁 영웅들의 군웅할거(群雄割據) 시대였기 때문이다. 전투를 일으킨 가장 큰 원인 중 하나가 부족의 명예를 지키기 위한 복수였다. 당시 아랍인들은 복수를 반드시 실천해야 하는 일종의 '명예질병'(disease of honor)으로 간주했다. 그들에게는 가족, 가문, 부족의 명예가 가장 큰 덕목이었기 때문이다. 복수를 노래하는 시가 많기도 했지만, 그 내용 또한 끔찍하고 잔인할 정도이며, 복수를 향한 불굴의 의지와 투지를 노래할수록 시는 아름답다. 거기에는 시인이 속한 부족이 소유한 말의 장점을 열거하면서 상대 부족의 전의가 상실되도록 유도하기도 하고, 한편 자신의 부족이 얼마나 완벽하게 전투 준비가 되었는지를 노래하기도 했다.

자힐리야 시대의 아랍 전통 시에서 전투와 관련된 시가 이처럼 귀하게 여겨진 이유는 전투야 말로 그들의 삶의 일부분이었기 때문이었을 것이다. 자힐리야 시대 '아랍인의 전쟁'을 문자 그대로 Ḥarb al-'Arab이라고 기록하지 않고, 오히려 '그날의 아랍인' 즉, Ayyam al-'Arab이라고 기록한 것은 당시 아랍인들의 하루하루가 곧 전쟁의 연속선상이었고 또 그것이 그들의 생활이었음을 암시하고 있다.

> 골짜기 그곳에 한 사람이 죽어 누워 있는데
> 그는 그의 죽음이 헛되지 않도록 복수를 절규하는 듯

하다.

그는 나에게 짐을 남겨두고 떠나가 버렸다.
내 그 짐을 기꺼이 떠맡아 지겠노라.
나 그의 조카로서 그의 원수를 갚아야 하니
내 고집은 아무도 꺾지 못한다.

타압바따 샤란, 「복수의 노래」[6]

물론 그들이 전쟁만 했던 것은 아니다. 당시 그들의 경제활동은 농업이 성행했던 아라비아 반도 남부인 예멘지역과, 상업이 활발했던 아라비아 반도 북부인 일명 히자즈(Hijaz) 지역을 중심으로 나눌 수 있다. 히자즈는 오늘날 홍해 해변과 맞닿은 사우디아라비아의 서쪽 지역으로 제다를 중심으로 메카와 메디나를 포함하는 이슬람의 성지이다.[7] 농업의 경우, 기원후 3세기 경 관개와 홍수막이를 목적으로 벽돌로 제방을 축조할 정도로 활발했다. 그러나 이 제방이 무너지면서 홍수가 예멘 전역을 휩쓸고 지나가자 대지는 황폐했고, 정주 아랍인은 주요 생계수단이자 최고의 경제활동이었던 농업을 저버리고 동서남북으로 뿔뿔이 흩어졌다. 예멘은 히브리성서에 나오는 전설의 낙원 '시바여왕의 나라'(Sheba Kingdom)이기도 하다.

이렇게 흩어진 인구가 유입된 곳이 바로 히자즈 지방의

6) 이하 시들은 모두 장세원의 논문에서 재인용했다.
7) [그림4]를 보라.

남쪽이었다. 그리고 히자즈 지방의 북쪽으로는 홍해 해변을 따라 오르내리는 해상 무역로가 새롭게 개발되었다. 비잔틴제국과 페르시아제국 간 충돌이 자주 발생하면서 이 지역을 관통하던 육상 무역로가 점점 그 기능을 잃었기 때문이다. 히자즈 지방은 자연스럽게 무역 중심지로 급부상했고, 도시의 상업 활동은 날이 지날수록 번창했다.

주변지역 출신의 상인들이 자신이 속한 부족의 우상들을 이 곳 히자즈 지역의 특정 장소에 모시고 제를 지내면서 히자즈 지방은 명실공이 우상 집합소이자 신성한 성지 순례지로 자리 잡았다. 이것은 종교적 중심지라는 상징적 의미와 함께 이로 인해 발생하는 다양한 서비스산업 예컨대 숙식서비스 산업이 성장하면서 히자즈 지방 아랍인의 경제력을 키우는데 일조했다.

> 남풍과 북풍이 번갈아 가면서 흙으로 덮었다가 다시 벗겨내,
> 옛 집터의 흔적은 지워지지 않았구나.
> 보라! 흰 영양들의 똥이
> 마치 후추 알갱이처럼 옛 집터에 흩어져 있는 것을.
> ……
> 너는 늘 여인을 그리워했고, 지금도 여인 때문에 괴로워하고 있지,
> 너는 이전에 '마으살'산에서 '움물 후와이리스'와 '움물 라밥'을 사랑했었지,

두 여인이 일어설 때면, 사향 내음이 퍼져서
마치 카네이션 향기를 몰고오는 부드러운 동풍 같다.

이므룰 까이스, 「무알라까트」

이 시는 떠나온 고향의 옛 집터와 사랑했던 여인들에 대한 회상의 장면이다. 여기서 우리가 관심을 가져야 할 부분은 그들의 '여성'에 대한 인식이다. 자힐리아 시는 아랍 여성들을 지나치게 낭만적으로, 때로는 환상적으로 묘사를 하여 그들의 실제 모습을 놓쳐버린 것도 사실이다. 황량한 사막에서 부족을 단위로 목초지와 수원지를 따라 이동생활을 계속해야 하는 그들에게 부족 간의 다툼과 투쟁은 필연적이었다. 전쟁이 일어나면 여성은 부족의 짐이 될 뿐 아니라 포로로 잡혀 부족에게 수치심을 가져오는 요인이 되기도 했지만, 혈연을 중심으로 한 부족사회에서 어머니의 역할과 지위는 컸다. 아랍인들이 혈족관계를 '라홈(어머니의 자궁)', 혹은 '바뜬(어머니의 배)'으로 표현한 것이 그 증거라 할 수 있다. 그들은 시를 통해 혈통에 대한 자랑을 늘어놓기도 하고, 때로는 어머니에 대한 자랑도 늘어놓는다.

드문 경우이긴 하지만 자식에게 어머니 쪽 가문의 성을 따르게 하는 경우도 있었으며, 이것은 이슬람 이전까지 지속되었다. 부족의 명칭 또한 아버지의 이름을 따르는 것이 보통이나 적지 않은 부족의 명칭이 어머니의 이름에서 비롯되었다. 이처럼 자힐리야 시대의 어머니가 훌륭한 가문 출신이거나 자유인일 경우, 어머니는 시 속에서 자랑거리가 될 정도로 상당한 위치를 차지하였음을 알 수 있다.

그렇다면, 오늘날 여성학대로 매도되고 있는 이슬람 문화는 무엇이란 말인가? 자힐리야 시대 전통 시가들을 살펴보면, 남녀유별은 이슬람 도래 이전에 이미 아랍 사회에서 엄격하게 지켜졌던 것으로 보인다. 이를 반증하는 가장 두드러진 시적 묘사는 바로 아랍여성이 낙타를 타고 이동하는 장면이다.

> 보라! 친구여
>
> 여인네들이 들어앉은 가마를 등에 지고 낙타 떼가 우물을 떠난다네.
>
> 내가 수 없이 많은 동지와 적군과 조우했던
>
> 험준한 알까난 산이 낙타가마 우측으로 보이네.
>
> 여인네들이 탄 낙타가마는 빨간색 송방울이 달린
>
> 부드럽고 고급스러운 원단으로 덮여 있네.

주하이르, 「무알라까」

자힐리야 시대 아랍여성들은 이동 시 낙타를 주로 이용하였으며, 이때 사방이 천으로 둘러쳐진 가마를 낙타 등 위에 설치했음을 보여준다. 이것은 이동시 사막의 따가운 햇볕으로부터 여성을 보호하기 위한 장치일 수도 있겠으나, 외부로부터 특히 남성으로부터의 여성의 보호 기능이 보다

켰던 것으로 보인다.

그러나 여기서 주목할 만한 것은, 낙타 가마를 치장한 천이 '고급스럽고', '부드러운', 그리고 '붉은색의 솔기로 치장'되었다는 내용이다. 가마를 탄 여성이 최소한 중산층 이상의 출신이라는 말이다. 따라서 자힐리야 시대 여성들이 낙타 등에 가마를 얹어 이동했던 현상은 당시의 보편적

그림 3. 아랍 사막의 여인

인 문화가 아니라 오히려 특정 계층의 일부 여성에 국한되었던 것으로 생각된다. 이것은 가마와 함께 자힐리야 시대 여성을 보호하는 장치였던 히잡 쓰기 문화 현상에서도 잘 드러난다. 당시 모든 부족의 여성들이 히잡을 착용한 것은

아니지만 비잔틴 제국의 영향 하에 있던 시리아와의 교류가 잦았던 도시의 특정 계급 여성들의 경우 히잡 착용이 유행했었다.

여기서 특정 계급이란 반드시 상류계층을 의미하지는 않는다. 오히려 "부계 사회에서 '존중받는' 여성과 공개적으로 '허용되는' 여성을 구별하기 위한 것이다. 즉, 히잡은 여성을 성행위에 의해 분류하여 특정한 남성의 보호 하에 있는 여성을 표시하는"(조희선 121) 하나의 장치였다. 이와 같이 자힐리야 시대 여성이 낙타 가마를 타고 이동했다는 것은, 대외적으로 자신이 정결하고 정숙한 여성임을 나타내고 그래서 외간 남자들의 접근을 미연에 방지하고자 했던 것으로 해석할 수 있다.

이제 예언자 무함마드(570-632)가 활동했던 이슬람 초기로 가 보자. 그때까지만 해도 아랍 여성들은 비교적 높은 사회적 지위를 누렸던 것으로 보인다. 무함마드의 첫 번째 부인이었던 카디자(Khadija)가 그 대표적인 사례다. 당시 그녀는 메카에서 내놓으라는 대부호였다. 그녀가 무함마드를 메카와 시리아 사이를 교역하는 대상(隊商)의 감독직에 고용하면서, 두 사람의 인연은 시작되었다. 두 사람이 결혼했을 때, 카디자는 40세의 중년이었고 무함마드는 혈기 왕성한 25세의 젊은이였다. 게다가 그녀는 이미 두 번의 결혼 경력이 있었던 과부였다. 그럼에도 불구하고 카디자는 65세의 나이로 생을 마감할 때까지, 무함마드의 유일한 부인으로서 그를 물심양면으로 뒷바라지했다. 무함마드가 이슬람의 예언자로서 아라비아 반도 통일의 위업을 달성할 수 있었던 것도 그녀의 재력이 없었다면 힘들었을 것이다. 이와 같이 이슬람이 태동할 무렵만 해도, 여성의 이혼과 재혼이 큰 흉이 되지 않았고 막강한 경제력을 바탕으로 후견인 없이 청혼하는 것도 가능했다.

『쿠란』에도 여성의 권익을 보장해주는 구절들이 상당수 나타난다. 혼인 문제에 있어 여성은 원하지 않은 결혼은 거절할 수 있다. 아버지나 집안 남자의 허락이 필요하기는 하나, 여성이 원하지 않는 결혼을 강제할 수는 없다. 혼례시 여성에게 지급되는 신부대금은 신부의 소유가 되며, 혼례 후에도 여성은 자신의 재산을 소유할 수 있었다. 또한 혼례 후에도 여성은 자기 성씨(姓氏)를 그대로 유지하여 남편의 성씨를 따르는 관행이 존재하지 않는다. 『쿠란』은 여성의 재산권과 아울러 여성의 상속권도 명시하고 있다.

무함마드가 죽은 후, 이슬람 세력이 강해지고 인근 비잔틴 제국(330-1453)과 사산조(朝) 페르시아 제국(208-651)을 정복하면서 여성들의 지위는 격하되기 시작했다. 끊임없는 전쟁 결과 수많은 이방 여자 노예들이 아랍 세계로 유입되면서 축첩 풍습이 생겨나기 시작했다. 특히 페르시아의 풍습이 아랍사회에 유입되면서, 여성들의 발목을 더욱 옭아맸다. 페르시아인들의 풍습이라 할 수 있는 여성의 처녀성이 강조되면서 재혼에 대한 부정적 시각이 등장하기 시작했다. 사산조 페르시아의 하렘(Harem)[8]제도가 도입되어 여성은 더욱 사회적으로 고립되기 시작했다. 서방세계가 이슬람을 공격하는 가장 큰 이슈가 여성학대임을 생각하면, 자힐리아는 과연 언제를 말하는 것일까? 무함마드 이전인가 이후인가?

8) "궁궐의 여성들이 기거하는 공간"이라는 의미로 쓰이지만, 서구의 이슬람 왜곡의 대상이 된 대표적인 예이다. 이에 관한 자세한 논의는 제2권에서 다루기로 한다.

제 2 장

예언자인가, 사기꾼인가?

1. 신이(神異)한 경험을 한 예언자
2. 노회(老獪)한 지도자

1. 신이(神異)한 경험을 한 예언자

사우디아라비아의 서쪽 홍해 연안에는 제다(Jeddah)라는 도시가 있다. 7-80년대 중동 건설 붐이 일어났을 때 우리나라의 많은 근로자들이 왕래하던 곳이다. 그때는 유럽행 직항로가 없어 이곳이 중간 기착지이기도 해서 우리에게 그리 낯선 곳만은 아니다. 이곳 제다에서 약 80km의 내륙으로 들어가면 이슬람교 제1의 성지인 메카(Mecca)라는 도시가 나온다. 메카라는 단어는 이슬람 성지의 차원을 넘어서 '당대 유행의 본산지'라는 상징적 의미로 사용되기도 한다. 전자상품의 메카는 용산이고, 패션의 메카는 홍대 앞이라는 식이다. 우리는 이곳 메카에서부터 이슬람을 향한 여정을 시작한다. 구두끈 단단히 매고 출발해보자.

메카라는 곳이 중요한 이유는 이슬람의 창시자 무함마드 이븐 압달라(Muhammad Ibn Abdallah: 570-632)가 이곳에서 출생했기 때문이다. 영웅에게는 항상 신화적 전설이 따르듯이, 특정 장소가 성지가 되기 위해서는 많은 이야기들이 필요한 법이다. 메카에도 흥미로운 이야기들이 적지 않다. 이곳은 최초의 인간 아담과 이브가 낙원에서 쫓겨나 거처를 마련했던 곳이라고 한다. 뿐만 아니라 그 후손 아브라함 할배가 자신의 첩 하갈과 그 아들 이스마엘을 살게 한 곳이기도 하다. 그러니까 지금으로부터 3-4천 년 전, 단군

왕검께서 한반도에 강림하셔서 나라를 세우셨던 시절이 BC 2333이었으니 그 보다 2천 년 전의 일이다.

그림 4. 아라비아 반도, 즉 홍해를 접하고 있는 사우디아라비아의 북서쪽이 이슬람의 성지라고 할 수 있는 히자즈(Hijaz) 지역이다. 메카와 메디나가 포함되어 있다.

하갈은 아브라함의 본 부인 사라가 아이를 낳지 못했을 때 서자 이스마엘을 낳고 온갖 영화를 다 누린 여인이다. 그러나 그녀는 뒤늦게 아들 이삭을 낳은 사라의 질투를 이기지 못해 서자인 이스마엘을 안고 이곳으로 쫓겨 온 것이다. 아브라함의 본 부인이 사라이고, 사라의 몸종이었던 하갈이 아브라함의 후처이며, 하갈의 몸에서 태어난 이스마엘이 13살쯤 되었을 때 사라의 몸에서 이삭이 탄생하였다는 사실에 대해서는 기독교와 이슬람교간의 견해 차이가 없다.

문제는 그 다음이다. 성경에서는, 백 살이나 된 아브라함 할배와 아흔 살이나 된 사라 할매가 낳은 아들을 하나님께서 "네 아들, 네 사랑하는 독자 이삭을 데리고 모리아 땅으로 가서 내가 네게 일러 준 한 산, 거기서 그를 번제로 드리라"(창세기 22:2)고 한다. 아브라함은 깜짝 놀랐다. 그러니까 그 아들은 내가 선물로 준 것이니 이제 다시 내게 돌려달라는 말이다. 이 무슨 망발(?)인가? 그러나 주인의 말씀인데 어쩌랴? 아브라함은 눈물을 머금고 아들을 밧줄로 묶고 칼을 들어 죽이려 했다. 그때 천사가 그를 제지한다. "그 아이에게 네 손을 대지 말라. 그에게 아무 일도 하지 말라. 네가 네 아들, 네 독자까지도 내게 아끼지 아니하였으니 내가 이제야 네가 하나님을 경외하는 줄을 아노라." 천사는 아브라함의 굳은 신앙심 때문에 신이 그에게 축복을 내릴 것이라고 전했다. 전율이 흐르는 장면이다.

그런데 무슬림들에게 전해지는 이야기는 조금 다르다. 아브라함이 제물로 바칠 뻔했던 아들은 이삭이 아니라 이스마엘이다.(최영길 2005) 『쿠란』에서는 이스마엘이 제단에 바쳐졌다는 직접적인 언급이나 기록 대신 아브라함이 꿈에서 하나님 알라의 명령을 받는다.

> 그 아이가 성장하여 아버지와 함께 일할 나이가 되었을 때 아버지께서 말했더라. 아들아, 내가 너를 희생하는 꿈을 꾸었는데 너의 생각은 어떤지 알고 싶구나. 아들이 대답했더라. 아버지, 명령받은 대로 하소서. 알라 하나님의 뜻이라면 제가 인내하는 자라는 것을 아버지는 아시게 될 것입니다. 아버지와 아들이 알라 하나님께 순종하고 아버지는 아들이 머리를 숙이도록 했다.
>
> 『쿠란』 37:102

그리고 이 전통에 따라 매년 대순례(Hajj)에 참가한 순례자들은 양을 희생 제물로 삼아 3등분 한 후 1/3은 가난한 사람들에게, 또 다른 1/3은 이웃들에게, 그리고 나머지를 가족들이 아브라함의 신앙심과 이스마엘의 효행에 관한 담소를 나누며 먹는다.

황야로 내쫓긴 딱한 하갈과 이스마엘은 여러 회화 작품의 주제가 되기도 했다. 프랑스 화가 카미유 코로(Jean-Baptiste Camille Corot)는 「사막의 하갈」(Hagar in the Wilderness,

1835)이라는 작품을 남겼다. 그런가 하면 멜빌이 1851년에 쓴 걸작 『모비딕』은 "나는 이스마엘이라고 한다"라는 구절로 시작한다. 이슈마엘이라는 이름이 성서의 이스마엘처럼 뿌리 없는 유목민을 상징하고 있음은 두 말할 것도 없다. 이스마엘은 신의 뜻에 '복종'한다는 이슬람의 의미와 일치한다. 아랍어로 아슬라마(aslama)는 바로 이슬람이라는 명

그림 5. 렘브란트, 「아브라함의 희생」 희생양은 이삭이었을까 이스마엘이었을까?

칭의 어원이면서 아브라함의 '복종'의 행위인 것이다. 따라서 아랍 무슬림들은 자신들이 이스마일의 자손인데, 유대인과 그리스도교도가 의도적으로 아브라함의 이야기를 왜곡했다고 주장한다. 아들의 목숨을 바칠 만큼 신을 완전히 믿은 아브라함은 유대인과 그리스도교도, 그리고 무슬림에게 신앙의 위대한 롤 모델이 되었다. 그러나 아브라함을 중심으로 사라와 이삭, 그리고 하갈과 이스마엘의 관계는 무척이나 복잡하여, 그 사이에서 생겨난 갈등의 불씨는 참으로 깊은 곳으로부터 지펴진 셈이다.

그리고 하갈과 이스마엘이 뜨거운 사막에서 갈증으로 사경을 헤맬 때 찾은 우물이 바로 지금도 남아있는 '잠잠 우물'(Zamzam Well)이다. 오늘날 코카콜라를 대신하여 중동지역을 지배하고 있는 '잠잠콜라'(Zamzam Cola)는 이 우물의 이름에서 연유한 것이다. 아무튼, 아브라함과 그의 아들 이스마엘은 잠잠 우물에서 얼마 멀지 않은 곳에서 희한한 바윗돌을 발견하게 된다. 얼룩덜룩한 검은 색의 이 돌은 하늘에서 떨어진 운석이라고도 하지만, 그 종교적 의미는 너무나 성스럽고 신비로워서 설명하기 어렵다. 아브라함은 이스마엘의 도움을 받아 이곳에 신전을 건립했고, 그게 바로 카바 신전(Kaaba Temple)이다.(『쿠란』 2:17) 또 어떤 지방의 민간전승에 의하면, 그것은 원래 아담이 세운 것인데 파괴되어 있었다고 한다.

카바 신전 안에는 신성한 검은 돌을 비롯해 아랍 부족

민들이 숭배하는 여러 성상들이 모셔져 있다. 13억이 넘는 전 세계의 무슬림들이 예배를 드리는 방향이 바로 북위 21도 25분 24초, 동위 49도 24분에 위치한 메카의 카바 신전이다. 순례자들은 메카의 중심인 카바 신전을 시계 반대방향으로 7번 도는 의식을 치르며, 가능하다면 신전의 중앙에 위치한 높이 12m의 검은 화강암으로 만들어진 성곽(聖廓)에 입을 맞추거나 손으로 만지곤 한다. 병을 낫게 하고 소원을 이루게 된다는 것이다. 그 후로 카바 신전은 수 백 개의 수호신과 자연 신(神)을 섬기는 만신전(萬神殿)이 되었다. 각종 신상들 그리고 기독교적 형상이나 그림들도 세워지고, 이들은 모든 순례자들의 예배 대상이 되었다.

무함마드 당시 아라비아의 유목민 사회에서는 고대 셈족의 종교인 점성술마저 유행하고 있었으니 그리 이상한 일도 아니었다. 각 부족은 각기 자신들의 신을 세우고 종교의식을 집행하였다. 특히 다산과 풍년을 기원하는 종교적 축제는 끊이지 않았다. 따라서 카바 신전에서 열리는 만신(萬神) 축제는 상업적으로도 매우 중요한 요충지가 되었다. 요즘에야 그 바윗돌이 신전 안에 안치되어 있어서 직접 만질 수는 없지만, 원래 흰색이었던 바위가 그곳에 입 맞추고 만지는 순례자들의 죄를 빨아들여 검게 되었다고 한다.

다신적 토속적 종교 가운데서도 신들의 서열이 존재하고 있었다. 한마디로 말해 다신교에 기초한 종교 구조를 가지고 있었던 것이다. 다신 사회였던 고대 희랍 신들 중에서도 최고신 제우스가 그 아래 수많은 하위 신들을 거느리고 있었고, 아랍의 토속종교의 신들 가운데 가장 높은 신은 알라(Allah)였다. 알라는 당시 아라비아의 주신(主神)이었으며 쿠라이쉬(Quraish) 부족의 안전을 지켜주고 그들을 굶주림과 공포로부터 구원한 신이었다. 뿐만 아니라 카바의 석신(石神, god of stone)으로서 다른 신들보다 높은 최고신이며 참 신(神)이기도 했다. 이 카바 신전에는 쿠라이쉬 족이 세력을 형성하여 경제적 주도권을 행사하고 있었다. 쿠라이쉬 부족은 스스로를 아브라함의 아들 이스마엘의 후예라고 주장하기도 하는데, 무함마드는 바로 이 쿠라이쉬 족의 후예이다.

그림 6. 순례자들이 카바 신전을 빼곡히 메우고 있다.(출처: http://muslimvoices.org/kaaba/)

무함마드(Muhammad: 570-632)가 메카에서 태어난 것은 570년, 그러니까 도시는 온통 여러 인종의 상인들이 몰려들어 북적거리고, 여러 종교들이 횡횡하여 다양한 문화를 형성하고 있을 때였다. 요즘 말하는 다인종, 다문화의 시대가 그곳에서는 이미 1500년 전에 형성되고 있었던 것이다.[9] 무함마드의 집안은 훌륭한 가문이었지만 몹시 가난했다. 게다가 무함마드는 일찍이 부모를 잃어 어릴 때부터 목동으로 일을 해야 했다. 외로운 사막에서 양치기 목동이 되기 전부터 청년 무함마드는 메카 사람들로부터 '믿음직스러운 자, 성실한 자, 충실한 자'라고 불리면서 진리에 대한 생각을 키워 나갔다.

무함마드는 "알라께서는 양치기 목동이 아닌 자를 예언자로 보내신 적이 없다. 모세도 목동이었고, 다윗도 그랬으며, 나 또한 야즈야드에서 내 가족의 가축들에게 풀을 먹이면서 예언자 직을 맡게 되었다."[10]고 했다. 아마도 예언자로서의 정당성을 확보하려는 설명일 것이다. 사실 대부분의 문헌에는 그를 '예언자'라고 칭했지만, 엄격히 말해 그는 어떤 예언도 한 적이 없다. 오히려 신의 말씀을 대신해서 전했으니 '대언자'(代言者)라고 해야 옳을 것이다. 다만,

---

9) 이즈음 한반도 땅에서도 백제의 미륵신앙이 활발했을 때이다. 중국 육조말의 승려 혜사(慧思, 515-577)의 미륵신앙을 전래한 현광(玄光)이 수행하였던 공주 지역은 미륵신앙의 중심지로서 신라 불교계에까지 영향을 미쳤던 것으로 나타나고 있다. 인류를 구원할 이에 대한 목마름이 지구의 양쪽 끝에서 동시에 있었던 것이다.

10) http://navercast.naver.com/contents.nhn?contents_id=355

지금까지 그렇게 사용해왔으니 염두에 두고 예언자의 명칭을 그냥 따르기로 하자. 아무튼, 이븐 이스하크(Muhammad Ibn Ishak, 704?-764)[11]도 무함마드의 계보를 아브라함과 연계시켜 설명한다. 예수가 아브라함에게서 이어져오는 다윗 왕의 후손으로 묘사되는 것과 마찬가지로, 무함마드의 계보는 이스마엘을 거쳐 아브라함에게까지 거슬러 올라가기 때문이다. 그리고 더 나아가서는 아담에게까지 그 계보를 소급하면서, 무함마드야말로 아담의 후손들 중에 가장 고귀하고 뛰어난 후손이라고 주장한다.(보브친 108)

아무튼 목동생활은 무함마드에게 수도자들의 덕목인 청빈과 사색의 생활을 가르쳐 주었다. 외갓집에 얹혀살며 외삼촌인 아부 탈리브가 무역을 위해 시리아로 따라 다니며 많은 것을 보고 배웠다. 그리고 그는 길 위에서 사람들을 만나고 자연을 만났다. 그 덕택이었을까? 그는 육신의 편안함보다 영적 깊이에 더 큰 관심을 가졌다. 세속적인 부와 명예보다는 영혼과 진리의 빛을 찾는 일에 몰두했다. 그러던 중 메카의 유명한 대상(隊商) 집안의 낙타를 보는 일꾼으로 고용이 되어 성실하게 일을 했다. 카디자라는 이름의 부유한 과부가 주인이었다. 그는 장사 수완도 좋았는지 주인의 재산을 크게 불려 놓았다. 그리고 무함마드 총각은 25세가 되던 해에 자신보다 15살이나 많은 이 40세의 주인,

11) 아라비아의 역사학자, 전승학자. 역작 『예언자의 전기』는 이븐 히샴이 요약한 예언자(무함마드)의 생애 부분만 전한다. 현존 최고(最古)의 예언자 전기로 추측된다.

즉 연상의 여인과 결혼을 하게 된 것이다. 그녀는 무함마드와 결혼하기 전에 이미 두 번이나 결혼했었다. 이슬람 이전의 아라비아에서는 여성의 사회적 지위가 더 강했기 때문에 일처다부제의 형태가 있었다. 그들은 둘 사이에 네 딸을 두었는데, 그 중에 셋째 딸인 파티마의 이름을 기억해 둘 필요가 있다. 그녀는 나중에 아부 탈리브의 아들인 알리와 결혼했으며, 시아파[12] 최고 종교 지도자들의 존경을 받는 조상이 되었기 때문이다.

무함마드는 랍비나 수도승이 믿고 있는 경전에서 진리를 발견할 수 없음을 알았다. 40세가 된 그는 그 동안의 풍족한 생활 속에서 만족을 찾을 수 없었고 절대 고독의 상태에서 열병을 앓게 되었다. 그에게도 중년의 위기가 찾아 온 것일까? 무함마드는 당시 아라비아의 현자들이 그러했던 것처럼 일정 기간을 은거하면서 금욕과 기도로 보냈다. 벼락처럼 떨어지는 진리에 대한 갈증으로 영혼이 목말랐다. 그래서 찾아간 곳이 히라 동굴(Mount Hira)이었다. 그곳에서의 고행이 무함마드에게 진리의 빛을 내려 주었다. 무함마드가 예언자로서 계시를 받은 히라 동굴은 메카에서 북쪽으로 올라간 히라 산 정상에 있는 동굴이었다. 수 년 동안 매해마다 수행하던 무함마드에게 목소리가 들리기 시작

---

12) 수니파와 더불어 이슬람교의 2대 종파. 이들은 무함마드가 죽은 후에 후계를 둘러싸고 대립이 시작되면서 생겨났다. 수니파는 무함마드의 후계자를 역대 칼리프왕조의 칼리프로 보는데 반해, 시아파는 무함마드의 사위 알리(4대 칼리프) 만을 정통 칼리프로 본다.

한 것은 610년이었다. 신의 첫 계시였다.

수 개월간의 수행생활에 지친 무함마드가 동굴에서 선잠에 들었을 때, 천사가 그의 손에 종이 한 장을 들고 나타나 무함마드에게 "읽어라" 라고 말했다. (이슬람 경전 『쿠란』은 아랍어로 '읽어라'라는 뜻이다.) 무함마드는 깜짝 놀라 "무엇을 읽으란 말입니까?"라고 되물었고, 그때 천사는 무함마드를 끌어안으면서 다시 "읽어라" 하고 말했다. 포옹에서 풀려난 무함마드는 다시 되물었고, 천사는 다시 뜨겁게 포옹하면서 "읽어라"라는 말만 되풀이 했다. 그리고 천사가 이렇게 말했다.

> 만물을 창조하신 주님의 이름으로 읽어라.
> 그분은 한 방울의 응혈로 인간을 창조하셨노라.
> 읽어라. 주님은 가장 은혜로운 분으로
> 연필로 쓰는 것을 가르쳐 주셨으며
> 인간이 알지 못하는 것도 가르쳐 주셨노라.
>
> 『쿠란』 96: 1–5

놀라운 것은 무함마드가 읽지도 쓰지도 못했던 문맹이었다는 사실이다. 그런데 대천사 가브리엘이 나타나 그에게 신의 뜻을 낭송하도록 명한 것이다. 그러자 그의 내면 깊은 곳에서 노래들이 급류처럼 쏟아져 나왔다.

그림 7. 가브리엘 천사에게서 계시를 받는 무함마드

그 노래는 이후 23년 동안, 그러니까 610년부터 632년까지 계속되었다. 처음에는 무함마드 혼자 암송했지만, 나중에는 추종자들이 줄을 이었다. 『쿠란』은 예언자 무함마드에게 들려온 알라의 그 계시를 집대성한 것이다. 천사의 음성을 들은 무함마드는 한동안 자신이 귀신 들린 게 아닌가 불안해하기도 하고 미친 게 아닐까 의심하기도 했다. "내가 계시를 받을 때는 언제나 나의 영혼이 찢겨 나가는 듯한 느낌을 받았다"(Rodinson 74)고 하며 그 과정이 얼마나 고통스러웠는지를 토로하기도 했다. 그 충격이 너무나 컸기 때문에 전신에 경련을 일으키며 파르르 떨었고, 선선

한 날씨에도 땀을 뻘뻘 흘렸으며 중압감을 느꼈고 환청을 듣기도 했다. 이것은 종교 창시자들이 일반적으로 겪는 심리적 체험일 수도 있지만, 다른 한편으로는 무함마드가 그의 민족이 직면한 큰 문제들을 동시대인들보다 더 깊이 인식하고 그 해결책을 찾기 위해 내면 성찰의 고통스러운 과정을 겪은 것이라고도 할 수 있다.

무함마드는 드디어 자신에게 내려진 계시가 바로 신의 말씀이라고 진심으로 받아들이고 예언자로서의 사명도 깨닫게 되었다. 예언자의 확신을 준 사람은 다름 아닌 무함마드의 아내 카디자였다. 그녀는 예언자 무함마드를 알아보고 당신이 이 민족의 예언자가 될 것을 믿으며, 또 그렇게 기도한다고 했다. 계시를 받고 힘들어하던 무함마드는 아내의 품에서 편안하게 잠자면서 쉴 수 있었다. 이렇게 하여 이슬람의 첫 성도는 그의 아내 카디자가 된 것이다. 그런가 하면 최초의 신자들 가운데 많은 사람들은 자신의 가장 깊은 열정과 조화를 이루는 『쿠란』의 순수한 아름다움에 매혹되어 개종하였다. 그것은 『쿠란』이 아랍민족에게 지적인 사상과 위대한 예술적 차원의 영감을 깨우쳐 유목민 전체의 생활 방식을 변화시킨 것이라고도 할 수 있다.

하지만 예언자로서 메카에서의 삶은 그리 녹록한 것이 아니었다. 다신교의 관습에 젖어 있는 메카 사람들은 그를 미치광이로 취급했다. 새로운 종교를 일으킨 무함마드는 이러한 역경 속에서도 614년부터 대중 전도를 시작했다.

메카의 사람들 중에는 이슬람교도가 되는 사람도 조금씩 생겨나기 시작했다. 그러나 다른 한 편으로, 그것은 곧 메카의 질서를 깨는 일이기도 했다. 그는 다신교 신앙을 거부하고 쿠라이쉬 부족이 섬기는 카바 신전(神殿)의 주신(主神) 알라를 점차 유대교와 기독교의 유일신과 동일시했다. 유일신을 믿고 신전의 우상들은 버리라고 요구했지만, 온갖 종류의 사람들이 각양각색의 종교를 믿고 있는 터에 그게 먹힐 리가 만무했다. 친구들도 돌아서고, 619년에는 가문의 가장이자 숙부인 아부 딸립이 세상을 떠나자 자신의 가문인 하심가도 더 이상 그를 보호해 주지 않았다. 사랑하는 아내도 이미 그의 곁을 떠나 저 세상으로 갔다. 같은 피를 나눈 부족으로부터 버림받은 무함마드는 사막을 홀로 걸어가는 낙타가 되었다.

메카에서의 종교적인 박해가 시작된 것이다. 마치 예수가 자신의 고향 나사렛에서 배척을 당했던 것처럼. 무함마드는 메카에서 전도를 할 수 없게 되자, 메카의 동남쪽에 있는 다이프(Ta'if)로 근거지를 옮겼다. 그러나 다이프 사람들도 무함마드에게 돌을 던지면서 쫓아 버렸다. 더 이상 설 자리가 없게 되자 무함마드는 결국 이웃 도시 메디나(Medina)로 피신을 한다. 622년 7월 16일의 일이었다. 무함마드와 그의 추종 세력들은 이 날을 히즈라(hijra)로 부르고 이슬람의 원년으로 삼아 히즈라 이전(BH)과 히즈라 이후(AH)으로 나눈다. 히즈라는 '단절'을 뜻한다. 무함마드는 히즈라 이전에는 개별 추종자들의 설교자였지만, 히즈라 이후에는 한 공동체의 지도자가 되었다. '움마'라고 부르는 무슬림 공동체가 탄생한 것이다. 메디나 공동체에 합류한 사람들은 자기 부족과의 단절을 통해 이 새로운 공동체의 일원이 되었음을 말한다.

이는 이슬람이 하나의 종교이면서도 매우 정치적임을 시사한다. 이슬람은 고립된 개인의 구원에 초점을 맞추기보다는 정의로운 공동체 건설이라는 이상을 제시한 셈이다. 개인은 공동체의 일원으로서 참여하며 이슬람의 사회적 이상에 헌신함으로써 하늘나라에 그들의 자리를 얻는다는 것이다. 이것은 고대 아랍사회의 전통적 기반으로 존중 되어 온 피의 연결인 부족 공동체가 아니라, 민족과 혈연을 뛰어넘어 알라를 믿는 모든 이들이 공동의 예배와 공동의 생활을 하는 새로운 국가를 탄생시킬 기초를 말한다. 민족 종교에서 세계 종교로 변신하는 과정이었다.

『쿠란』에 따르면 신의 메시지는 모든 사람이 알아두어야 할 진리를 단순히 '일깨워 주는 것'이다.(『쿠란』 80: 11) 이것은 과거의 여러 예언자들이 인류에게 설교했던 원초적 신앙이었다. 신은 인간이 살아가야 할 이치에 대해서 인간을 무지한 상태로 내버려 두지 않는다. 즉 신은 지상의 모든 사람들에게 예언자를 내려 보내 주었다. 각각은 신의 진리의 메시지를 달리 표현했을 뿐 근본적인 내용은 모두 동일했다. 마침내 신이 쿠라이시족에게 한 명의 예언자와 또 하나의 경전을 보냈던 것이다. 그의 메시지는 예언자 아브라함, 모세, 다윗, 솔로몬, 예수 등의 메시지와 동일한 것이다.(『쿠란』 2: 129-32; 61: 6)

그러나 641년 1월, 무함마드는 획기적인 지침을 발표했다. 예배 동안에 회중들이 예루살렘 방향보다는 오히려 메카 방향을 향해서 기도하라고 말한 것이다. 그것은 이슬람의 독자성을 선언한 것이나 다름없다. 예루살렘으로부터 유대교 및 기독교와 아무런 관련이 없는 카바로 방향을 돌림으로써 무슬림들은 자신들이 아브라함의 원래 순수한 일신교주의로 복귀했음을 넌지시 과시했던 것이다. 모든 아랍 무슬림들은 기도 방향의 변경을 수긍했고, 특히 메카로부터 이주해 온 무슬림에게 호소력이 있었다. 그리고 그들은 자신들을 핍박했던 쿠라이시 족과 당당히 대적하여 대승을 거뒀다. 이 전투로 많은 아랍인들이 이슬람으로 개종했다.

이슬람교 전파는 가시밭길이었지만 정작 중요한 메카의 입성은 평화롭게 이루어졌다. 무함마드는 쿠라이시 부족을 멸망시킬 생각은 하지 않았다. 명문 쿠라이시에는 많은 인재들이 있었고 이들을 이슬람 전파자로 만들어야 했기 때문이다. 630년 메카로 무혈 입성한 무함마드는 카바 신전에 있는 수많은 우상들을 때려 부쉈다. 결국 여러 우상들이 모셔져 있던 카바 신전은 630년 예언자 무함마드가 무슬림군을 이끌고 다시 메카를 정복한 뒤 유일신 알라의 신전으로 바뀌었으며, 그때부터 메카는 이슬람 세계의 으뜸가는 성지가 된 것이다. 그것이 아라비안들에게 토착화된 유일신이 탄생하는 과정이기도 하다. 무함마드의 가계 혈통의 정당성도 그렇게 형성되었다. 쿠라이쉬 부족은 오늘날도 요르단의 왕가(王家)를 형성하고 있을 만큼 단순한 세도가나 명문가를 넘어 성스러운 가문으로 취급되고 있다.

무함마드는 자신에게 더 이상 대항하지 않는 이들에게는 관용을 베풀었다. 특히 아브라함으로부터 기원한 두 종교인 유대교와 기독교도들에게는 특별 지위를 부여하기도 했다. 마지막 설교에는 인종 간의 평등이나 종족 간의 차별 금지 같은 내용이 담겨있기도 하다. 그는 카바 신전에서 다신교의 시대는 끝났다고 선언하고 다시 메카를 떠나 메디나로 돌아갔다. 그리고 2년 후에 마지막 메카 순례를 한 후 무함마드는 예언자로서의 사명을 다하고 사랑하는 또 다른 아내 아이샤의 품에서 조용히 잠들었다.

메카는 이슬람 제국 수도로서의 지위를 유지하지는 못했다. 무함마드가 죽은 뒤 30여 년 동안 도시는 후계자 문제로 커다란 정치적 소용돌이를 겪었다. 결국 우마이야조(朝)는 AD 668년에 수도를 오늘날 시리아의 수도인 다마스쿠스(Damascus)로 옮겼다. 이곳은 다메섹이라는 이름으로 구약 성서에도 언급이 되지만, 기독교에서는 사도바울이 회심한 장소로도 유명하다. 다시 AD 762년에는 압바스조(朝)가 오늘날 이라크의 수도인 바그다드(Bagdad)로 옮겼다. 도시의 중심부로는 티그리스 강이 흐르고 있고, 약간 남쪽으로는 그 유명한 바빌론이 자리 잡고 있다. 인류문명의 발상지 가운데 하나인 메소포타미아가 바로 여기지만 지금은 전쟁 때문에 우리에게는 금지된 땅이다. 그리고 포화 아래서 그 많은 문화유산과 역사가 하나씩 사라져가고 있다.

그러나 메카는 한 번도 이슬람의 정신적 고향임을 포기한 적이 없었다. 메카의 운명은 기구하여 이슬람도 메카의 운명만큼이나 험한 길을 걸어왔다. 메카를 비롯한 주변 도시들이 우리에게 익숙지 않은 지명들이지만 이 운명의 길을 추적하여 그 역학 관계를 엮어내면 어느새 이슬람의 역사를 희미하게나마 그려낼 수 있을 것이다.

사우디아라비아 정부는 메카의 순례객 수가 2013년에는 1,500만 명을 돌파할 것으로 예상하고 있다. 아이러니하게도 그것은 결코 수그러들지 않을 엄청난 관광 사업의 잠재력이기도 하다. 도시에서는 그들을 수용하기 위한 시설을 확보하는 일이 시급하게 되어 그랜드 모스크를 확장하고 최고급 쇼핑몰, 최고급 호텔 건립 등을 강력하게 추진하고 있는 모양이다. 그러나 이러한 메카 관광인프라 구축 사업으로 말미암아 1천년 이상 존재해 온 많은 이슬람 문화유적들이 급속히 훼손되어 가고 있음은 슬픈 일이다.

2. 노회(老獪)한 지도자

무함마드는 결코 새로운 종교의 창건자가 아니었다. 셈족 전통 안에서 그는 종교 개혁자였을 뿐이다. 무함마드는 자신이 새로운 신으로부터 새로운 말씀을 가져왔다고 주장하는 대신, 그의 동시대인들 대부분이 잊고 있거나 이탈해 나온 진실 된 신앙으로 사람들을 다시 인도했을 뿐이라고 주장한다. 그렇다고 해서 다신교에서 유일신교로의 진화론적 발전을 시킨 것도 아니다. 오히려 그들 신앙의 조상인 아브라함의 신앙을 회복시키고자 했다. 이런 삶의 방식은 아라비아의 삶의 방식을 정화하려는 시도였다. 다신교나 우상을 섬기는 일은 알라와의 합일을 방해하는 불신이었기 때문이다.

세계사에 등장하는 인물들 중에 무함마드만큼 그 평가가 극단적으로 이루지는 경우도 없을 것이다. 무함마드를 사기꾼으로 취급하고자 했던 것은 당연히 유대교와 기독교의 몫이었다. 이슬람교를 비판한 가장 오래된 논객들 중의 한 사람은 정통신학자인 요하네스 다마스케누스(Johannes Damascenus: 650년 이후 출생-749)였다. 그는 기본적으로 이슬람교를 독자적인 종교로 인식하지 않았다. 단지 아브라함의 서자로서 정통성이 결여된 이스마엘의 후손들이 중심이 된 그리스도교의 이단의 하나쯤으로 여긴 것이다.(Damaskenos and Qurra, 1995) 따라서 그 창시자 무함마드는 필연적으로 이단자가 되는 것이고, 단테(Alighieri Dante: 1265-1321)는 『신곡』에서 그를 지옥의 아래층에 "추문과 분열을 일으킨 자들"과 함께 넣어 지옥에서 배가 찢어져 고통당하고 있는 인물로 나타내고 있는 것이다.(단테 281)

> 내가 그를 뚫어지게 바라보고 있는 동안
> 그는 나를 쳐다보며 두 손으로 가슴팍을 열고서
> 말했다. "내 찢어 여노니, 이제 보아라.
> 무함마드가 어떻게 찢어졌는지 보려무나!"
> 내 앞에 울며 걸어가고 있는 자, 그는 알리.
> 얼굴은 턱부터 이마의 털까지 찢어졌다.
> 또 네가 여기서 보는 모든 놈들은
> 살았을 적에 물의와 분열을 씨 뿌린 자들이게
> 이렇게 찢어진 것이다.

무함마드가 그리스도교의 관점에서 '이단'으로 내몰린 이유는 두 가지다. 첫 번째 이유는 그가 신약과 구약의 『성서』 내용을 제대로 이해하지 못 한 채 『성서』의 상당부분 내용을 『쿠란』에다 그대로 옮겼다는 것이다.(이성덕 2002) 또 다른 이유는 무함마드가 이단적인 한 수도사를 만났다는 데 있다. 그 수도사는 아리우스(Arius: 336년 사망)의 추종자라고도 하고, 네스토리우스(Nestorius: 451년경 사망)의 신봉자라고도 하는데, 이들의 교리가 기본적으로 예수 그리스도를 진정한 신으로 인정하지 않았으며 삼위일체 사상도 부정한다는 것이다. 이것이 바로 1장에서 논한 바와 같이 예루살렘 성전 파괴 이후 유대교와 그리스도교인들이 히자즈 지역으로 밀려 온 결과이기도 하다.

관념 체계로서 이슬람교는 그리스도교보다 유대교에 더 가깝다. 하지만 중세에는 둘 다 가까운 종교였다. 유대교에서와 마찬가지로 이슬람교에서 유일신은 지고의 존재다. 신은 아흔아홉 가지의 '훌륭한 이름'을 가지고 있으며, 그래서 이슬람 묵주에 있는 구슬은 전부 아흔아홉 개다. 또한 이슬람교가 그리스도교보다 유대교와 비슷한 점은 신이 사랑의 신이라기보다 힘과 위엄의 신이라는 데 있다.

무함마드에게 자주 가해지는 또 하나의 비난은 그의 깊은 신앙심도 『쿠란』의 계시와 마찬가지로 의도적으로 사람들을 속인 결과라는 것이다. 예를 들면 중세에 널리 유포된 종교 민속 『황금 전설』(야코부스 2007)에는 배교(背教)를 한 로마의 한 수도사가 사라센 사람들에게로 달아났다는 내용이 들어 있다. 그리고 그가 무함마드에게 몇 알의 곡식을 귀에 넣고 비둘기가 그것을 쪼아 먹도록 훈련을 시키라고 부추겼다는 것이다. 그 비둘기는 무함마드를 볼 때마다 그의 어깨 위에 날아 앉아 주둥이를 그의 귀에 갖다 댔다. 그 후에 그 수도사는 군중들을 불러 모아놓고 말하기를 성령이 비둘기 형상으로 어떤 사람을 점지하게 될 것이며, 그가 바로 영도자가 된다고 했다. 그리고 수도사는 훈련된 그 비둘기를 몰래 날려 보냈다. 그 비둘기는 군중 속에 섞여 있는 무함마드의 어깨 위에 내려앉아 주둥이를 그의 귀에 갖다 댔다. 그것을 본 군중들은 성령이 무함마드에게 내려와서 하느님의 말씀을 그의 귀에 속삭인다고 생각했다. 이런 식으로 사라센 사람들을 속인 무함마드의 사기극은 그리스도교 배교자와의 합작품이라고 했다. 소설 같은 이 이야기를 읽노라면 과연 어느 쪽이 사기를 치고 있는지 구분이 잘 되지 않을 정도이다.

1697년 영국의 신학자 험프리 프리독(Humphrey Prideaux)은 무함마드 전기를 발행했는데, 그 제목이 걸작이다. 『사기행각의 진정한 본질, 무함마드의 일생에서 완벽하게 증명되다』(*The True Nature of Imposture fully display'd in the Life of Mahomet*). 그의 저술은 이중의 의도를 가지고 있었다. 한편으로는 이슬람교를 겨냥한 것이었지만, 다른 한편으로는 삼위일체설을 부정하던 당시의 자연신론적 경향에 반대하는 것이었다.[13] 다시 말해 이슬람교가 '자연신론적' 흐름의 대표적 사례일 뿐만 아니라 무함마드의 의도적인 기만에 근거하고 있다는 사실을 지적하려는 것인데, 앞에서 설명한 훈련받은 비둘기 이야기만큼 유치한 방식은 아닌 듯하다.

또 어떤 기록에는 무함마드가 '쓰러지는 병', 즉 간질병

13) http://en.wikipedia.org/wiki/Humphrey_Prideaux#cite_note-3

에 걸린 낙타 상인이었으며 황당한 인간이었다고도 한다. 간질병은 고대 그리스인들에게는 '신성한 병'으로 통했으며, 그 후대에는 자연적인 질병으로 여겨졌지만, 여전히 부정적인 낙인이 따라다녔다. 대부분의 중세시대 유럽인들은 그것을 마귀에 의해 발생하는 병으로 여겼지만, 하느님이 어떤 사람을 시험하거나 벌을 주기 위해 내려 보내는 것으로 받아들이기도 했다.[14] 그러므로 무함마드가 간질병에 걸렸다는 주장에는 부정적인 의도가 숨겨져 있음을 알 수 있다. 그러나 무함마드의 간질병에 대한 긍정적 평가도 있다. 19세기 러시아의 수학자 소냐 코발레프스카이는 자신의 어린 시절을 회상하는 글에서 작가 도스토예프스키와 만났던 일을 전하고 있다. 거기서 도스토예프스키는 자신의 첫 간질병 발작에 대해 얘기하면서 무함마드를 언급하는 장면이 있다.(Leffler 341)

> 당신들은 사실 모두 건강한 사람들이고, 우리 간질병자들이 발작을 일으키기 직전에 느끼는 황홀감에 대해 조금도 알지 못할 것입니다! 무함마드는 자신의 『쿠란』에서 천국을 보았으며 그곳에 머물 수 있도록 허락받았다고 확실히 말하고 있습니다. 똑똑한 체하는 모든 사람들은 그가 거짓말쟁이며 사기꾼이라고 주장합니다. 아니, 아니,

---

14) 샤먼의 빙의현상을 일종의 정신착란 혹은 간질병으로 진단한 George Devereux 등 인류학자들의 견해를 참고로 한다면 무함마드의 간질병은 그의 종교체험과 관련이 있을 것이다.

> 그는 거짓말을 한 것이 아닙니다. 그는 실제로 천국으로 빠져들었으며, 더구나 그도 나처럼 여러 번 간질병 발작을 일으키던 중에 한 번 그랬습니다. 나는 이 행복감이 몇 초, 몇 시간, 아니면 몇 달 동안 계속되었는지 말할 수는 없습니다. 그러나 나는 맹세코 그것을 이 세상의 어떤 기쁨과도 바꾸지 않을 것입니다.

중세의 서사문학에도 무함마드는 빠지지 않는다. 소위 무훈시(武勳詩)로 알려진 *Chansons de geste*에서는 사라센인과의 전투가 매우 중요한 역할을 한다. 이 무훈시에서 무함마드는 결코 예언자가 아니다. 다신론자인 사라센인들의 최고이자 최강의 신으로 등장하며, 심지어 그가 살아 있는 동안에도 신으로 추앙받았다. 무함마드 상들은 순금으로 되어 있고, 보석들이 화려하게 장식되어 있으며, 진귀한 양탄자들로 싸여 있었다. 그리고 전투에 출정할 때는 화려한 수레에 그 동상들을 싣고 군사들이 뒤따랐으며, 예배 때는 우상들 앞에 여러 개의 촛불을 피우고 그 앞에서 아주 공손하게 절을 했다는 것이다.

특히 778년 8월 15일, 프랑스 왕 샤를마뉴는 스페인에 주둔하고 있는 사라센 사람들과 전쟁을 벌이다 피레네 산속 롱스포에서 바스크인(人)의 기습으로 전멸 당했다. 이를 노래하고 있는 『롤랑의 노래』(맥그로힐 150)에는 다음과 같은 내용이 들어 있다.

> 그런 다음 무함마드마저 구덩이 속으로 던져 버리니,
> 돼지들과 개들이 신상을 짓밟고 물어뜯는다.

다른 기록들은 무함마드의 종말에 관해 그가 술에 탐닉해서 한번은 메카에서 큰 술자리를 피하고 집으로 돌아가던 중에 의식을 잃고 오물더미 위에 쓰러지자, 곧장 돼지들이 달려들어 그를 먹어 치운 것으로 서술하고 있다. 무함마드의 치욕적인 종말에 관한 서술들은 개별적인 사항에 있어서는 큰 차이를 보이지만, 미움과 경멸로 가득한 감정들은 명확히 드러난다. 유럽인들이 중세시대 내내 이 이슬람 예언자에 대한 느꼈던 감정은 그런 것들이었다. 이슬람에 대한 서구의 적대적 감정은 종교개혁가인 마틴 루터(Martin Luther: 1483-1546)가 무함마드를 악마이며 사탄의 장자로 지칭한데서 잘 나타난다.(Oussani 2006)

역사상 무함마드처럼 악의에 찬 평가를 받은 사람도 없었다. 이번에는 그가 열 한번이나 결혼했다는 이유로 '호색가'로 비난을 받았다. 그러나 무함마드는 25세가 될 때까지 결혼하지 않았다. 일단 결혼을 하고 나서는 24년 동안 한 여자만 사랑했다. 다른 여자들을 아내로 맞아들이기 시작한 것은 첫 부인이 죽고 나서였다. 그 중 처녀는 한 명뿐이었고 대부분은 부족 간의 결속을 위한 정치적 결혼이었다. 당시에는 부족장이라면 그렇게 하는 것이 당연했고, 아랍뿐만 아니라 근동 전체가 일부다처제를 허용했다. 아브라

함, 다윗, 솔로몬 등이 그런 면에서는 선배들이다. 그렇지 않다면, 무함마드의 친구가 전사를 했다든지 아니면 보호가 필요한 여인들을 보호하기 위한 일환이었을 뿐이다. 게다가 『쿠란』에서 말하는 한 남자가 네 명의 아내까지 취할 수 있다는 규정은 첫 번째 부인 카디자가 죽은 후에 정해진 것이다.

무함마드를 사기꾼으로 몰아가는 경향은 아무래도 그리스도교의 극단적인 신앙 태도에 근거해 있음을 짐작할 수 있다. 그러나 우리는, 예언자이건 사기꾼이건, 그가 지녔던 리더십에 대해서만은 객관적인 평가를 내릴 수 있다. 그는 죽을 때 전 재산을 가난한 사람들에게 나누어주도록 했다. 후계자를 지명하지 않음으로써 혈통보다는 공동체를 지휘하는 능력과 지도력을 높이 평가하는 전통도 만들었다. 그런가 하면 스스로도 신격화하는 어리석음도 범하지 않았다. 그는 노회(老獪)한 지도자였다. 그가 보여 준 것 가운데 무엇보다도 중요한 것은 관용의 정신이었다. 물론 그것이 오늘날 이슬람에서 어떻게 전승되고 있는지에 대한 논의는 별개의 문제다. 마치 자크 아탈리의 회한에 찬 넋두리처럼. (아탈리 7)

> 이 이야기는 역사상 딱 한 번 있었던 일로서 기독교와 유대교와 이슬람교가 조화를 이루며 살았던 20년 동안의 시절에 관한 것이다. 역사상 딱 한번(11세기에서 12세

기 초까지), 딱 한 곳(스페인의 안달루시아)에서 유일신을 믿는 세 개의 종교가 서로를 존중하고 찬양하며 서로에게서 자양분을 섭취하는 길을 택했다. 위대한 사상가들은 그리스 철학을 포함한 다양한 주제들에 관해 자유롭게 대화를 나눴다. 학문과 종교가 사이좋게 지내던 시절이었다.

그 다음부터 모든 것이 어긋나기 시작했다. 당시 사건이 다르게 전개되었다면, 혹은 아브라함의 자식들이 서로 충돌하지 않았다면, 역사는 전혀 다른 곳으로 흘러갔을 것이다.

제 3 장

발단: 바그다드에서 다마스쿠스까지

1. 『쿠란』의 비밀
2. 아랍문명의 시작

1. 『쿠란』의 비밀

632년, 절대 권력자 무함마드가 이슬람을 탄생시키고 세상을 떠났다. 자연히 누가 후계자가 될 것인지 문제가 되었다. 경전도 있어야 했다. 무함마드는 죽었으나 이슬람이라는 종교가 태어났으니, 이런 일련의 후속 조처들을 산후조리라고 하자. 이 산후 조리를 제대로 이해하기 위해서는 당시의 주변 상황을 알아야 한다. 이때는 조로아스터교(Zoroastrianism) 중심의 사산왕조(Sassanid Empire: 224-651) 말기의 아랍제국 시대였다. 우리에게는 불을 숭상한다고 해서 배화교(拜火敎)라고도 알려졌지만, 조로아스터교는 창조신 아후라 마즈다(Ahura Masda)를 중심으로 선과 악의 이원론으로 세계를 구분하는 것을 특징으로 삼는다. 그 이원론적 교리는 이슬람에도 커다란 영향을 주었다고 볼 수 있지만 그런 교리보다 현실적으로 더 급한 것은 후계자의 문제였다.

후보는 두 사람이었다. 아부 바르크와 알리. 아부바르크는 무함마드의 아내들 중 한 명인 아이샤의 아버지였다. 바로 그의 장인이자 가장 가까운 동료이기도 했다. 그는 리더십도 뛰어나고 지혜로운 사람이기도 해서 많은 신도들이 따랐다. 알리는 무함마드의 사촌 동생이면서 동시에 딸 파티마의 배필이었으니 사위이기도 했다. 파티마는 우리가 2

장에서 기억하기로 했던 그 이름이다. 알리는 무함마드가 살아생전에 친 아들 이상으로 아끼던 사람이기도 했다. 게다가 무함마드의 첫 번째 부인 카디자 다음으로 이슬람을 받아들였으니 남자로서는 최초의 무슬림이라고 할 수 있다. 그러나 우여곡절 끝에 무함마드의 후계자로 선출된 초대 칼리프(Caliph)[15]는 아부 바르크(632-634)였다. 알리로서는 납득할 수 없는 결과에 승복하지 않았고, 양쪽 다 그럴만한 이유는 있었다. 그 이유에 대해 시시비비를 가리게 되면 어쩌면 우리가 길을 잃게 될지도 모른다. 그것은 이슬람 스스로도 지난 1천5백 년 동안 해결하지 못한 문제이기 때문이다. 분열은 그렇게 시작되었다. 장차 이슬람 사회가 수니파(Suunis)와 시아파(Shiis)로 분열되는 계기가 된 것이다. 그러나 이것은 단순히 왕위 계승권을 두고 생긴 다툼이 아니었다. 만약 그랬다면, 그런 움직임은 알리가 죽은 뒤에 점점 희미해졌어야 하는데 알리를 지지하는 시아는 점점 규모가 커졌다. 어쩐 일일까?

그 답은 그들이 알리를 '이맘'이라고 부른데서 찾을 수 있다. 시아파의 이맘은 수니파의 이맘과 다르다. 수니파의 이맘은 모스크마다 한 사람씩 있으며 기도를 인도하는가 하면, 바닥을 쓸거나 지붕을 고치기도 한다. 그러나 시아파

15) 칼리프(Caliph)는 아랍어로는 칼리파(Khalīfah)라고 하며, 그 사전적 의미는 '신의 사도의 대리인'이다. 칼리프는 예언자 무함마드의 뒤를 이어 이슬람 교리의 순수성을 유지하고, 종교를 수호하며, 동시에 이슬람 공동체를 통치하는 모든 일을 관장하는 이슬람 제국의 최고 통치자를 가리킨다.

의 이맘은 세상에 오직 한 명밖에 없다. 그는 무함마드가 알라에게서 받은 '바라카'라고 하는 일종의 에너지이자 빛과 같은 물질을 알라의 아들 하산과 순교를 한 그의 동생 후세인을 통해 받았다고 믿는 것이다. 따라서 시아파는 그저 개인의 노력만으로는 천국에 걸 맞는 사람이 될 수가 없다고 느꼈다. 그것은 다른 무슬림들을 씻길 수 있는 선택받은 몇 명을 통해서만 가능하다고 믿었기 때문이다. 이와 달리 아부바르크는 무함마드가 신의 사도이며, 그가 우리에게 어떻게 살아야 하는가에 대해 직접적으로 분명히 전달했다고 믿는다. 그 내용은 위대하며 유일무이한 것이다. 이러한 교리를 받아들인 사람들을 수니파라고 부르며, 오늘날 무슬림 공동체에서 10분의 9를 차지한다. 그러니까 시아파는 이슬람세계에서 소수집단인 셈이다. 그렇다고 해서 그 영향력마저 그렇다고 생각하면 오해다.

수니파와 시아파의 『쿠란』에 대한 시각도 무척 다르다. 수니파는 『쿠란』 자체를 영원하다고 보고 그 해석에 충실한 반면, 시아파는 이맘을 무함마드에 버금가는 완전무결한 존재로 보고 그들의 『쿠란』 해석을 신봉하고 있다. 시아파 중심의 이란에서 종교 지도자가 국가 최고 지도자로서 절대적인 정치권력을 행사하게 된 것도 이맘에 대한 독특한 인식과 제도에서 비롯된다. 또 시아는 유일신 고백, 예배, 헌금, 라마단 중 금식, 성지순례 등 수니파의 5개 기둥 외에 지하드(성전)와 선행을 추가하고 있다. 특히 이슬람 영토, 신념, 기구를 보호하기 위해 성전에 나설 수 있다고 한 지하드 개념 때문에 시아파가 과격하다는 인상을 준다. 지하드의 원래 뜻은 '정해진 목적을 위해서 노력한다'는 것이고, 이슬람 세계의 확대 또는 방위를 위한 전쟁을 말한다. 이슬람법의 이념에서 세계는 이슬람 주권이 확립된 이슬람 세계(dār al-Islām)가 되어야 한다. 아직 그 주권이 확립되지 않은 세계는 전쟁세계(dār al-harb)로 정의되며, 거기에서는 이슬람의 주권이 확립될 때까지 지하드는 필요한 것이다.[16)]

현재 시아파가 다수를 차지하는 국가로는 이란(90%) 이라크(60%) 바레인(75%) 등이 있다. 이라크는 시아파가 다수임에도 집권층은 모두 수니파 출신이고 바레인 역시 다수가 시아파이지만 집권층은 모두 수니파 출신이라는 독특한 구조를 갖고 있었다. 1979년 이란 혁명에 자극받은 이라크의 시아파는 봉기를 일으키기도 했으나 곧 진압됐다.

그러나 2003년 미국의 이라크 침공 이후 이라크 시아파는 과도통치위원회 다수를 점하게 되었으며, 2005년 1월 실시된 이라크 총선 결과 시아파가 국정을 주도하게 되었다. 한편 1996년부터 2001년까지 아프가니스탄을 장악하고 있던 무장 세력인 탈레반은 수니파가 주축이 되었다. 탈레반이 아프가니스탄을 장악한 후 축출된 시아파는 북쪽을 근거지로 반군(북부동맹)을 결성, 탈레반 정부와 내전을 벌

16) 좀 더 자세한 설명은 각주 41)을 참조하라.

여왔으며 수많은 난민이 발생, 파키스탄과 유럽을 떠돌기도 했다.

그림 8. 수니파와 시아파의 특징

수니파	시아파
1. 역대 칼리프 왕조를 모두 인정	1. 4대 칼리프 알리만을 정통 후계자로 인정
2. 전 세계 이슬람의 83%를 차지, 이슬람 공동체인 움마의 순나(관행)를 추종	2. 이슬람의 약 16% 차지, 이맘의 존재를 중요하게 생각함
3. 이맘(예배인도자)의 존재가 중요치 않음	3. 이맘의 무결점, 이맘의 부활
4. 하루 5회의 예배	4. 하루 3회 예배

그렇다면 이슬람의 신앙적 체계를 이루는 경전 『쿠란』은 어떻게 만들어진 책인가? 610년부터 632년까지 23년간이나 예언자 무함마드에게 들려 온 신의 계시를 천사 가브리엘의 도움으로 암송하고 집대성한 것이다. 이 『쿠란』에는 다른 종교의 경전에서 볼 수 없는 특별한 것들이 있었다.

인간은 개인으로서 신과의 직접적인 관계를 맺을 수 있다는 것이고, 신의 영역에 존재하는 다른 요소들과도 관계를 맺을 수 있다는 것이다. 그렇게 하기 위해서는 다섯 가지 핵심 사항을 지켜야 한다고 했다. 첫째, 신에게 복종할 것, 둘째, 하루에 다섯 번 기도문을 외우면서 메카 쪽으로 기도를 드릴 것, 셋째, 탐욕을 억제하는 마음을 가질 것, 넷째, 라마단 기간 동안에는 해가 뜰 때부터 질 때까지 즐거움을 자제하고 금할 것, 다섯째, 가능하다면 메카로 성지순례를 다녀올 것 등이다. 이러한 신앙을 『쿠란』은 이슬람이라고 한다. 아랍어로 '복종' 또는 '신의 뜻에 복종'을 의미한다.[17]

기독교의 성경이 여러 시대에 걸쳐(약 850년간) 여러 사람들이 각기 다른 언어로 쓴 것을 결집한 것이라면, 『쿠란』은 한 장소에서 한 인물에게 비교적 짧은 기간(23년) 동안 한 언어(아랍어)로 계시되어 완성되었다. 또한 『쿠란』은 천사 가브리엘을 통해 예언자 무함마드에게 내려지는 것을 그대로 받아 적은 것으로, 계시의 매체는 성령이지만 말씀의 주체는 알라 자신이다. 따라서 무슬림들은 신의 말씀이 직접 『쿠란』이 되어 내려왔다고 믿으며, 일생동안 『쿠란』을 부단히 읽고 암송하면서 신에 대한 믿음과 복종을 표현한다. 최종적으로 확정된 『쿠란』은 처음에 계시 받았던 순서가 아닌, 긴 내용부터 짧은 내용 순으로 분량에 따라 정리되어 있다. 처음에는 입에서 입으로 암송되다가 책으로 정리된 것은 무함마드가 죽은 후 20년이 지나서였다.

---

17) 앞 장에서 논한 아브라함의 첫 아들 이스마엘의 이름을 기억하라. 2004년 8월에 네덜란드 영화감독 테오 반 고흐(Theo van Gogh)가 제작한 10분짜리 단편영화 「복종」(Submission)은 『쿠란』에 대한 비판적 은유였다. 학대받는 무슬림 여성을 주인공으로 내세워 '복종'이란 신의 침묵 앞에 마주 선 '자기기만' (self-betrayal)에 다름 아니라고 한다. 이슬람의 비극은 『쿠란』에서부터 시작했다는 주장이다. 온 유럽이 '표현과 언론의 자유'인가 아니면 '이슬람에 대한 모독과 탄압인가'의 열띤 논쟁으로 들끓고 있을 때, 같은 해 11월에 고흐는 모로코 출신의 과격파 무슬림에 의해 결국 살해당하고 말았다. 제작자 고흐는 화가 고흐의 증손자이기도 했다.

원래 『쿠란』은 구전과 문자 두 가지 방법으로 보존되어 왔다. 구전은 암송되어 전해오던 방식이고, 문자는 계시 받은 『쿠란』 구절을 무함마드가 사람들에게 낭송한 것을 양피지, 가죽조각, 돌판, 대추야자 잎이나 나무껍질, 낙타의 골편(骨片) 등에 받아 적은 것들이다. 무함마드의 계시는 메카에서 13년, 메디나에서 10년간 계속되었으며, 무함마드 사후 제 1대 칼리프 아부 바크르(Abu Bakr: 632-634년 재위) 시대에 최초로 집성되었고, 제 2대 칼리프 우마르(Umar ibn al-Khattāb: 634-644 재위)는 구전되던 계시와 문자로 기록된 것을 모아 『쿠란』을 집성했다.

그러나 제 3대 칼리프 오스만(Uthman: 644-656년 재위) 시대에 이르자 이슬람 공동체가 크게 확장되고 개종자들이 증가하면서 『쿠란』을 잘못 읽거나 암송하는 사례가 속출하기 시작했다. 지역마다 서로 다른 이본(異本)이 등장하게 된 것이다. 이에 칼리프 오스만은 651년, 원로들의 도움을 받아 『쿠란』 원본의 정확한 필사본을 만들고, 이본들은 소각해버렸다. 이렇게 완성된 『쿠란』 정본은 쿠파, 바스라, 다마스쿠스, 카이로 등 주요 도시로 보내져 무슬림 공동체 내에서 보존하게 되었으며, 그 이후 오늘날까지 한 자의 첨삭도 없이 보존되어왔다.

『쿠란』은 모두 114장 6,200여 절로 구성되어 있다. 각각의 장은 첫 장(개경장)을 제외하면 연대순이 아닌 장단의 길이에 따라 배열되어 있으며, 가장 긴 장(제 2장, 286절)

부터 점점 짧은 장(제 103장 부터는 3~6절)의 순으로 되어 있다. 『쿠란』의 각 장은 '수라(Surah)'라고 하며, 각 장에는 이름이 붙어 있는데 이 이름이 반드시 내용과 일치하지는 않는다. 양적으로는 신약성서와 구약성서의 중간 정도에 해당한다.

또한 『쿠란』은 계시의 시기에 따라 크게 메카 계시와 메디나 계시로 구분되기도 한다. 메카 계시들은 주로 종교적이며, 교리상의 여러 주제와 더불어 교훈적인 신의 말씀과 진리들이 담겨져 후반에 배치되어 있으며, 내용이 간결하고 시처럼 운율적이며 비유적 표현이 많이 사용되었다. 한편 메디나 계시는 무함마드가 이슬람 공동체를 세운 뒤의 계시로 전반부에 배치되어 있으며, 주로 법적이고 사회적인 문제를 많이 다루는데, 산문체 형식이며 길이가 긴 편이다.

『쿠란』의 용어는 아랍어의 메카 방언이었으나 이것이 후에 고전 아랍어로 널리 쓰이게 되어 현행 아랍어 문어체의 기초가 되었다. 아랍어는 양층언어(diglossia)[18] 현상의 특징을 지녔기에 문어체 아랍어와 구어체 아랍어가 공용되고 있다. 따라서 문어체 고전 아랍어를 이해하지 못하고 구어체를 사용하는 일반 민중들은 『쿠란』을 이해하기가 쉽지 않다. 그러므로 각종 의식에서는 이맘(immam)이라고 하는

18) 한 사회에서 두개의 언어가 사용되는데 그중 하나는 상위계층(주로 지배계급 혹은 공식문건)에서 사용되고 다른 하나는 하위계층(주로 구어)에서 사용되는 상황을 말한다.

정규 독송자가 『쿠란』을 소리 높이 독송한다. 오늘날 이슬람 세계에서는 『쿠란』 암송(tajiwid)대회가 열리면 인산인해가 된다. 그것은 마치 서양의 오페라 공연과 같은 퍼포먼스이다.

하지만 그 성스러움 때문에 『쿠란』은 번역도 금지되어 있었다. 기독교계가 이슬람교계에 대해 관심을 갖기 시작한 11세기 이베리아반도에서 전쟁을 치르고 12세기에 이르러서야 최초의 라틴어 번역이 시도되었고, 최근에는 한국어 번역도 나왔지만, 엄격한 의미에서 그것은 어디까지나 번역일 뿐 『쿠란』이라고 할 수는 없다.

그러나 시간이 흐르면서 추종자들 사이에 문제도 커졌다. 『쿠란』에는 예언과는 직접 관련이 없거나 또는 모순으로까지 보이는 내용도 포함되었다는 의견 때문이다. 그럼에도 불구하고, 다른 한편으로는, 무함마드의 다음과 같은 유명한 권고는 장차 다가올 이슬람 문명을 지적(知的)으로 꽃피우는데 결정적인 역할을 하게 된다.

> 학자의 잉크가 순교자의 피보다 더 성스럽다. 지식을 얻으라. 지식을 얻는 것은 신이 경건한 행동을 하는 것과 같다. 지식을 논하는 사람은 신을 숭배하는 사람이다. 지식을 가르치는 사람은 자선 구호금을 내는 것과 같다. 지식을 목적에 맞게 쓰는 사람은 신에 대한 헌신을 몸으로 보여주는 것이다.

> 지식을 얻으면 옳고 그름을 판단할 수 있는 분별력을 갖게 된다. 지식은 천국으로 가는 길을 환하게 밝혀준다. 사막에서 친구가 되어주고 혼자 있어도 사회 속에 있는 것 같으며, 친구들이 다 떠나도 동반자가 되어준다. 행복으로 이끌어주며 불행 속에서도 지탱할 힘을 준다. 친구들과 함께 있을 때는 광채를 더해주고, 적을 만나면 대적할 무기가 되어준다.[19]

이슬람교의 유일한 경전(經典)은 『쿠란』이지만, 그것을 바르게 이해하기 위해서는 제 2의 경전이라고 할 수 있는 『하디스』를 이해할 필요가 있다. 거기에는 무함마드의 삶에 대한 구전 전승이라고 할 수 있는 '순나'(sunnah: 올바른 관행)가 포함되어 있다. 이는 이슬람에서 도덕의 지침으로 또한 종교법의 주요원천으로서 존중된다.

『하디스』의 발달은 이슬람 역사 초기 3세기 동안 활력소 역할을 했다. 『하디스』에는 이슬람 사상과 정신이 잘 반영되어 있다. 완전한 『하디스』는 모두 2부분, 즉 본문과 그 앞에 오는 이스나드(isnād: 전달과정)로 구성되어 있다. 예를 들면 "나는 야히아에게서 들었고 말리크는 나피에게서 들었고 나피는 아브드 알라 이븐 우마르에게서 들었는데, 무함마드가 말하길 '만일 누가 수정이 된 한 종려나무를 팔

19) 이 유명한 인용문은 무함마드가 직접 한 말로 알려져 있으나 사실은 『쿠란』에도 『하디스』에도 나타나지 않는 이슬람 속담이다.
http://www.sunniforum.com/forum/showthread.php?52967

때, 사는 자가 그 열매에 대해 자기 것이라고 명기하지 않았으면 그 열매는 파는 자의 소유이다'라고 하셨다."는 식이다.

이러한 형태는 히즈라력 2세기 초(AD 720 직후)에 나타나기 시작했으며 즉시 글로 옮겨졌다. 그러한 전승들은 소위 전승학자들의 노력에 의해 전해지게 되었다. 이들은 이미 수세기 동안 이슬람 세계가 이슬람식 생활방식의 근거를 관습에 두고 있었던 데 반대하고 예언자 무함마드에게서 시작된 개별적인 선례에 따르고자 했다. 그 때문에 이스나드가 잘 갖추어진 전승이 대량으로 나왔으며 이스나드도 더욱 세분화되었다. 그러나 이러한 전승방식은 교묘한 어법 때문에 정치적 의도가 담길 수 있는 여지가 많았다.

이슬람 학자들은 이러한 문제점을 알고 있었기에 예언자 무함마드의 언행을 공식적으로 신빙성 있게 진술한 것만을 받아들이고자 이스나드, 즉 전승자의 진실성과 정통성에 대한 면밀한 검토에만 매달릴 수밖에 없었다. 지금도 논쟁은 끊이지 않고 있지만, 권위 있는 『하디스』집이라고 해서 거기에 수록된 개개의 『하디스』가 모두 사실이라고 인정되지는 않는다.

경전으로서는 텍스트 자체가 확정되어 있지 않기 때문이다. 『하디스』가 이슬람 사상에 준 영향은 매우 크다. 비평학에서 『하디스』는 이슬람 초기 수세기 동안의 교리 발전을 연구할 때 중요한 자료로 이용되고 있다.

무함마드가 죽은 후 아라비아 지역 대부분이 이슬람교로 종교 통합은 이루었지만, 그곳은 여전히 가난한 땅이었다. 그 당시에 잘 나가던 페르시아, 인도, 지중해 중심부나 대도시들로부터 멀리 떨어져서 변방이나 다름없었고, 인접국인 비잔틴 제국이나 페르시아에 비해서도 여전히 미약한 상태였다. 그러나 그들은 상상할 수 없을 만큼 커다란 폭풍처럼 갑작스레 등장했다. 후계자 문제로 한차례 진통을 겪은 내부 상처가 아물기에는 너무나도 짧은 시간인 2년 만에 아랍 군대는 시리아와 팔레스타인을 비롯해 비잔틴의 상당부분을 차지하게 된 것이다.

그리고 그 후 수백 년에 걸쳐 그들은 세계지도를 바꾸어 놓았다. 아랍 이슬람이 가진 강력한 종교적 신념으로 말미암아 수행된 정복 전쟁의 승리 덕택이기도 할 것이고, 다른 한편으로는 당시 이슬람의 강력한 두 경쟁국 비잔틴 제국과 페르시아가 서로 싸우느라 스스로 힘을 소진한 것도 원인이 될 수 있을 것이다. 전쟁의 흐름을 보면 후자의 원인이 더 큰 것 같다. 아부바르크의 뒤를 이은 칼리프 우마르는 642년에 북아프리카까지 진출을 하고, 644년 칼리프 오스만이 등극한 뒤 651년에는 페르시아를 병합했을 정도다.

이 정복의 과정이 흥미롭다. 무력을 동원한 강제적 개종을 통해서가 아니라 경제 정책의 성공 덕택이라고 할 수 있기 때문이다. 그들은 군인들에게 현금을 지급하여 도시화와 화폐 중심 시장경제를 주도했다. 뿐만 아니라 이슬람교도가 10%도 안 되는 점령지 페르시아에서도 결코 종교적 강제가 없었다는 것이다. 오히려 타종교를 그대로 인정해주고 그들이 회당을 세울 때면 모스크보다 더 높게 짓지만 않으면 허용해주기도 했다.

그들의 세수원(稅收源)은 주로 기독교인이나 유대교인들이었는데, 이들은 사실 개종할 이유가 없었다. 오히려 이들이 개종을 하게 되면 무슬림 측에서는 세수가 줄어드니 사실은 개종을 강요할 이유가 없었던 것이다. 피지배자 입장에서 자발적으로 개종토록 하는 것이 세금 부담을 덜 수도 있고 상업이나 정치적 분위기 형성에도 도움이 되었을 것이다. 그러나 초기 이슬람의 이러한 종교적 관용이 최근에는 완전히 그 반대의 모습으로 우리에게 비쳐지고 있는 것은 참으로 슬픈 일이다.

그런데 초대 칼리프 아부바르크는 즉위 2년 만에 급작스런 죽음을 만난다. 그의 계승자로 우마르가 2대 칼리프(634-644)로 선출되었다. 어이없게도 우마르는 자신의 노예로부터 살해를 당하고 만다. 3대 칼리프는 오스만이 이어받아 12년의 재위기간을 거치게 된다. 그는 신앙심 깊은 사람이었다. 『쿠란』의 최종본을 완성한 것도 그였고, 나라의 경제적 번영도 이룩했다. 그러나 그만큼 적도 많았다.

오스만의 통치하에서 칼리프가 다스리는 영토는 넓어졌지만, 정복한 지역에서 들어오는 돈이 균등하게 분배되지 않았고, 이로 인해 오스만에게 반대하는 이들이 늘었던 것이다. 결국 오스만은 656년에 반대파의 칼에 찔려 죽게 되고 4대 칼리프는 알리가 물려받게 된다. 무함마드의 사촌 동생이며 셋째 딸 파티마의 남편이었으니 사위이기도 했던 그가 초대 칼리프 때부터 기회를 얻지 못하더니 드디어 기다린 보람이 있었다.

그러나 칼리프의 비극은 여기서 그치지 않았다. 오스만의 지지자들은 그의 피살이 알리의 책임이라고 몰아붙였다. 그 배후에는 우마르에 의해 다마스쿠스의 총독을 맡고 있던 무아위야가 있었다. 많은 희생을 치른 후 드디어 협상을 통해 무아위야는 시리아와 이집트를, 알리는 나머지 영토 전부를 계속 통치한다는데 합의했다. 그러나 이번에도 적은 내부에 있었다. 661년 알리는 피살당하고, 무아위야가 속해 있던 우마이야 왕조가 시작된다. 너무 복잡하니 도표로 정리하면 다음과 같다.

- 560년 메카에서 무함마드 탄생, 이슬람 역사 시작
- 622년 무함마드, 메카에서 메디나로 천도(히즈라 원년)
- 632년 무함마드, 메디나에서 승천, 초대 칼리프 아부바크르 취임
- 634년 제2대 칼리프 우마르 취임
- 644년 우마르 피살, 3대 칼리프 오스만 취임
- 656년 오스만 피살, 4대 칼리프 알리 취임
- 661년 알리 피살, 우마이야 왕조 1대 칼리프 무아위야

취임

무슬림 역사가들은 무함마드 이후 첫 네 명의 칼리프까지를 '정통 칼리프시대'(The Rightly Guided Caliphs *or* The Righteous Caliphs 632-661)라 부른다. 적어도 이들은 공동체의 합의에 의해 선출되었기 때문일 것이다. 현재의 이슬람 세계의 90%를 차지하는 수니파는 그들을 정통으로 하는 정치적 신조를 유지하고 있다.

그러나 시아파는 무함마드의 후계자는 하늘이 지명해야 한다며 제4대 칼리프인 알리를 제1대 이맘으로 보고, 그 이전의 3명을 부당한 찬탈자 또는 합법이지만 열등한 장(長)으로 본다. 시아파는 알리와 그의 직계후손 11명만이 정당한 후계자이며 무슬림 공동체의 최고지도자이자 종교지도자를 '이맘'이라고 주장한다. 이 문제는 통치의 정당성을 둘러싼 인식의 차이로서 수니파와 시아파를 구분하는 주요한 쟁점이 되었다.

잠시 쉬어가자. 아랍이 이처럼 후계자 문제로 난리가 났을 때 한반도에서는 무슨 일이 일어났을까? 제4대 칼리프 알리의 재위 기간(656-661)이 신라의 태종 무열왕(654-661)과 신기하게 겹쳐지고 있다는 사실을 눈치 챘는지 모르겠다. 그런가 하면 우마이야 왕조(Umayyad Caliphate: 661-750)의 초대 칼리프 무아위야1세(Muawiyah I ibn Abi Sufyan: 661-680)가 바로 문무왕(661-681)과 또 겹쳐지고 있다. 신라에서 왕권을 강화하고 삼국통일의 발판을 마련한 이 시기에 지구 저편의 아랍에서도 새로운 왕조가 탄생하고 있었던 것이다. 물론 우연이긴 하지만 역사를 거시적으로 읽는데 도움이 된다.

2. 아랍문명의 시작

알리가 피살되고 우마이야 왕조의 1대 칼리프인 무아위야가 등장했던 661년부터 이야기를 시작해 보자. 발음이 비슷하여 이름이 좀 헷갈리기는 하지만, 우마이야 새로운 왕조의 이름이고, 무아위야는 그 왕조의 1대 칼리프이다. 아라비아 출신인 우마이야 가문은 종교 중심지인 메카를 떠나 오랜 비잔틴 도시 다마스쿠스에 정치적, 상업적 중심지를 세운다. 메카 왕실의 후손들이 제국이 한참 성장하던 시기에 메카를 떠난 데는 이유가 있었다. 사막 출신의 아랍인들이 주도권을 잡기는 했지만, 수적으로는 상대적 열세였기 때문이다.

다마스쿠스의 상류사회는 이집트, 시리아인, 팔레스타인인, 이라크인, 페르시아인, 비잔틴인, 그리고 중앙아시아의 투르크족들의 지식인층들이 채우기 시작했다. 알렉산드리아, 페르시아의 크테시폰, 예루살렘 등의 화려한 고대 도시와 사회에 익숙한 사람들이 아랍 무슬림 상류층에 진입한 것이다. 물론 새로운 감각, 생각, 사상, 그리고 언어도 함께 들어왔다. 초창기 아랍 이슬람의 즉각적인 수용 동화 전략, 지식 혹은 경험에 대한 갈망은 다채로운 이슬람 전성기의 토대가 되었다.

이슬람 문화가 처음에는 아랍에서 시작되었지만, 곧 안

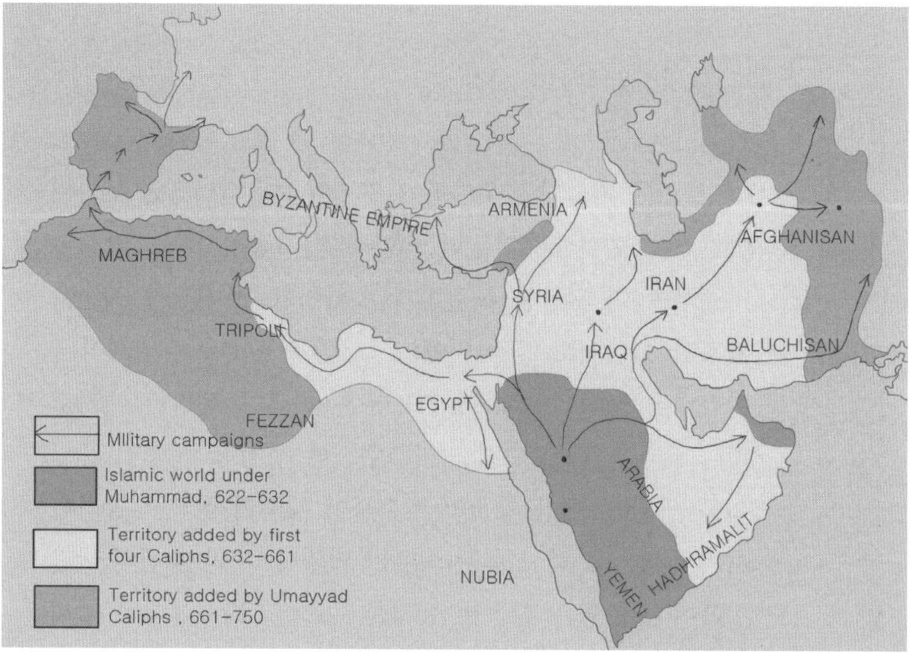

그림 9. 750년까지 이슬람의 팽창

달루시아, 페르시아, 중앙아시아와 인도로 퍼져 나갔고, 마침내 아나톨리아와 무굴인도제국까지 퍼지게 되었다. 세계의 세력 구도와 종교 지형은 이렇게 변하고 있었다. 지명에 익숙지 않다면 위의 지도를 한번 보고 다시 감을 잡은 후에 넘어가자.

우리는 이것을 아랍문명의 시작으로 간주할 수 있다. 그것은 여러 문화가 섞여 풍요롭고 독특한 혼합문화를 형성했고, 거기에는 페르시아와 비잔틴제국, 그리고 그리스와 로마의 흔적까지 남아있었던 것이다. 그러나 너무 큰 기대를 걸진 마시라. 이 모든 게 평화롭게만 진행 된 것은 아니다. 정치적 투쟁, 쿠데타, 암살로 사회가 흔들렸으며, 갈등과 불화로 내전이 잃어나기도 했다. 무함마드의 삼촌인 압바스의 후손을 중심으로 한 무리들이 무아위야를 중심으로 한 우마이야조의 가장 강력한 적으로 등장한 것이다.

이제 외부의 위협을 방어하기 위해 우마이야조는 이슬람 역사상 가장 큰 모스크 건립을 통해 문제 해결을 모색한다. 새로운 모스크는 당연히 새롭게 떠오르는 문명을 기릴 수 있는 것이어야 했다. 또한 고대 그리스 로마의 전통을 이어받으면서도 후세에도 영향을 끼칠만한 걸작이어야 했다. 유감스럽게도 시리아는 아직 우리나라와 외교관계를 수립하지 못한 몇 안 되는 나라 가운데 하나다. 게다가 지금도 내전이 한창이다. 천상 12세기 안달루시아에서 온 한 아랍인이 이 위대한 모스크와 다마스쿠스를 보고 남긴 글을 보고 상상하는 수밖에 없다.(모건 72)

> 다마스쿠스는 세계에서 가장 번잡한 도시다. 도시 성벽 뒤쪽의 거리는 좁으며, 진흙과 갈대 짚으로 지은 3층짜리 집들이 쭉 늘어서 있다. 시장은 대장장이들 소리로 시끌벅적하며 향신료 냄새가 가득하다. 대중목욕탕도 많다. 법학과 종교를 가르치는 대학이 20개나 있으며 큰 규모의 무료 병원도 있다. 정통 그리스도교 성모 마리아 교회는 모자이크들로 멋지게 장식되어 있으며 신도들은 자유롭게 종교 의식을 치를 수 있다. 삼천 명 가량의 부유한

유대인 공동체가 세운 대학도 있다. 십자군이 예루살렘에 세운 라틴 제국에서 피난 온 사람들도 대학을 설립해 운영하고 있다.

가장 멋진 건축물은 우마이야조의 거대한 모스크다. 원래 세 개의 복도로 이루어진 기도 공간 내부를 보면, 벽이 무슬림 세계의 대도시들을 대표하는 모자이크로 되어 있다. 머리 위로는 양파 모양의 돔인 이글 돔이 있는데, 황금빛으로 도금한 둥근 모양이다. 돔에 올라서서 내려다보면 거대한 안뜰에 있는 사람들이 작게 보여 마치 아이들처럼 보이는 멋진 경험을 할 수도 있다. 모스크에는 놋쇠로 된 두 마리의 매가 두 시간마다 부리에서 놋쇠 공을 황동 그릇에 떨어뜨린다. 그러면 그 공은 장치 내부로 다시 되돌아간다. 밤이 되면 물시계가 조명용 색유리 뒤에서 빛을 발한다. 그러나 진기한 물건들보다 더 중요한 건 모스크에서 정기적으로 행하는 가르침이다. 한 저명한 학자가 학생들에 둘러싸여 기둥을 등지고 서 있다. 학생들은 그의 주해의 탁월함에 감동해 감사의 눈물을 흘리기도 한다.

이 글에는 눈에 띄는 몇 개의 문구가 있다. 법학과 종교를 가르치는 대학이 무려 20개나 되고, 대규모 무료병원도 있으며, 특히 우마이야조의 모스크가 얼마나 웅장한지를 자세히 묘사하고 있다. 디바이스 장치와 물시계도 눈에 띈다. 도시를 감싸고 있는 엄청난 이슬람 문명의 아우라가 그대로 느껴지는 듯하다. 모스크를 중심으로 먹고 살 수 있는 물을 확보하면서 농경이 발달되기 시작했고 새로운 관개시설도 등장했다. 발전을 거듭한 우마이야조의 칼리프는 732년에 최대의 영토 정복을 이루어낸다.

그림 10. 다마스쿠스의 우마이야 모스크

그런데 문제는 예측하지 못했던 곳에서 발생했다. 그들의 문명 발달이 주변의 여러 민족들이 모이면서 다양한 문화교류를 통해 이루어졌다는 사실을 망각한 것이다. 그리고 정치의 중심부에 있던 소수집단은 타종교를 믿다가 무슬림으로 개종한 페르시아인, 터키인, 비잔틴 제국 출신들,

이집트인 등의 대다수 외국인들을 계속해서 피지배층으로 구분하는 차별정책을 실시했다. 그리고 과도한 세금마저 부과되었다. 주변인일 수밖에 없었던 이들에게 붙여진 이름이 마왈리(Mawāli: 단수는 Mawla)이다. 이들은 서서히 반란을 계획했고, 결국 무함마드의 형제의 후손이라고 주장하는 압바스의 후예들과 결탁하여 우마이야조의 몰락을 불러 온 주역이 되었다.

750년, 아불 압바스(Abūl' Abbas)가 우마이야조를 굴복시킨 과정은 너무나 잔혹하여 지금도 생생하게 전해지고 있다. 그는 이미 패자가 된 우마이야조의 마지막 왕족들 90명을 만찬에 초대했다. 초대받은 이들은 그것이 패자에 대한 승자의 호의이며 화해의 손짓이라고 믿었다. 그러나 압바스는 철의 주먹에 비단 장갑을 끼고 있는 사람이었다. 마치 한편의 비극이 끝나는 마지막 장면처럼, 음식을 나르던 시종들은 사형 집행수로 돌변하였고, 만찬장은 일순간에 피바다가 되고 말았다.

운명이었을까? 하늘이 무너져도 솟아날 구멍은 있었던 모양이다. 그 아비규환의 현장을 빠져나와 탈출에 성공한 한 사람이 있었다. 아브드 알 라흐만 1세('Abd ar-Rahman I)였다. 우마이야 왕실의 후손인 그는 북아프리카로 도망쳤다. 그가 나중에 코르도바와 알 안달루시아에서 '후기 우마이야 조'(757-1031)라는 이름으로 시작된 또 다른 이슬람 문명의 주역이 되었다.

정권을 탈환한 압바스조(750-1258)는 새로운 칼리프를 세우고 페르시아 사람들을 중심으로 인적 쇄신을 감행했다. 그리고 다마스쿠스를 버렸다. 아마 뒤도 돌아보고 싶지 않았을 것이다. 그리고 바그다드를 새로운 근거지로 삼았다. 압바스 왕조의 선동가들은 이러한 변화의 정당성을 확보하느라 혈안이 되었다. 시아파의 고조된 불만을 이용하여 권력을 쥐었으나 압바스조는 정통파 이슬람의 교리를 받아들였다. 그것을 시아파와 구별하기 위해 수니파라는 꼬리표를 달게 된 것도 이 때였다. 그리고 시아파에 대한 차별과 학대는 오히려 우마이야조 때보다 더했다.

그러나 다른 한 편으로 압바스 왕조는 우마이야 통치기간 중에 심었던 경제 번영과 예술과 사상과 문화의 씨앗을 꽃으로 피워냈다. 실제로 압바스 왕조의 첫 200년은 이슬람의 황금시대라 할만하다. 바그다드로 옮긴 수도는 서기 765년에 유프라테스강과 티그리스강 사이에 자리 잡은 거대한 원형 도시를 완성했다. 그리고 20년이 지나지 않아 실로 세계의 중심이라는 말이 무색하지 않을 만큼 역사상 처음으로 인구 100만이 넘는 도시가 되었다.

그것은 당연한 일이었다. 인도양으로 흐르는 두 줄기의 큰 강 덕분에 바그다드는 훌륭한 항구 시설을 갖출 수 있었다. 육로로도 어느 방향에서든 접근하기 쉬웠으니 매일 배와 대상(隊商)들이 중국과 인도, 아프리카, 스페인 등 당시 알려진 세계 어느 곳에서든 상품과 무역상들을 오가게 했다. 도시는 커다란 상가를 형성했을 것이고 품목에 따라, 때로는 상인들의 출신 지역에 따라 구역도 정해졌을 것이다.

그랬던 탓에 무슬림이 대부분인 이곳 바그다드에는 비록 소수이긴 하지만 여전히 기독교도와 유대인들이 함께 살아가고 있고, 다양했던 과거의 문명들이 함께 어우러지고 있다. 아랍인 지리학자 야쿠비(al- Yaʿqūbī, ?-897)는 당시 바그다드에는 거리와 골목을 합쳐 6,000개의 길이 있었으며 모스크는 3만개, 목욕탕은 1만개가 있었다고 기록하고 있다. 하지만 그때 시장에서 가장 눈길을 끌었던 것은 중국에서 갓 들여 온 새로운 발명품 종이였을 것이다. 그것은 압바스 왕조가 팽창하던 751년, 당나라의 침략에 맞선 압바스 군대의 살리히(Ziyad Ibn Salih) 장군이 탈라스 전투에서 얻어 낸 승리의 전리품이었다.

동양은 예나 지금이나 아랍세계와는 아주 먼 나라들이다. 동양의 중국 문화권과 '중간세계'의 페르시아 사이에는 히말라야 산맥, 파미르 고원, 고비 사막 및 알타이 사막과 같은 온갖 험준한 장애물이 존재하고 있었기 때문이다. 그곳을 개척하여 실크로드라는 길을 개척한 이가 바로 전한(前漢: BC 206 – AD 8)의 장건(張騫: ? - BC 114)[20]이다.

---

20) 장건은 무제(武帝)의 명을 받고 대월지(大月氏)와 동맹하고자 BC 139년경 장안을 출발하였다. 도중에 흉노에게 붙잡혔으나 탈출하여 대월지에 도착하였다(BC 129년경). 그러나 대월지는 흉노를 칠 의사가 없어 동맹에 실패하고 귀국하던 중 다시 흉노의 포로가 되었다가 BC 126년 귀국하였다. 그의

그리고 서양으로부터는 로마의 제16대 황제 아우렐리우스(Marcus Aurelius: AD 121-180)의 사절단이 바닷길을 통해 (후)한나라를 방문했다는 기록 정도가 전부일 정도로 양쪽의 교류는 뜸했다. 로마는 이후 쇠락의 길을 걷고 후한도 붕괴, 삼국시대에 이어 5호 16국, 남북조 시대로 이어지는 오랜 분란의 시대를 맞이하게 된다. 서양과 동양이 오랜 기간 내부적 혼란에 빠지면서 서로의 교류도 더 이상 이루어지지 않았다. 7세기에 들어서야 중국이 통일되고, '중간세계'에서도 급속히 성장한 이슬람 세력이 아라비아 반도에서 중동, 소아시아, 북아프리카, 이베리아, 페르시아, 중앙아시아 등으로 확대되었다.

서양에서는 동쪽으로 비잔틴, 서쪽으로 프랑크로 대표되는 강대국이 등장하면서 이슬람 세력과 충돌이 일어나게 된다. 유럽의 두 강대국에 막혀 서쪽으로의 진출이 막힌 이슬람 세력은 동쪽으로 눈길을 돌리게 된다. 동양에서도, 신라와 발해에 의해 만주 및 한반도 지배가 좌절된 당이 남쪽과 서쪽으로 눈길을 돌린다. 남쪽에 대한 관심은 북베트남 일대의 지배로 이어졌고, 서쪽으로의 관심은 대규모 서역 원정으로 연결된다.

이슬람 세력은 서기 704년, 이란 북동부의 호라산(Khorasan, 呼羅珊) 총독이 된 우마이야(Umayyad: 661-750) 왕

여행으로 서역의 지리 · 민족 · 산물 등에 관한 지식이 중국으로 유입되어 동서간의 교역과 문화가 발전하게 되었다.

조의 쿠타이바 이븐 무슬림(Qutayba ibn Muslim)이 동쪽으로 진출하였다. 그는 705년에 아프가니스탄 일대를 장악하고, 709년까지 현재의 우즈베키스탄 일대를 완전히 확보했으며, 712년에는 중앙아시아의 거점 도시 사마르칸트(康國)와 부하라(安國)를 점령한다. 그리고 오늘날 중국 땅이 된 신장위구르의 카슈가르까지 진출했다고도 전해지기도 한다. 이로서 중앙아시아 남부에 대한 이슬람 제국의 패권이 공고히 되었다.

8세기 중엽에는 우마이야 왕조에서 아바스 왕조로 교체되면서 잠시 주춤거리기는 했지만, 이슬람 세력은 오늘날 우즈베키스탄의 수도가 된 타슈켄트, 즉 석국(石國) 마저 그들의 동맹으로 삼아 당(唐)을 견제하기에 이른다. 당의 세력 확장이 코앞에까지 다가왔음을 감지했기 때문이다. 당 또한 이것을 그냥 두고 볼 수만은 없었다. 당은 국가의 외곽 지역마다 도호부(都護府)를 설치, 변경의 수비 및 주변국 정벌의 임무를 맡기는 등 기세가 등등하던 때였다.

고구려를 멸하고 세운 안동도호부, 베트남 지역에 설치한 안남도호부, 북방민족을 담당하기 위한 안북도호부, 그리고 서역 정벌을 위한 안서도호부 등이 설치되 것도 이때였다. 이때의 주역이 당의 고구려계 장군 고선지(高仙芝: ?-755)다. 당 현종(750년)의 명령을 받은 고선지는 혁혁한 승리를 거두며 석국을 점령하고 그 왕을 포로로 잡아 온다. 고선지가 정벌한 석국이란 바로 우즈베키스탄의 수도 타슈켄트 일대이다. 8세기 초에 이슬람 세력의 진출지였고, 중앙아시아에서 가장 중요한 도시 중 하나인 사마르칸트가 코앞이었다. 서역의 지배권을 둘러싼 이슬람과 당의 충돌은 피할 수 없었다.

결국 당의 계속되는 군사적 위협에 공포를 느낀 이슬람 세력은 아바스 왕조의 이븐 살리히가 이끄는 정규 부대를 출병시켜 현종 40년(서기 751년)에 고선지의 당군을 패퇴시킨다. 751년, 페르시아의 호라산 주를 거점으로 하는 이슬람 세력의 중앙아시아의 전진기지이자 요충지 사마르칸트와, 750년 고선지가 정벌한 석국(타슈켄트)은 매우 근접해 있었다. 안서도후부에서 출발, 서역 일대를 정벌한 당나라 군과 사마르칸트가 위협받게 된 이슬람 세력은 충돌을 피할 수 없었고 결국 탈라스에서 충돌하게 된다. 이것이 바로 탈라스 전투의 배경이다. 사실 탈라스 전투는 전투에 대한 기록이 거의 남아 있지 않아 전투 진행 양상이 어떤 지 후대인들이 알 수가 없다. 그저 고선지의 당군과 동맹을 맺은 현지 군대가 배반을 일으켜 당군은 생존자가 얼마 안 되는 참패를 했다는 정도다. 고선지 본인도 안록산의 난 도중에 누명(?)을 쓰고 처형되어 기록을 남기지 못했고.

이슬람 세력은 진출한 지 불과 반세기도 안 되어 현지에 이슬람교를 빠르게 보급시켰다. 군사적 정벌은 필요한 곳에 국한하며 나름대로 타협 및 융화책을 썼다. 결국 현지 국가, 부족들을 동맹으로 포섭했다는 점에서 이 전투의 승패가 갈린 게 아닐까 싶다. 탈라스 전투는 이처럼 중앙아시아 일대를 둘러싸고, 당시 세계 최강의 두 국가 아바스 왕조와 당나라가 펼친 하나의 문명의 충돌이었다는 점에서 의의가 있다.

이 전투로 서역에 대한 이슬람 세력의 확고한 우위가 완성되었으며, 당을 중심으로 한 동양-중국 세력은 이후 거의 400년 동안 서역으로 나아가지 못한다. 당은 몇 년 뒤, 안녹산의 난이 일어나 더 이상 대외정벌을 할 여력이 없었으며, 그 뒤의 5대 10국에 이은 통일왕조 송은 군사적으로 너무 무력했다. 이슬람 세력도 중앙아시아 일대의 확보에는 성공했으나 그 이상 나아가지는 못했다. 압바스 왕조도 이후 급속도로 내부가 흔들리면서 통일 이슬람 왕조의 성격이 크게 퇴색되어 더 이상 동쪽으로 진출할 수 없었다.

이후 동양 세력이 다시 서역으로 나아가기 위해서는 칭기즈 칸이 등장하길 기다려야 했다. 그 오랜 기간 동안 동양 세력은 서역으로의 진출에 실패했고, 탈라스 전투는 중국 세력의 진출에 한계를 보여준 하나의 역사적 대 사건이었던 것이다. 따라서 이 전투에 관해서는 중국문명권과 이슬람 문명권의 최초의 충돌이며 만남이었다는 점에서 더욱 세밀히 들여다 볼 필요가 있다.

이슬람 군에 포로가 된 당나라 군사들 2만 명 가운데는 제지술을 가진 자들이 있었던 것이다. 서방은 그들을 통해 비로소 종이문명을 접하게 된다. 중국에서 종이기술을 집대성하여 응용한 것은 후한(後漢) 4대 황제 원년이었던 서기 105년 낙양(洛陽) 출신의 환관 채륜이었다. 같은 시대 로마에서는 파피루스나 목판에 글씨를 쓰고 있었다. 문자를 기록하는 수단에서 동양보다 크게 뒤졌던 것이다.

그림 11. 종이기술의 전파

제지술이 전파되기 전까지 유럽은 문자 기록의 수단으로 양피지를 사용했다. 그래서 한 권의 책을 만들기 위해 수백 마리의 양이 도살됐다. 이 제지술은 2-3세기경에 오늘의 신장 일대인 서역으로 전해지고, 8세기 중엽의 탈라스 전투를 계기로 사마르칸트에 전해진다. 이어 8세기 말엽부터 11세기 말엽까지 바그다드, 카이로, 페스(모로코)를 비롯한 이슬람 제국에 급속히 퍼진 뒤, 그곳을 발판으로 스페인과 프랑스(12세기 중엽), 이탈리아(13세기 중엽), 독일과 영국(14세기 초엽), 스위스(14세기 말엽), 스웨덴(16세기 중엽) 등지로 전파되어 결국 종교개혁을 비롯한 유럽의 문예부흥에 기폭제 역할을 했다.[21)]

나침반도 탈라스 전투 이후 전파된 문물 중 하나다. 무슬림들은 종교의례(성지 메카를 향해 절할 때 방향을 찾는 데 활용)와 항해에 나침반을 사용했다. 유럽으로 전해진 나침반 덕분에 콜럼버스는 아메리카 대륙을 발견하고, 마젤란은 희망봉을 볼 수 있었다.

21) 한반도에로의 종이(채후지) 전입 시기는 2-3세기 낙랑이나 후한 사람들이 고구려와 백제에 흘러들어올 때였다는 추측이 있으나 확실치 않다. 4세기 중반 불교의 한반도 전입을 계기로 불서의 서사를 위해 종이가 반입되었을 것이라는 주장에는 어느 정도 신빙성이 있어 보인다. 분명한 것은 610년 고구려 고승 담징이 종이와 먹을 일본에 전했다는 『일본서기』의 기록으로 보아, 그 이전에 우리나라에서 이미 종이가 만들어졌으며 또한 일본은 우리나라를 통해 종이를 처음으로 알게 되었다는 사실이다.

제 4 장

전개: 아프리카에서 안달루시아로

1. 탈출과 진출
2. 공존의 시대

1. 탈출과 진출

400-1000년 기간의 중세 유럽은 학문의 암흑기(Dark Age)였다. 이때는 그리스 사상과 과학지식은 아예 학문에서 배제되었던 시기였다. 인류가 4000년 이상 쌓아왔고 그리스가 종합하고 발전시킨 엄청난 과학지식이 자칫 역사에서 매몰될 위기이기도 했다. 봉건제도와 천국을 이상향으로 꿈꾸며 교의에만 매달려 온 기독교도들에게 현실에 기반을 둔 과학은 기를 펼 수가 없었던 것이다. 이 위기를 고전 문명 지식의 파수꾼을 자처하며 지켜 낸 이들이 바로 무슬림들이었다.

중세 암흑시대는 바로 이슬람 문명권의 학문적 전성기였고, 그 핵심이 바로 우마이야조의 뒤를 이은 압바스조(750-1258년)였다. 한반도에서는 통일신라에서 고려 말에 해당하는 시대이다. 지금까지 인류가 쌓은 학문의 성과를 유럽이 방치하던 것과는 달리 아랍인들은 그것의 소중한 가치를 깨닫고 수집, 보관, 보충, 심화시켰다는 말이다. 그것은 이슬람의 관용적 특성과 이슬람 영토의 확대, 이슬람 제국 통치자들의 개방적 태도 덕택이었다고 할 수 있다.

실제로 그들이 활동했던 곳은 고대 문명이 존재했던 유프라테스 강 동부의 페르시아와 '비옥한 초승달 지역'(Fertile Crescent)[22], 그리고 알렉산더 대왕의 통합으로 고도의 헬레니즘 문명이 만개했던 이집트 지역이었다. 메소포타미아 문명, 고대 이집트 문명, 고대 페르시아 문명, 헬레니즘 문명, 인도 문명 등 앞서 나타난 고대 문명들이 융합된 지역을 정복하고 통치하게 된 이슬람 제국은 이미 축적된 지식에 힘입어 제국을 발전시킬 꿈을 키울 수 있었다. 비잔틴과 페르시아 간의 오랜 전쟁(570-630년)으로 말미암아 막혔던 동서 문물의 교류와 교역이 이집트-페르시아-인도를 잇는 길이 열림으로써 '문명의 강'은 다시 그 흐름을 되찾은 것이다.

오늘날 이라크의 수도인 바그다드는 압바스 왕조 후기에 나온 민담집 『아라비안나이트』에 아름다운 환상의 도시로 아름답게 그려져 있다. 알라딘과 마술 램프 같은 이야기들도 그 시대에 나온 것들이다. 실제로 지배층들은 비잔티움과 페르시아의 사산왕조가 이룬 전통에서 들여온 세련된 궁정의식에 도취되어 일상 세계와는 거의 분리되어 있는 것과 마찬가지였다. 그러니 따지고 보면, 이슬람은 비잔티움이나 사산왕조의 영토를 모두 정복하긴 했어도, 결과적으로는 정복당한 제국의 망령들이 오히려 이슬람에 침투하여 그들의 정신세계를 지배했다고 할 수 있다. 이렇게 복합

---

22) James Henry Brestead(1865–1935)에 의해서 발굴된 서아시아의 고대 문명 발생지에 대한 아칭(雅稱)이다. 세계에서 가장 오래된 농경문화가 이 지대에서 일어났으며, 시리아, 팔레스티나가 그 발상지이고, 이 문화의 영향 하에 티그리스 · 유프라테스 및 나일 강 유역(메소포타미아 및 이집트)에 고도의 문명이 발생하게 되었다. 이 지대에 정착한 농경민족과 주변의 유목 민족과의 평화적 · 전투적 교섭 속에서 고대 오리엔트사(史)가 전개되었다.

적인 거대 문명들을 흡수하여 그들은 인류문명에서 가장 위대했던 지적 전성기를 500여 년 동안 이슬람의 이름으로 이루어 냈다.

압바스 왕조가 자리를 잡았던 바그다드에 관해서는 앞

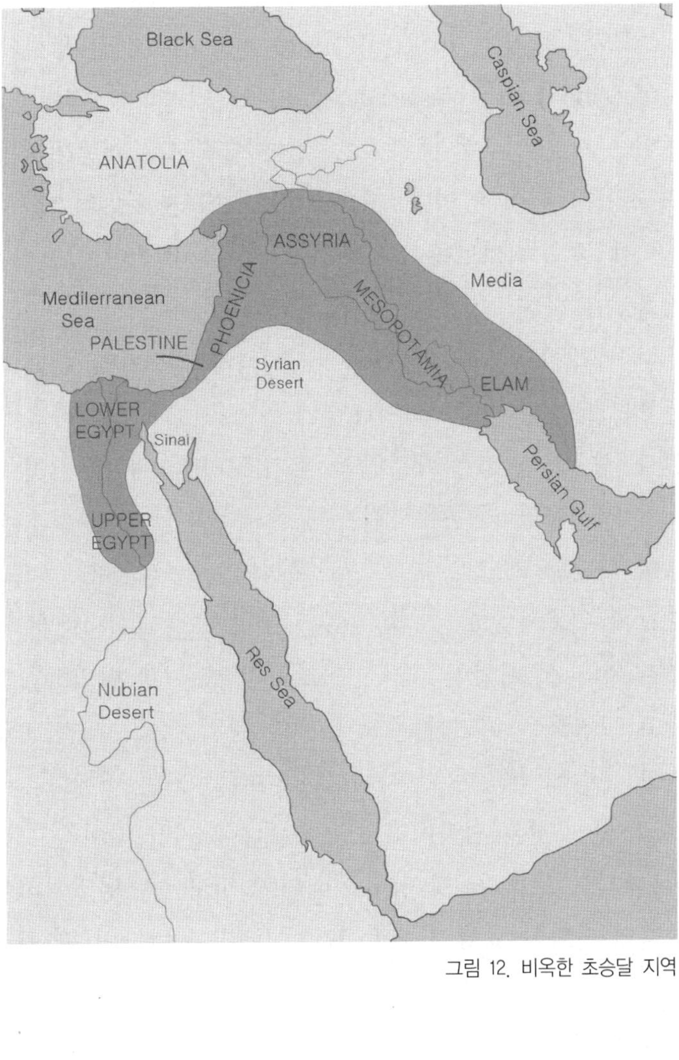

그림 12. 비옥한 초승달 지역

장에서 논한 바 있다. 그렇다면 압바스조에 의해 끔찍하게 능멸을 당하고 우마이야 왕조에서 마지막으로 살아남은 라흐만 1세는 어디로 간 것일까? 그가 택한 피난처는 북아프리카였다.

그곳은 이미 우마이야조(朝)의 6대 칼리프인 왈리드 1세(Al Walid, 재위 705-715)가 노련한 정치가 이븐 무사 누사이르(Ibn Musa Nusair)를 총독으로 임명하여 점령하고 있던 곳으로 원주민 베르베르족은 이슬람으로 개종해 최정예 전사가 되어 있었다. 그리고 711년에 지브랄타 해협을 사이에 두고 서고트족이 지배하고 있던 이베리아 반도까지 발을 디뎠다.

이베리아 반도에는 로마가 쇠퇴하자 게르만의 한 부족인 서고트족이 침공하여 416년에 왕국을 세워 정착하고 있었다. 서고트 왕정은 게르만적, 후기 로마적, 비잔틴적인 요소가 섞여있었다. 귀족사회는 로마시대의 옛 가문들과 새로이 나타난 서고트 귀족으로 구성되었다. 그들은 그리스도교에 귀화하였고, 그 후 589년 톨레도 종교회의에서 서고트 왕국 전 백성이 그리스도교를 신봉하기로 합의하였다. 서고트 왕국은 이러한 종교 문제와 왕위계승 문제를 둘러싸고 혼란에 빠졌다. 누사이르는 이때를 노린 것이다.

사실 그것은 침략이라기보다 초대에 의한 것이라고 해야 할지도 모른다. 당시의 이베리아 반도, 즉 안달루시아 지역의 상황이 묘했기 때문이다. 이베리아 반도의 한 외진

지방의 태수가 딸을 교육시키기 위해 톨레도의 로드리고 왕에게 보냈더니 왕은 그녀를 보호하는 대신 강간을 하여 임신을 시키고 말았단다. 화가 난 지방태수는 딸이 입은 피해를 복수하기 위해 외국 세력, 즉 북아프리카에 있는 아랍인들에게 도움을 청했다. 바다를 건너 도와주러 왔던 누사이르의 무슬림들은 카디스 남쪽의 바르바테 강변에서 서(西)고트 왕국(419-711)의 로드리고 왕을 죽이고 북상을 거듭하면서 이듬해에는 서고트 왕국의 수도 톨레도까지 손에 넣었다. 그리고는 아예 이베리아 반도에 눌러 앉아버린 것이다.

711년, 북아프리카의 이슬람 통치자들이 이베리아 반도에 발을 디딘지 7년 만에 전 반도를 점령하고, 서고트 왕국을 우마이야 왕국으로 비교적 신속하게 대체하였다. 이때 스페인과 포르투갈의 유대인들은 야만적인 서고트인들로부터 모진 박해를 당하고 있었다. 서고트인들은 반달족(Vandals)을 몰아내고 새로운 지배층으로 등장하면서 농민들에게는 착취를 가하고 유대인들에게는 종교적 자유를 억압하고 있었다. 이런 상황에서 유대인들은 이베리아 반도로 건너온 아랍 군대를 해방군으로 환영하였을 뿐만 아니라, 적극적으로 힘을 합쳐 서고트인들의 압제에 대항하여 전쟁을 승리로 이끌었다.(Lewis 131-132) 피레네 산맥을 넘어 진격을 계속하는 무슬림군을 프랑크 왕국의 샤를 마뉴(Charlemagne: 742-814)는 732년 푸아티에(Poitiers) 전투에서 겨우 패퇴시킬 수 있었다. 이 전투는 서구의 입장에서 볼 때 이슬람이 유럽으로 확산되는 것을 막을 수 있었던 역사적 사건이었다. 이슬람의 유럽 땅 진출은 여기까지였다.

750년 압바스에게 몰락 당해 다마스쿠스에서 피난 온 우마이야 왕조의 유일한 후손 라흐만 1세! 그가 도달한 곳은 바로 이베리아 반도의 전진 기지인 마그레브라고 하는 북아프리카였다. 스페인은 다마스쿠스에서 멀었기 때문에 그때까지 압바스의 세력으로부터 실제적인 지배가 확립되지 못한 상태였다. 스페인에는 우마이야 왕조 동조자들이 많았기에 라흐만은 크게 환영을 받았고, 그들은 압바스 가문 출신의 인기 없던 총독 유수프에 대항하기 위해 라흐만을 중심으로 뭉칠 수 있었다.

756년 5월 14일, 라흐만 1세는 코르도바 부근의 카르모나에서 유수프의 군대를 물리쳤고, 다음 날 도시로 들어갔다. 그리고 주민들의 세금을 경감해주고 유대인들에게는 신앙의 자유를 부여하면서 756년 콰탈키비르 강변의 도시 코르도바에 우마이야 왕조(Umayyad dynasty of Cordova)를 재건했다. 그리고 스스로를 당당하게 코르도바의 우마이야 아미르이자 무슬림 스페인의 지배자임을 선포했다. 그곳이 바로 이베리아 반도 남부 지방의 아름답고 풍요로운 '안달루시아'이다. 그리고 스스로를 칼리프 대신 아미르라고 불렀기에 우리는 이 시대를 후기(後期) 우마이야 왕조라고도 한다.

이렇게 하여 안달루시아는 다마스쿠스와 더불어 이슬람 문명의 양대 축이 되었다. 라흐만 1세는 코르도바를 다마스쿠스나 바그다드보다도 더 이슬람적이고 아름다운 도시로 만들었다. 그리고 그들은 피레네 산맥 남쪽에 머물며 화려한 이슬람 문화를 꽃 피우게 되었다.

코르도바는 라흐만 3세(912-61) 때 가장 빛나는 도시가 된다. 10세기 초, 아직 유럽에 인구 만 명을 넘는 도시가 없었던 시기에 수도인 코르도바는 약 50만 명 이상의 인구가 살고 있을 만큼 거대 도시가 되었다. 파리와 런던의 거리가 그 후 약 7세기를 지나는 동안 여전히 먼지와 진흙탕 물이 넘치는 곳이었다면, 코르도바에는 수 백 미터에 달하는 포장된 도로와 가로등이 있었다. 코르도바에는 당시에 이미 화장실과 배수구를 가진 약 20만 가구의 주택이 있었고, 약 700개의 모스크와 300~900개의 공중목욕탕, 70개의 공공 도서관, 수많은 서점, 공원과 궁전들이 즐비했다. 코르도바는 동로마제국(비잔틴제국)의 콘스탄티노플과 더불어 유럽 최대의 도시로 성장하였다.(Towson 24)

세계문화유산으로 남아있는 코르도바의 구시가지는 걸어서도 몇 시간 걸리지 않을 만큼 자그마한 도시다. 도시에 들어서면 사람들을 반기는 것은 세네카의 동상이다. 세네카(Seneca, Lücius Annaeus: BC4 – AD65)가 누구인가? 후기 스토아 학파의 철학자로 유명한 변론술학자(辯論術學者)를 아버지로 둔 그는 젊은 시절부터 웅변가로서 명성을 날렸다. 그 후 정계(政界)에 투신하였지만 유형(流刑)에 처해지는 등 많은 파란을 겪었다. 말년에 황제 네로의 교사가 되었지만, 후에 황제복멸(皇帝覆滅)의 음모사건에 연루되어 자살을 명령받은 비극의 철학자였다. 그는 세속에 물들면서도 인간이 인간다운 까닭은 올바른 이성 때문이라는 것과 유일의 선(善)인 덕(德)을 목적으로 행동하기 때문이라는 스토아주의를 역설하고 모순과 불안에 찬 생애를 보냈다. 그의 스토아 윤리에는 이처럼 인간미와 비조(悲調)가 첨가되어 있으며 영혼을 육체와 구별하여 육체보다 우위에 두었던 것이다. 그러니까 코르도바라는 도시는 이슬람에 정복되기 이전부터 이런 인물을 배출해 낼만큼 준비가 된 도시였던 셈이다.

그림 13. 세네카

그림 14. 이븐 루시드

그림 15. 이븐 마이문

세네카 다음으로 만날 수 있는 동상이 이븐 루시드(Ibn Rushd: 1126-1198)와 이븐 마이문(Ibn Maymūn: 1135-1204)이다. 이븐 루시드는 영어권에서는 아베로에스(Averroes)라고도 부르는 아랍계 철학자요 의학자로 코르도바 출신이다. 어릴 때부터 의학·천문학 등 백과전서적 연구를 하고, 법관·시의를 지냈으며, 『의학개설』(Al-kullujatfi'-'I-Tibb)에서 천연두의 면역성, 망막의 작용을 밝힌 사람이다. 뿐만 아니라 아리스토텔레스 저서의 주석가로도 유명하다. 그리스 철학과 이슬람교의 조화를 꾀했지만 만년에 철학 연구가 종교에 유해하다고 말했다는 이유로 추방을 당하기도 했다. 서양 철학에 근세 초까지 영향을 주어 이른바 라틴 아베로에스파를 형성하기도 했다.

이븐 마이문은 히브리어로 모세 벤 마이몬(Moses ben Mairmon), 영어권에서는 마이모니데스(Maimonides)라고 한다. 그는 유태의 철학자로 코르도바에서 태어나 카이로에서 죽었다. 그의 저서 *Dux neutrorum sive dubiorum*은 철학과 과학을 연구한 것으로, 성서와의 차이점에 당혹해 하는 사람들에게 올바른 신앙을 깨우쳐 인도하기 위한 것이었다. 현실 세계에 관해서는 아리스토텔레스의 권위를 인정하였지만, 종교상의 문제에서는 성서의 가르침을 우위에 두고 신에 의한 무로부터의 창조나 섭리를 주장하였으며, 이것과 모순된 아리스토텔레스의 이론을 배격하였다.

자크 아탈리(Jacques Attali)가 최근에 이 두 사람을 주인공으로 삼아 『깨어있는 자들의 나라』라는 제목의 소설을 발표했다. 북아프리카에서 이슬람 근본주의자들이 침입하면서 유대교와 기독교, 그리고 이슬람의 오랜 공존의 시대는 깨어지고 만다. 처형과 살인, 혼란이 세상을 뒤덮고 하늘은 잿빛으로 물든다. 암흑의 나라를 피해, 어린 마이모니데스와 젊은 아베로에스, 즉 유대교를 대표하는 이와 이슬람을 대표하는 이가 아리스토텔레스가 남긴 우주의 비밀을 간직한 책을 찾기 위해 먼 길을 떠난다는 이야기다. 다시

그림 16. 코르도바의 모스크 대성당

말해 인류 역사상 보기 드문 공존의 시대가 막을 내리는 과정인 것이다.

모스크 대성당(Mosque-Cathedral; Mezquita-Catedral)은 이 과정을 함축적으로 보여주는 상징물이다. 그 명칭부터 이슬람 성전을 지칭하는 '모스크'와 가톨릭에서 사용되는 대성당이라는 뜻의 '카데트랄'의 합성어이다. 이 모스크는 사우디아라비아에 있는 메카의 하람 모스크에 이어 세계에서 두 번째로 큰 모스크로 유럽의 건축물에 큰 영향을 주었다. 이 모스크는 약 200년이란 세월이 공사에 소요되어 976년에 완성되어 무려 870개의 기둥과 19개의 통로로 나누어진 장방형의 위풍당당한 모습을 보여주고 있지만, 지금은 가톨릭 성당으로 사용되고 있다. 가톨릭은 코르도바에서 이슬람을 물리치면서 모스크를 무너뜨리고 새로운 카테드랄을 건축하는 대신, 그 모스크를 그대로 두고 가톨릭을 덧입혀 성전으로 변경시켰다. 이슬람의 가치 기반 위에 기독교의 기치를 내 건 것이다.

코르도바 외곽 알 자흐라(al-Zahra) 시에는 라흐만 3세가 장엄한 궁전, 마디나트 알 자흐라(Madinat al-Zahra)를 건설했다. 이 비상한 아랍 궁전에서 놀라운 것 중 하나는 여러 가지 색깔의 대리석과 금박을 입힌 천장이 있는 칼리파들의 방(the Room of the Caliphs)이다. 이 홀의 각 면에는 투명한 크리스탈과 유색 대리석 기둥 사이에 위치한 8개의 호화로운 문들이 있다. 금과 상아로 장식된 이 문은 동시에 보석으로 상감되어 있다. 이 아름다운 방의 중앙에는 햇빛이 비출 때 마다 벽과 천장을 눈부시게 반사하는 수은으로 가득 찬 큰 수영장이 있다. 수영장의 표면이 떨릴 때 마다 방 전체는 빛으로 가득 차 마치 방이 떠다니는 듯한 인상을 준다. 당대 이슬람 건축의 진수를 보여주는 이 궁이 안달루시아는 물론 다른 유럽국가의 건축에 영향을 준 것은 두 말 할 나위가 없다.

이슬람의 지배 하에서 산업, 농업, 수공업은 매우 발달하였으며 코르도바와 세비야는 시장과 수출항으로 번창하였다. 이슬람의 통치는 공납, 부역, 인두세 수납과 이를 위한 군(軍)조직 유지에 역점을 두었으며, 사회, 정치, 종교체계에 대한 강제적 재편을 행하지 않은 수평적 성격을 띠었다. 그리스도교는 모사라베스(Mozarabes)라 불리었으며, 공물 등의 부담을 조건으로 특별자치구의 행정을 승인 받았다.

뿐만 아니라 이베리아 반도의 다수 집단은 이스빠노-로마노(Hispanorromano, 로마시절부터 살던 사람들)와 서고트 출신의 이슬람교로 개종한 물라디(Muladi)였다. 이슬람교로 개종하는 자들에 대해 토지세 면제 등의 특혜를 주었기 때문에 많은 사람들이 개종하였다. 안달루시아 문화는 당시 기독교 문화보다 더 높은 수준이었는데, 여러 세기에 걸쳐 그리스와 동양의 유산을 취하여 다듬으면서 스스로 많은 발전을 이룩하여 중세 유럽 문화에도 큰 영향을 주었다.

후기 우마이야 왕조는 10세기 말에 만수르(Al Mansur: 946-953 재위) 통치 시대에 최고의 절정을 이루게 되는데, 1002년 그의 사망과 함께 나라가 크게 기울어지기 시작했다. 왕국 내에서 권력 다툼이 벌어지고 아랍계가 아닌 베르베르인(북부 아프리카의 유목 토착민)과 슬라브인 용병들이 반란을 일으켰다. 수도인 코르도바가 불타고 우마이야 왕조는 이렇게 300년의 영화를 누린 후 1031년에 멸망하게 된다. 구심점이 사라진 안달루시아는 아랍계, 베르베르인계, 슬라브계 등 여러 개의 왕국으로 쪼개졌다.

8세기에 쳐들어온 이슬람 세력에게 정복되어 수백 년간 그들의 지배를 받아왔던 이베리아 반도의 기독교도들은 11세기에 이르러 본격적인 저항운동을 시작했다. 물론 이슬람세력의 문화는 매우 아름다우며 최고의 수준을 뽐내고 있었으나 단결하지 못하였기 때문에 작은 왕국들로 분열되었던 이슬람 왕국들은 기독교들에게 하나씩 정복되어가기 시작했다.

1037년에 레온 왕국과 카스티야 왕국의 제 1차 통일이 이루어진 후, 타리파 왕국은 약한 왕권력으로 인해 북부지역 그리스도교인에게 세력 회복의 기회를 주었고, 그리스도교인들은 타리파 왕국의 내정에도 개입할 수 있게 되었다. 이 시기에 로드리고 디아스 데 비바르 혹은 엘 시드(Rodrigo Díaz de Vivar; El Cid: 1043-1099)라는 이름의 희대의 영웅이 나타나 스페인군이 용맹을 떨쳤다. 스페인 그리스도교도들이 자기네 땅에서 이슬람 세력을 물리치겠다고 나선 운동이 '레콩키스타(Reconquista; 국토회복운동)'였는데 엘 시드는 그 서장을 장식한 인물이었다. 찰톤 헤스톤과 쏘피아 로렌이 주연하여 유명했던 60년대의 「엘시드」라는 제목의 영화가 바로 당시의 상황을 배경으로 한 것이다.

좀 뜬금없지만, 스페인 어디서나 볼 수 있는 최고의 요리 하몽(Jamón)을 이야기 하지 않을 수 없다. 소금에 절이거나 통째 훈제한 돼지의 뒷다리 요리다. 이것은 스페인 식 햄의 일종으로 냉장고에서 돼지의 뒷다리를 숙성시킨 후 소금에 절여 6개월 이상 말려 만든다. 그 종류가 엄청나서 생후 100일쯤 되는 새끼돼지 통구이도 최고의 요리로 취급받는다. 이 요리의 전통이 바로 이 때 시작된 것이다. 돼지고기를 금기시 하던 이슬람 지배 하에서 기독교인들이 쳐들어오니 살아남을 수 있는 방법은 자신이 무슬림이 아님을 증명하는 길 밖에 없었던 것이다. 그것도, 엽기적인 돼지 요리를 먹을 수 있을 만큼 이슬람과는 아무 상관이 없음을 과시하면서 ......

그 후 이베리아 반도는 군소 이슬람 왕족이 난립하는 이른바 '타리파 시대(1031~1235)'로 접어든다. 그때 힘깨나 쓰던 이슬람 소국이 그라나다, 세비야, 말라가, 발렌시아, 사라고사 등이다. 그러나 이슬람의 지배를 모면했던 아스트리아스, 나바라 두 지방의 서고트 귀족은 서서히 남하운동을 시작하였다. 이런 일들이 가능했던 이유는 이슬람 정복자들이 국토 확장에는 무관심해서 저항이 용이하였고, 로마나 서고트의 세력과 문화도 거의 침투하지 않아 지역의 독립성을 유지할 수 있었기 때문이었다. 이리하여 이슬람의 침입 후에 이베리아 반도 북쪽 산악지방에 저항지점이 형성될 수 있었다. 국토회복운동은 종교전쟁의 성격도 지니고 있었다. 이슬람의 종교적, 문화적 유산을 극복해야 한다는 필요성에서 신앙이 육성되고, 교회의 커다란 영향력이 형성되었다.

그리스도교도들에게 쫓겨 반도의 북·중부 지역과 남부의 코르도바, 세비야마저 잃은 무어족은 그라나다에서 250여년(1236-1492)이나 버텼다. 석류라는 뜻을 가진 그라나다는 8세기 초 이베리아 반도를 점령했던 이슬람 세력의 '최후의 보루'였다. 코르도바가 스페인 기독교인들에게 함락된 후, 아랍인들은 수도를 이베리아 반도 남부의 그라나다로 옮겼다. 왕실을 따라 장인과 상인, 관료들이 대거 이주해오면서 그곳은 최고의 번영기를 맞았다.

그라나다의 옛 도심 알바이신은 아랍 특유의 이색적인 풍경을 간직하고 있다. 그라나다는 산들로 둘러싸인 분지에 형성되어 있다. 시에라 네바다의 눈 녹은 물이 항상 대지를 적시며 흘러 도시의 방벽 역할까지 해준다. 그들이 이곳에서 그 긴 세월을 버텨낼 수 있었던 것은 이처럼 특이한 지형 때문이었다. 아랍인들은 이곳을 새로운 예술과 학문의 중심지로 발전시키고 유명한 알 함브라(al-Hambra) 궁전을 건설했다.

궁전이자 동시에 성채이기도 한 이 알 함브라 궁전은 건설하는데 무려 100년이란 세월이 걸렸다. 에스파냐에 존재했던 마지막 이슬람 왕조인 나스르 왕조(Nasrid dynasty, 1232-1492)의 무하마드 1세 알 갈리브가 13세기 중반에 세우기 시작하여 14세기에 완성된 것이다. 증축과 개보수를 거쳐 오늘날까지도 아랍건축의 아름다움과 천재성을 그대로 보여주고 있다. 특유의 인공미는 물론이려니와 자연과의 조화 또한 일품이다. 이슬람 문화의 결정체로 일컬어지는 알함브라 궁전은 그러나 그 아름다움만큼이나 비극적인

그림 17. 그라나다에 있는 알 함브라 궁

운명을 지니고 있었다.

14세기 후반 스페인은 국토회복 운동을 통해 강대해진 카스티야 왕국과 아라곤 왕국으로 양분되어 있었는데, 1469년 아라곤의 페르난도 2세와 카스티야의 이사벨 여왕이 결혼함으로써 통일이 이루어졌다. 그리스도교 신봉자인 그들은 1482년에 스페인에 남아있는 이슬람의 마지막 거점 그라나다의 알 함브라를 공격해 10년째 되던 1492년 1월 2일 보아브딜 왕으로부터 항복을 받아내면서 400년에 걸친 레콩키스타에 종지부를 찍었다.

1492년 콜럼버스가 아메리카 대륙을 발견한 그 해, 스페인의 페르난드 2세의 공격을 받은 나스르 왕조의 마지막 왕 보아브딜(Boabdil: 1460-1533)은 이 궁전을 평화적으로 내어주고 아프리카로 떠난 것이다. 그리하여 스페인은 비로소 근대 국가로의 이행을 걷게 되었지만, 알함브라 궁전에는 이전 800여 년간 내려온 이슬람 문화의 찬연함을 간직한 채 홀로 오롯이 서있게 된 것이다.

칠공팔공 세대에 해당하는 사람들에게 이곳은 「알 함브라 궁의 추억」이라고 하는 유명한 기타 음악의 기억으로 남아있다. '기타의 사라사테'라고 불리는 작곡가 프란시스코 타레가(Francisco Tárrega: 1852-1909)의 트레몰로라고 하는 현대적인 연주법으로 만들어진 곡이다. 경이적인 테크닉과 낭만적인 연주 스타일은 많은 젊은 청춘들의 맘을 설레게 했다. 특히 1984년에는 캄보디아의 비극을 그린 영화 「킬링필드」의 주제가로 사용되어 많은 사람들의 심금을 울리기도 했다. 이 그라나다 왕국마저 1492년에 멸망하며 서유럽에서 이슬람세력은 완전히 제압되고 스페인이 통일되었다.

711년 타리크 이븐 지야드(Tariq Ibn Ziyad: ?-720)가 지브랄타(Gibraltar)에 상륙한 이후, 1492년 그라나다가 함락될 때까지 아랍인들은 안달루시아에 정확히 781년 동안 체류했으며 이 기간 동안 아랍인들은 종교적 관용과 인종간 화합을 통해 놀라운 문명을 발전시켰다. 역사가들은 이 시기를 크게 세 단계로 나눈다. 첫 번째가 코르도바에 도읍지를 정한 안달루시아 시대(756-1031), 두 번째가 타리파 시대(1031-1235), 그리고 마지막이 그라나다 시대(1236-1492)이다.

2. 공존(Convencia)의 시대

코르도바에 이어 10세기경에 부상해 압바스조의 패권에 도전한 도시는 또 있었다. 압바스 왕조의 칼리프가 수니파로서 제국을 다스리기로 하자 시아파는 다시 반란을 일으켰다. 910년에 튀니지에 등장한 시아파 전사들은 스스로 알리와 파티마의 후손임을 주장하며 파티마 왕조(Fatimids: 909-1171)라고 하는 강력한 왕조를 건설했다. 예언자의 딸 파티마의 이름을 딴 것은 나름대로 정통성을 확보하기 위함이었다. 파티마 왕조의 통치자들은 이맘과 칼리파라는 두 개의 호칭을 동시에 사용하고 있었다. 스스로 이맘임을 내세우며 전 이슬람 세계로부터 권위를 인정받고자 했던 것이다. 파티마 왕조의 칼리프 선포는 압바스 왕조에게는 직접적인 도전이었다. 그들은 969년에 이집트의 통치권을 차지했고, 새로운 수도 카이로를 건립했다.

그들에게는 북아프리카의 자원과 나일 강 유역의 곡창지대가 있었다. 또한 지중해 교역에서도 입지가 좋은데다가 홍해를 따라 예멘으로 가는 무역로도 차지해, 그 덕분에 인도양에 인접한 시장에까지 닿을 수 있었다. 이쯤 되면, 서기 1000년 무렵에는 카이로가 바그다드나 코르도바를 앞질렀을 가능성도 있다.

그들은 카이로에 세계 최초의 대학교인 알 아즈하르 대

학(al-Azhar University)을 988년에 세웠다. 유럽에서 가장 오래됐다는 볼로냐 대학이 12세기 후반에야 문을 열었다는 점을 감안하면, 그보다 200년이나 앞선 10세기 후반에 신학대학으로 출발한 알아즈하르가 세계 최초의 대학이라는 점은 의심의 여지가 없다. 파티마 왕조의 전폭적인 지원 아래 성장한 알아즈하르는 12세기 말 이후 수니파 교리를 따르는 새로운 지배층에 의해 시아파 교육기관에서 수니파 교육기관으로 바뀌어 오늘날까지 이어오고 있다.

한때 이슬람 문화 중심지였던 바그다드와 안달루시아의 쇠퇴로 13세기 중반 이후엔 이슬람 문화와 학문 중심이 이집트 카이로로 옮겨오게 되면서 알아즈하르는 명실상부한 이슬람권 최고의 고등교육기관으로 발돋움했다. 현재의 일반 종합대학교로 탈바꿈한 것은 지난 1961년이었다.

10세기 말 이슬람 세계는 아랍어를 매개로 한 공통된 종교문화와 무역, 이민, 순례를 매개로 한 인적 유대로 인해 하나로 통합되어 있었음에도 불구하고 정치적 측면에서는 더 이상 단일한 사회가 아니었다. 스스로 칼리프임을 주장하는 통치자들이 바그다드, 카이로, 코르도바 등 세 지역에서 난립했고 실질적으로 독립적인 지위를 누리고 있었기 때문이다. 그리고 세 개의 칼리프조는 광대한 세속 국가들처럼 공존했다. 처음에는 압바스 왕조의 영토가 가장 넓었으며 수도도 가장 부유했으나, 사실은 그런 이유로 압바스 왕조가 세 칼리프조 중에서 가장 약할 수밖에 없었다. 로마

제국이 너무 커져서 중앙에서 통치자 한 명이 다스리기 어렵게 되었던 상황과 마찬가지였다. 실제로 10세기 이후 무슬림 국가들의 정치사는 한마디로 지방 분권의 역사였다. 변경 지대는 경계도 불명확한 상태였다.

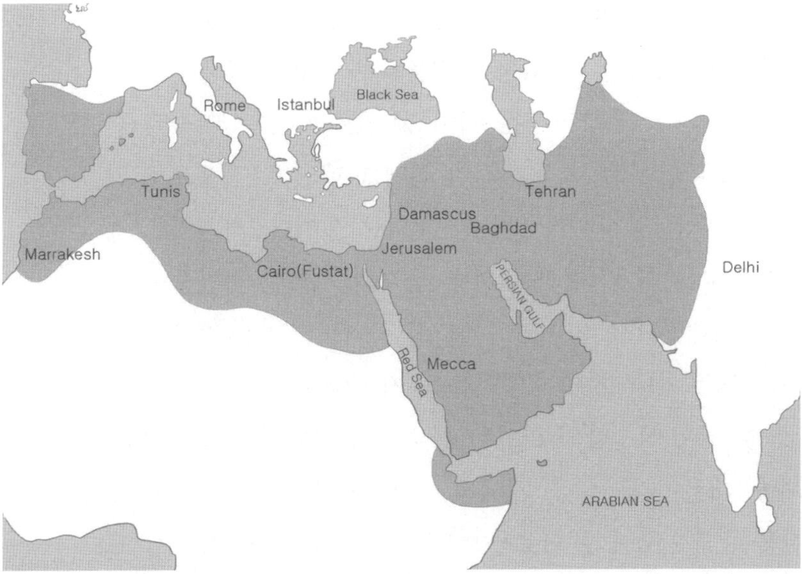

그림 18. 900년경의 이슬람

이렇게 보면 밀레니엄이 다가올 무렵의 이슬람 세계는 세 조각으로 나뉘어 있었다. 첫 번째는 이란과 옥수스강 건너편 그리고 이라크 남부를 포괄하는 지역이다. 10세기 이후 한동안 바그다드가 이곳의 중심이었고, 압바스 왕조의 칼리프가 통치했던 곳이다. 두 번째는 카이로와 시리아 그리고 아라비아 반도 서부를 포괄하는 지역이다. 파티마 왕조가 건립한 카이로는 광활하고 비옥한 농촌 지역 중앙에 위치해 있었고, 인도양과 지중해 세계를 연결하는 무역 체계의 중심이기도 했다. 세 번째는 마그립과 안달루스라고 불린 스페인 이슬람 지역이다. 이 지역도 넓은 경작지를 아우르고 있었을 뿐만 아니라 아프리카와 지중해 여러 지역의 무역을 통제할 수 있는 거점을 확보하고 있었다.

이슬람의 확산 과정은 이미 잘 알려져 있는 역사적 사실이다. 확산이 대개 군사적인 전쟁 형태였고, 전쟁으로 말미암아 많은 불상사가 발생한 것도 사실이다. 하지만 그게 전부는 아니다. 전쟁과는 다른 성격의 미묘한 사건들이 오히려 지배적으로 일어났음에도 불구하고, 그런 역사적 사실은 별로 다루어지지 않았음을 지적할 수 있다.

첫째는, 이슬람의 확산이 급격하게 이루어진 것은 강제 개종 때문이라기보다 경제적 성공 때문이라는 사실이다. 그들은 군인들에게 급료를 현금으로 지급했다. 따라서 도시화와 화폐 중심의 시장경제가 초기 이슬람사회에 도입되기 시작하였고, 엄청난 양의 화폐가 시중에서 순환되었다. 결국 비잔틴과 페르시아의 통치 아래에서 경제적으로 침체했던 마을과 도시들이 발전해 경제적 활기를 띠었다는 것이다.

둘째는, 피점령지 주민들의 종교적 개종은 새로 출현한 아랍 제국의 정치적 논의에 그다지 큰 비중을 차지하지 않았다는 사실이다. 점령 지역에서 무슬림들은 여전히 소수에 불과했다. 한 예로 페르시아에서는 이슬람 신자들이 이슬람 제국의 첫 세기 동안 전체 인구의 10퍼센트도 안 되었다. 또한 아랍 지배자들은 식민지 주민들을 개종시키려는 엄격한 종교 방침을 갖고 있지 않았다. 오히려 그것이 경제적으로 손해였기 때문이다. 아랍 지배자들은 기독교인이나 유대교인에게는 상당한 세금을 부과했기 때문에, 개종은 그런 수입의 상실을 의미하는 것이었다. 또한 개종한 사람들에게는 여러 가지 사회 서비스도 제공해야 하는데, 이 역시 상당한 돈이 들 수 있다는 점이 부담이 되었다.

초창기에 타 종교인들이 이슬람으로 개종한 것은 세금을 좀 덜 내기 위해서, 또는 사회적으로 좋은 위치에 오르기 위해서, 상업이나 정부쪽의 분야에서 쉽게 자리를 잡기 위한 이유에서 자발적으로 이루어졌을 가능성이 크다. 자발적 개종을 해도 몇 십 년 동안은 종교세에서 자유롭지는 못했지만 말이다. 한편 과거의 신앙을 그대로 가진 사람들도 전도를 하거나 대언자를 모독하지만 않는다면, 모스크보다 더 높게 짓지 않는다는 조건으로 자신의 종교를 위한 예배 장소도 만들 수 있었다.

초창기 아랍 이슬람의 즉각적인 수용 동화 전략과 지식 혹은 경험에 대한 갈망은 다채로운 이슬람 전성기의 토대가 되었다. 이슬람 문화는 처음에는 아랍에서 시작되었지만, 곧 안달루시아, 페르시아, 중앙아시아와 인도로 퍼져갔고, 마침내는 아나톨리아와 무굴 인도 제국까지 퍼졌다. 이렇게 세계의 세력 구도와 신앙은 변하고 있었다.

그렇다고 해서 예언자가 세상을 떠난 후로부터 무슬림의 즉각적 수용 통합 정책이 시행되는 몇 백 년 동안 모든 면에서 종교적인 방식으로 변화되었다는 것은 아니다. 세상사가 다 그렇듯 그동안에도 정치적 투쟁, 쿠데타, 암살로 사회가 흔들렸으며, 갈등과 불화로 내전이 일어나기도 했다. 그러나 이러한 격동과 동화정책 속에서 아랍 문화라는 이름 아래 실질적으로 여러 문화가 다양하고 풍요롭게 섞인 독특한 혼합 문화가 생겨난 것이다. 페르시아의 문학작품들과 풍요로운 문화와 더불어 비잔틴 제국의 지식과 스타일이 들어왔다. 또한 그리스와 로마의 영향력도 빠뜨릴 수 없다.

예언자의 후손들에게 비잔틴 제국과 페르시아로부터 문화유산과 지식들이 전해졌다. 그 영향으로 초기 이슬람은 전성기를 맞아 활짝 꽃 피며 더욱 풍부해진다. 아랍 고전 시가의 언어가 새로운 혼성 국제어가 되었다. 종교적 토론과 표현뿐 아니라 상업과 문학, 그리고 일상생활에서도 중요한 언어가 되었다. 페르시아 사람들, 시리아인들, 비잔틴 제국인들, 베르베르인들을 비롯해 무슬림 지배하의 많은 사람들이 아랍어를 배우기 시작했다. 무슬림이 다수를 차지했지만 안달루시아에는 그리스도교도와 유대인도 많았다. 우마이야조 스페인이 바그다드 칼리프조와 사이가 나

쁘다 하더라도 우마이야의 통치자들은 이제껏 이슬람이 정복한 모든 지역에서와 같은 사회 정책을 펼쳤다.

그리스도교와 유대교 공동체는 독자적인 종교 지도자와 사법 체계를 두며, 그들의 종교 의식과 관습을 따를 자유가 있었다. 그들 중 누군가가 무슬림과 다투면 이슬람 규율로 이슬람 법정에서 재판했지만, 그들 내부의 다툼이라면 그들의 재판관이 독자적인 규율로 재판했다. 비무슬림은 인두세를 내야 했지만 무슬림의 의무인 자선세는 면제받았다. 군대와 고위관직에서는 배제되었지만 다른 직업에는 모두 기회가 열려 있었다. 그리스도교, 무슬림, 유대인은 상당히 우호적인 조화를 이루고 살았다. 다만 무슬림이 최고의 정치권력을 행사하며 우월감을 내보일 수 있는 것은 분명했다. 이는 오늘날 미국인이나 서유럽인이 제3세계 사람에 대해 내비치는 것처럼 자기 문화와 사회가 더 높은 단계의 문명이라는 확신에서 나오는 우월감이었을 것이다.

서로 다른 공동체가 어떻게 사이좋게 지냈는지 보여주는 좋은 예로 산초왕 이야기가 있다. 서기 10세기 말 산초는 스페인 북부 그리스도교 왕국 레온의 왕위를 물려받았다. 산초의 백성들은 그를 뚱보 산초라고 불렀으니, 여느 왕이라면 결코 백성들이 자기를 그렇게 부르도록 내버려두지 않을 만한 별명이었다. 사실 불쌍한 산초는 더 정확하게 '의학적으로 비만한' 산초라고 불렸어야 할지도 모른다. 하여간 귀족들은 전반적인 상황을 용납할 수 없었으니, 산초의 몸집이 통치자가 되기에는 그의 내면이 너무 무르다는 증거라고 여겨서 산초를 폐위시켰다. 그 뒤에 산초는 비만 치료로 유명한 히스다이 이븐 샤프루트라는 유대인 의사의 소문을 들었다. 히스다이는 코르도바의 무슬림 통치자가 고용한 의사였으므로 산초는 치료를 받기 위해 어머니와 시종들을 데리고 남쪽으로 향했다. 그곳의 무슬림 통치자 압둘 라흐만 3세는 산초를 귀한 손님으로 맞이했으며, 히스다이가 산초의 몸집을 줄여줄 때까지 왕궁에 머물게 해줬다. 그리하여 산초는 레온으로 돌아가 왕좌를 되찾고 압둘 라흐만과 친교 조약을 맺었다.(Potok 346-347) 다시 말하면, 무슬림 통치자의 궁에서 유대인 의사가 그리스도교 왕을 치료했다는 것이다. 공존의 가치를 찬양하는 이야기는 여기서 그치지 않는다.

이야기가 나온 김에 잠시 『데카메론』을 펼쳐보자. 이는 르네상스 인문주의의 토대를 마련했다고 평가받는 복카치오의 작품으로 13세기 이탈리아 지방에서 떠돌던 이야기들을 모아 집대성한 것이다. 그러니까 당시 유럽에는 십자군 원정을 통해 전해진 숱한 이슬람 이야기들이 유행이었다. 그 중 하나가 '세 반지 이야기'이다.

바빌로니아의 술탄 살라디노가 트집을 잡아 재산을 빼앗으려고 유대인 멜키세덱에게 유대교, 이슬람, 그리스도교 중 어느 것이 가장 훌륭한 종교인지 묻는다. 그의 의도를 눈치 챈 멜키세덱은 답을 대신하여 다음과 같은 이야기를 해준다. 아들 셋을 둔 한 아버지가 대대로 내려오는 반지를 누구에게 전해 줄 것인지 고민하다가, 똑같은 것을 두 개 더 만들어 아들들에게 각각 하나씩 주었다. 원래 이 반지를 가진 자가 후계자가 되는 것을 알고 있는 아들들이 서로의 반지가 진짜라고 우겼지만 아직도 분명치 않은 상태이다. 신이 내려주신 세 종교도 각각의 유산과 계율을 갖추고 있으니 이 반지 이야기와 같다는 것이다.

18세기 말 독일의 문인 레싱은 이 이야기의 결말을 약간 바꿔 희곡 『현자 나탄』이라는 작품을 발표했다. 어느 종교도 서로 간에 높낮음이 없고 신 앞에서는 모두가 평등한 것이며, 인간에 대한 진정한 사랑만이 구원에 이르는 길이라고 설파하였다. 특히 기독교인에게 가족을 잃은 유대인 나탄, 그를 양부로 삼아 자라난 고아 레야, 그녀를 구해준 익명의 십자군 기사, 그리고 레야와 기사가 사실은 친남매이고 살라디노는 그들의 아저씨라는 플롯은 이런 메시지를 잘 전해주고 있다.(Lessing 71-75)

> 옛날 동양에 한 사람이 오팔(Opal) 보석 반지를 지니고 있었다. 그 보석은 휘황찬란한 빛을 발하였으며, 그 반지를 지닌 사람은 하나님과 사람 앞에서 호감을 사도록 하는 신비로운 힘을 지니게 되었다. 그는 아들 중 가장 사랑하는 아들에게 반지를 물려주었으며, 반지를 물려받은 아들은 그 가문의 지도자가 되었다. ....

그런데 그 반지가 결국 세 아들을 지닌 아버지에게 돌아갔다. 그는 세 아들을 똑 같이 사랑했으므로, 모조품을 두 개 더 만들어서 세 아들에게 각각 똑 같이 축복하면서 반지를 나누어주고 죽었다. 아버지가 죽자 세 아들들은 서로 반지를 끼고 나타나 가문의 지도자가 되려 했다. 서로 어느 반지가 진짜인지 알아내려 했으나, 소용이 없었다. 그들은 재판관에게 가서 판결을 내려주기를 부탁한다. 재판관은 세 아들을 향해 다음과 같이 말한다.

"나는, 진짜 반지는 하나님과 사람들 앞에서 사랑을 받게 만드는 신비한 힘을 지니고 있다고 들었다. 이 사실이 결정적인 것이다! 왜냐하면 가짜 반지들은 그렇게 할 수 없을 것이기 때문이다! 자, 너희들 가운데 두 사람들은 누구를 가장 사랑하는가? 자, 말해보라! 너희들은 침묵하는가? 반지들이 바깥을 향해서가 아니라 다만 안쪽을 향해서만 영향을 끼친다는 말인가? 각자가 다만 자신만을 가장 사랑한다는 말인가? 오, 그렇다면 너희 셋은 모두 기만당한 사기꾼들일 뿐이다. 너희들의 반지들은 셋 모두 진짜가 아니다. 진짜 반지는 아마도 잃어버렸는지도 모르겠다. ... 나의 판결 대신에 나의 충고를 원하지 않는다면, 가 버려라!

그러나 나의 충고는 이것이다: 너희들은 이 일을 온전히 있는 그대로 받아들여야 한다. 너희들 각자가 아버지로부터 반지를 얻었다면, 그래서 각자가 자신의 반지가 분명히 진짜라고 믿는다면, 아마도 너희 아버지는 이제 '하나의' 반지가 그의 가문에서 독재하는 것을 더 이상 허용하지 않으려는 것이었을 것이다! 그리고 틀림없이, 그는 너희 셋을 모두다 똑 같이 사랑했다. 그래서 그는 한 아들을 총애하기 위해 다른 두 아들들이 억압받는 것을 원치 않은 것이다. 자 됐다! 각자가 선입견에 현혹되지 않는 자유로운 사랑을 실천하기 위해 노력하라! 각자 자신의 반지에서 보석의 힘이 드러나도록 경쟁하려 노력하라! 온유함, 진심으로 온화함, 선한 행위, 하나님께 대한 마음속 깊은 곳에서 우러나오는 복종을 통하여, 보석의 힘이 너희들을 도울 수 있게 하라! 그리고 만일 그 보석의 힘들이 너희들의 자손 대대에 나타난다면, 나는 수천 년이 흐른 후에 그들을 다시금 이 재판정에 초대할 것이다. 그때에 이 재판석에는 나보다 더 지혜로운 분이 앉아서 심판할 것이다. 이제 가라!"

제 5 장

시련: 십자군과 몽골의 침략

1. 르네상스와 연금술
2. 티무르 제국의 탄생

1. 르네상스와 연금술

자, 다시 무함마드가 고향 메카에서 반대파들의 공격을 받아 탈출의 기회를 노리고 있던 AD 621년으로 돌아가 보자. 당시 상업과 교통의 중심지로 온갖 다신교들이 난무하던 이곳에서 외롭게 유일신교를 주창하는 무함마드가 미움을 받은 것은 당연한 일이었다. 그런 불안한 어느 날 밤, 천사 가브리엘은 천마 부라크(Buraq)를 타고 무함마드를 찾아왔다. '번갯불'이라는 뜻을 가진 이 말은 사람의 여자 얼굴 모습을 하고 있었고, 양 어깨에는 날개가 달렸으며, 공작의 꼬리를 달고 있었다. 무함마드는 이 말을 올라타고 메카에서부터 예루살렘까지 순식간에 날아왔다. 예루살렘의 성전 산(모리아 산)의 바위로 올라간 무함마드는 말을 탄 채 빛에 실려 승천했으며, 모세와 예수와 아담 같은 선지자들을 이끌고 기도한 후 메디나로 내려 왔다.(『쿠란』 제17장) 이것이 그 유명한 무함마드의 '야간승천'(night journey) 환상이다.

지금도 그 바위 표면에는 움푹 팬 곳이 남아 있어 그것이 바로 무함마드의 발자국과 가브리엘 대천사의 손자국이라고 한다. 따라서 최후의 심판 때, 이 바위에서 심판의 나팔 소리가 울려 퍼질 것이며, 알라는 바로 이 바위에 나타날 것이라고 한다. 그런가하면 아브라함이 아들 이삭을 하

그림 19. 무함마드의 야간승천,
페르시아 14세기

느님께 제물로 바친 장소라는 점에서 유대교에서도 신성시하고 있고, 솔로몬의 궁터이기도 하며 구약 성경에 등장하는 언약의 궤가 놓였던 곳이라고 전해지기도 한다. 그러나 AD 638년에 3대 칼리프 우마르가 예루살렘을 점령한 이래 이곳은 실질적인 이슬람 세력권이 되었다. 그리고 AD 687-691년에는 그 바위 위에다 '황금 바위 돔 사원'을 짓고, 예루살렘을 메카, 메디나와 함께 3대 성지로 삼았다.

비록 예루살렘이 이슬람교도들의 수중에 있었기는 해도 그리스도 교인들에게는 예수가 처형당하고 부활한 성지였기에 여전히 중요한 순례지였다. 순례는 보호되었고, 해마다 그 수가 늘어갈 정도로 평화가 유지되고 있었다. 또한 그러한 상황은 기독교 유럽 사회나 비잔티움 제국 모두에게 당연한 사실로 받아들여지고 있었다. 그러나 이 평화의 땅이 오늘날 갈등의 진원지가 될 줄 누가 알았으랴?

주변 환경이 심상치 않은 변화의 조짐을 보이기 시작한 것이다. 약 3세기 동안 이슬람이 아랍으로부터 스페인에 이르는 넓은 영토의 제국을 세우고, 비잔틴 제국도 그동안 동유럽과 중동에서 막강한 세력을 떨쳤다. 그러나 1025년 바실리우스 2세가 죽은 후 비잔틴은 급격한 혼란에 빠지고, 기독교회도 1054년에 로마 가톨릭과 동방 정교회로 양분이 되자 무슬림들은 기다렸다는 듯이 이들을 공격한다.

그들은 셀주크 투르크였다. 중앙아시아의 부족연합체로 발흥하여 중동에서 투르크 세력의 시조를 이룬 민족으로 1071년에 비잔티움 제국의 중심인 아나톨리아(Anatolia)까지 쳐들어갔다. 아나톨리아는 서남아시아의 한 지역으로, 오늘날 터키 영토의 대부분을 이루는 넓은 고원 지대를 말한다. 소아시아라고도 불렸던 이 지방의 북쪽에는 흑해, 북동쪽에는 캅카스, 남동쪽에는 이란 고원, 남쪽에는 지중해, 서쪽에는 에게 해로 둘러 싸여 인류 역사에서 수많은 문명의 터전이었다. 거기서 대 승리를 거두고 비잔티움 황제를 포로로 삼은 것이다. 이것이 만지케르트 전투(Battle of Manzikert)이다. 이로써 니케아, 안티오크 등 아나톨리아의 대부분이 셀주크의 손에 들어갔고, 셀주크 투르크는 이집트를 제외한 중동을 장악하게 된다.

그로부터 6년 뒤 1077년에 서로마 제국에서는 '카노사의 굴욕' 사건이 일어났다. 로마 교황과 독일 황제의 극한

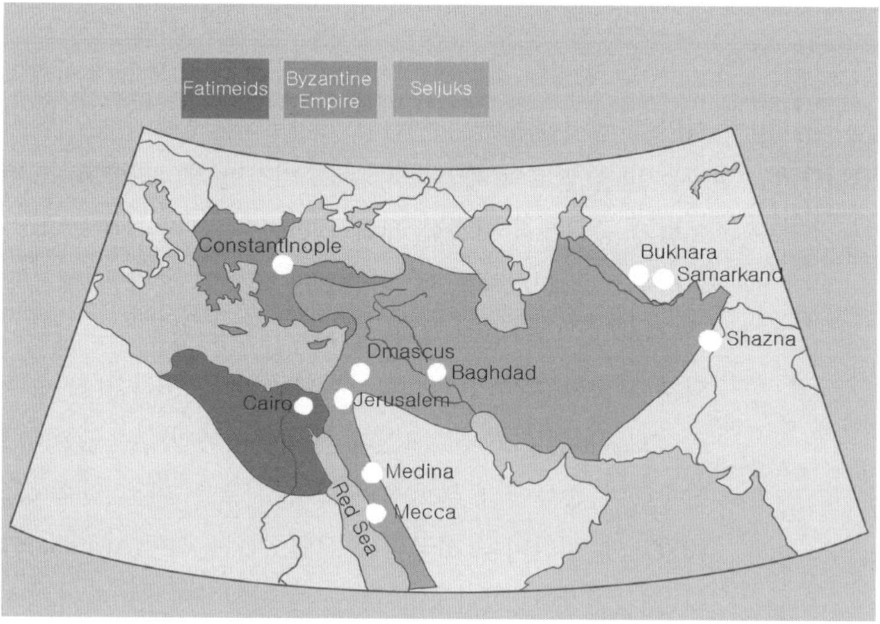

그림 20. 1100년대의 셀주크 투르크

대립으로 황제 하인리히 4세가 카노사에서 교황에게 머리를 숙인 것이었다. 하지만 그것으로 싸움이 끝난 것이 아니라 황제에 의해 대립교황으로 등장한 클레멘스 3세(Clemens III: 재위 1187-1191)와 새로이 선출된 교황 우르바노 2세(Urbanus II, 재위 1042-1099)의 치열한 싸움은 점입가경이었다. 동서의 로마가 모두 위기에 처한 것이다.

동서 로마는 껄끄러운 관계에도 불구하고 힘을 합해야 했다. 셀주크 투르크가 엄청난 기세로 덮쳐오고 있는 게 눈앞에 펼쳐졌기 때문이다. 비잔틴 황제의 파병 요청을 받은 교황 우르바노 2세에게는 기회였다. 자신이 치켜든 깃발 아래 전 유럽의 봉건영주와 기사들이 움직인다면, 세속군주들과 대립교황의 압박으로 권력과 권위가 모두 위협받고 있던 교황의 입지를 단숨에 끌어올릴 수 있다고 본 것이다. 그리하여 그는 8개월 뒤의 클레르몽 공의회에서 마침내 '십자군'을 제창한다. 비극의 시작이었다.

교황은 백성들에게 기독교도들에 대한 셀주크 투르크인들의 박해를 강력하게 비난하면서 성지 회복을 위한 성전을 호소하였다. 종교적 열정에 불타는 농민과 일부 기사는 저마다 등과 가슴에 붉은 십자 표시를 달고 예루살렘으로 진격했다. 사실 당시의 예루살렘은 셀주크가 아니라 이집트의 파티마 왕조에 소속되어 있었다. 1096년의 일이다. 원정에 필요한 물자를 현지에서 조달해야 했으므로 원정로 부근의 마을들도 약탈과 방화의 대상이 되었다. 더욱이 교황은 십자군에 참여하는 모든 병사에게 죄를 사해 주고 상당한 전리품을 약속했기 때문에 그들의 행동에는 거침이 없었다. 정예 기사가 아닌 훈련받지 못한 농민과 온갖 불량배도 십자군으로 출병하였다. 그래서 중동에 있던 많은 그리스도 교도들조차도 이슬람의 통치 시대보다 훨씬 가혹한 수탈과 차별을 겪어야 했다.

그리고 1099년 7월 15일, 40일간의 포위 끝에 성지 예루살렘을 차지한 십자군은 시퍼렇게 날이 선 칼을 들고 무슬림들과 유대인들을 닥치는 대로 학살했다. 도망치지 못하고 성 안에 남아 있던 이슬람교도와 유대인들은 단 한 명도 살아남지 못했다. 이슬람 사원은 불탔고 철저히 파괴되었다. 이것이 위대한(?) 1차 십자군의 실상이다.

엉성하기 그지없었던 십자군이 이렇게 승리의 질주를 할 수 있었던 것은 이슬람 세력의 분열도 한 몫을 했다. 셀주크 투르크는 중동을 제패하며 대제국을 건설했으나 1092년에 3대 술탄인 말리크샤(Malik-Shāh)가 죽은 후부터는 여러 왕족들이 각자 술탄을 내세우며 할거하기 시작했다. 엎친 데 덮친 격으로 시아파의 '아사신'(Assassin) 세력이 알라무트에 버티고 앉아 수니파였던 셀주크에 대항하고자 수시로 자객을 보냈으며, 파티마 이집트 역시 시아파로서 셀주크와 손잡을 생각이 없었다. 십자군 내부에서도 분열이 없지 않았지만 적어도 초기에는 전투 때만은 손을 잡는데 주저하지 않았던 것과 대조적이었다.

피는 또 다시 피를 불러 1187년 이슬람의 영웅 살라딘(Saladin: 1138-1193)이 하틴(Hattin)의 전투에서 승리하고 예루살렘과 그 일대를 다시 정복했다. 역전이 된 것이다. 성 안의 모든 사람은 과거 무슬림들을 학살했던 선조들의 만행을 떠올리며 죽음의 공포에 떨고 있었다. 그러나 예루살렘에 입성한 살라딘은 그곳의 그리스도 교인들을 털끝 하나 건드리지 않았고, 자기 부하들의 복수심과 강한 반대를 무릅쓰고 예루살렘을 떠나기 원하는 자는 모두 일정한 세금만 내고 재산을 모두 싸들고 갈 수 있게 허락했다. 그리고 예루살렘의 종교적 성소들을 파괴하지 말도록 지시했다. 그 후 다시 십자군 군대의 공격을 받았을 때도 그는 종교적 적개심에 의한 학살을 금지하고 전투에 패한 전쟁 포로들을 석방해 주었다. 당시로서는 믿기지 않는 관용이었다.

그림 21. 구스타프 도레, 「천사가 십자군을 예루살렘으로 이끌다」

살라딘은 그런 사람이었다. 작고 가냘픈 몸에 단정하게 수염을 기른 사색적인 모습의 살라딘은 무척이나 인간적이고 시와 예술을 사랑한 술탄으로 잘 알려져 있다. 종교와 문화를 뛰어넘어 예의와 품격을 갖춘 지도자로서의 덕성은 후일 유럽 기사도의 전형이 되었다. 심지어 맨땅에서 전투하는 적장인 영국 왕 리처드에게도 백마 두 필을 보내주며 왕으로서 권위와 체통을 지키게 해줄 정도였다. 제국의 왕으로서 그가 죽자 모든 재산을 정리하여 가장 가난한 사람들에게 나눠주도록 하고 세상을 떠났다. 그는 버림으로써 많은 것을 얻었다. 나아가 용서함으로써 이슬람 세계에서는 물론 유럽 세계에서도 큰 존경과 명성을 얻었다.[23)]

엎치락뒤치락 승패를 주고받으며 십자군 전쟁은 11세기 말부터 거의 200년 동안 지속됐는데, 대규모 군사원정이 아홉 차례나 시도됐고 소규모 원정은 셀 수 없을 정도였다. 심지어 14세기까지도 십자군 원정에 대한 열망을 이어가며, 약 250년 동안 이슬람 세계와 소아시아 지역을 피로 물들였다. 물론 기사단은 예루살렘이 이슬람에 함락된 뒤 고향으로 돌아와 유럽 사회에서 중요한 역할을 수행한 부분도 있다. 특히 이들이 예수가 최후의 만찬 때 사용했다고 하는 성배를 가져왔다거나, 예수의 장례를 지낼 때 몸을 감쌌다고 전해지는 성의(聖衣)를 가져왔다는 이야기는 동방

---

23) 이 이야기를 바탕으로 2005년 헐리웃에서 리들리 스콧 감독이 제작한 영화가 바로 「킹덤 오브 헤븐」이다. 여전히 서구의 시각을 벗어나지 못했다는 비판도 있지만, 당시의 역사적 맥락을 이해하는데 도움이 된다.

에 대한 유럽인들의 상상력을 자극하기에 충분했다.

그러나 지루한 전쟁이 계속되면서 십자군은 점차 변질돼가고 있었다. 특히 제4차 십자군은 가장 추악한 십자군으로 기록돼 있다. 일찍이 베네치아 상인들은 비잔티움 제국의 무역과 관련해 특권을 갖고 있었다. 이러한 특권을 경쟁 도시인 제노아와 피사에도 부여하자 베네치아 상인들은 십자군에게 성지로 가는 선박을 제공해줄 테니 엉뚱하게도 콘스탄티노플을 공격해달라고 요구했다. 1204년 십자군은 기독교 도시인 콘스탄티노플을 함락·약탈한 뒤, 그 일대에 라틴 제국을 세웠다. 비잔틴 제국은 회복 불능의 사태를 맞았고, 결국 1453년 오스만 제국에게 힘없이 무너지고 만다.

우리는 지금까지 십자군(Crusade) 전쟁을 성전(聖戰)으로 정의해왔다. 이교도에 유린당하는 성지 예루살렘을 회복하고자 하는 고귀한 종교적 열정에서 비롯된 전쟁이었기 때문이다. 적어도 유럽 기독교 입장에서는 그렇게 포장될 수 있었다. 그러나 이슬람의 입장에서 보면 십자군 전쟁은 이슬람의 침략 전쟁이고, 이방인들이 저지른 대학살과 약탈로 삶이 짓밟힌 역사상 가장 치욕적이고 반문명적 사건이었다.

십자군 전쟁이 발생하기 전까지만 해도 예루살렘이 이슬람의 통치를 받고 있는 상황은 기독교 유럽 사회나 비잔티움 제국 모두에게 당연 사실로 받아들여지고 있었다. 비록 예루살렘이 이슬람교도들의 수중에 있었다지만 그리스도 교인들의 순례는 보호되었고, 해마다 그 수가 늘어갈 정도로 평화가 유지되고 있었다. 기독교 순례자가 박해받는다는 종교적 호소는 다분히 정략적인 발상이었다. 십자군 전쟁의 진짜 속셈은 셀주크 투르크가 지배하고 있는 소아시아와 오리엔트 지역으로 영토를 확장하고 물자를 약탈하겠다는 정치적이고 경제적인 동기에 있었다.

그렇다 하더라도 전쟁의 결과는 후대에 큰 영향을 미쳤다. 지중해 세계는 십자군을 거치면서 문명 교류의 장으로 부활한 것이다. 사실 지중해 세계는 로마 제국이 존재하기 이전부터 존재했지만, 로마 중심의 지중해 세계는 서로마 제국의 멸망으로 쇠퇴했다. 그리고 지중해는 문명의 교차로 역할을 거의 하지 못하고 있었던 터였다. 그러나 십자군이 베네치아 상인들이 제공한 배를 타고 콘스탄티노플로 향한 것을 시발로 지중해를 통한 해상운송이 회복되기 시작한 것이다. 해상운송을 항구적인 것으로 만든 데에는 팔레스타인 지역에 생긴 기독교 영지들도 한몫을 했다.

이 지역에선 당연히 여러 가지 물건이 필요했고 이러한 필요를 충족하고자 유럽으로부터 물자가 수송됐다. 물자 유통은 기독교도의 영지들이 이슬람 수중에 넘어간 이후에도 계속됐다. 이탈리아의 도시들이 이 같은 유통의 중심 역할을 떠맡았다. 그러나 유럽에서 전해지는 물건보다 유럽으로 보내는 물건이 값어치가 더 나갔다. 유럽은 후추를 비롯한 향신료와 면직물, 귀금속을 수입했다. 중동에서 출발한 배가 이탈리아의 여러 도시에 도착했고, 일부 선박은 남부 프랑스와 스페인 동부로 항해했다. 중동의 산물은 강을 타고 서유럽 구석구석으로 전해졌다. 상업의 온기가 유럽의 말초 신경까지 전해진 것이다. 한마디로 로마 제국 몰락 이후 단절됐다고 할 만큼 쇠퇴했던 지중해 무역은 십자군을 통해서 부활한 것이다.

이러한 상업의 부활은 거의 농업만으로 자급자족하던 유럽의 여러 마을에 외부의 산물을 가져다주었고, 도시가 발달하는 디딤돌로 작용했다. 서유럽이 중국-인도-중동-아프리카로 이어지는 세계 경제에 연결된 것이다. 중국과 인도에서 생산한 물건이 유입되는 것은 물론이고 중국, 인도의 문화도 들어왔다. 예컨대 11세기 말 중국에서 사용하던 나침반이 12세기에 유럽으로 유입됐다. 오늘날 베네치아에서 볼 수 있는 유리공예는 시리아에서 전래된 것이며, 사탕수수나 비단 같은 새로운 물품도 유럽으로 들어왔다.

지중해 상업의 부활이 눈앞의 이익을 추구하면서 발생한 '교류'라면, 좀 더 장기적인 관점에서 유럽의 정신세계에 영향을 미친 교류도 있었다. 그것은 이슬람 학문의 수입이었다. 물론 십자군 이전부터 이슬람의 학문은 이베리아 반도의 코르도바를 통해 전해지고 있었다. 750년에서 900년 사이에 아리스토텔레스의 모든 저작이 아랍어로 번역됐고, 신플라톤학파의 저술 역시 비슷한 시기에 번역됐다. 이러한 이슬람의 학문적 업적이 십자군으로 인해 본격적으로 유럽으로 건너간 것이다. 다시 말하면, 십자군의 침략은 무슬림들에게는 커다란 시련이었지만, 유럽인들에게는 새로운 학문세계를 접할 수 있는 계기였다. 그렇게 하여 그리스 철학의 유산을 온전히 되살릴 수 있었으며, 논리학 윤리학 정치학 천문학 등의 학문을 발전시킬 수 있는 토대가 되었다.

십자군의 가장 중대한 결과물은 기독교와 이슬람의 교류일 것이다. 물론 두 문명의 교류는 이전부터 존재했다. 그러나 십자군을 통해 문명의 교류가 대규모로 이뤄지게 된 것만은 분명하다. 주목해야 할 점은 십자군이 기독교인에게 승리의 표시로 기억되는 만큼이나 이슬람 지역에서 십자군은 신성모독이나 유럽인 침략행위의 표시로 이해된다는 것이다. 또한 이러한 침략을 단호하게 물리쳤을 뿐만 아니라 십자군에게까지 관용을 베푼 살라딘을 이슬람 세계가 영웅으로 받들고 있다는 점 역시 주목해야 할 것이다.

1956년 수에즈 운하 국유화로 인해 이집트가 영국, 프랑스와 벌인 전쟁은 1191년 영국 국왕과 프랑스 국왕이 모두 참여한 제3차 십자군에 비유되었고, 이집트의 나세르 대통령은 제3차 십자군을 물리친 살라딘에 비유된 것이 그 예이다. 그리고 이라크의 사담 후세인 역시 서방 세계에 대항해 싸우는 자신을 살라딘에 빗댔다. 반대로, 부시 대통령은 2001년 9월 아프가니스탄을 침략하면서 "이번 전쟁은 새로운 종류의 악(Evil)에 대항하는 투쟁이며, 테러를 응징하는 십자군 전쟁"이라고 했다. 그리고 10년 후 2011년 3월

19일, 연합군의 공습 직후 리비아 국영TV는 "십자군 적(crusader enemy) 전투기들이 트리폴리의 민간 시설을 폭격하고 있다"고 보도했다. 십자군 전쟁에 대한 기독교와 이슬람의 해석은 극과 극임을 알 수 있다.

어쨌건 십자군 전쟁이 진행되던 11세기 말부터 2백 여 년은 아라비아 문화가 일시에 유럽으로 몰려들어온 시기이다. 네덜란드 출신의 역사학자 하위징아(Johan Huizinga)는 바로 이때를 르네상스의 시작으로 본다.(하위징아 2010) 르네상스는 14세기가 아니라 그보다 훨씬 전인 이미 12세기에 시작되었다는 것이다. 르네상스가 결코 14기 이후에 시작된 문화운동이 아니라는 말이다. 이 시기는 스위스의 역사가 야콥 부르크하르트(Jacob Burckhard)가 1860년에『이탈리아 르네상스의 문화』라는 책을 출판하면서 부각이 되었고, '르네상스=이탈리아 르네상스'라는 이미지도 그 때부터 우리에게 아예 각인되었다고 할 수 있다.

아무튼 하위징아는 역사를 무려 3세기나 앞당긴 셈인데, 그 주장이 제법 그럴듯하다. 그가 제기한 근거가 바로 다름 아닌 '십자군'이다. 실제로 그때는 유럽인들이 추구했던 고대 그리스 로마의 위대한 문화와 지혜는 유럽 땅이 아니라 이슬람 문화권이 보존하고 있었다. 특히 이집트의 알렉산드리아 도서관을 중심으로 키워졌다. 따라서 십자군은 아랍어로 된 문헌의 변역을 통해 고대 그리스 로마 문화를 역수입했고, 그것이 12세기였던 것이다. "르네상스는 곧 근대의 개막"이라는 부르크하르트의 도식은 이제 폐기 처분할 때가 된 것이다. 르네상스는 사실 중세 후반부터 흘러들어 온 아라비아 문화에 크게 빚을 지고 있었음을 고백하지 않을 수 없다. 이렇게 보면 르네상스는 유럽이 아니라 아랍에서 시작된 것이다.

아랍으로부터 유럽으로 흘러 들어온 것은 그것뿐만이 아니다. 유럽 세계를 홀랑 뒤집어 놓을 만큼 어마어마한 것이 있었으니, 바로 '연금술'(Alchemy)[24]이라는 거다.(아로마티코 1998)

> 유럽에서 연금술이 시작된 것은 1142년이다. 그것은 그때 체스터의 로버트가 『연금술 구성에 대한 책』을 아라비

24) 문자적으로는 금속을 제련하여 금을 만들어낸다는 것이지만, 인간이 장수하고 영원히 죽지 않는 불사(immortality)의 비의(秘儀)이기도 하고, 궁극적으로는 구원(redemption, salvation)에 이르는 비의이기도 하다. 그래서 나온 것들이 현자의 돌(Philosopher's Stone), 불로장생약(Elixir of life), 혹은 영적 신비체험에 의한 성화(聖化, ennoblement) 등으로 불멸을 상징한다. 이는 영생을 희구하는 인간 본능에 기인하는 것으로 고대종교에서도 여러 흔적을 찾아볼 수 있다. 기원전 10세기의 인도 베다에서부터 기원전 7세기 이후의 탄트라 하타 요가(tantric Hathayoga), 그리고 기원전 2세기에는 진사를 금으로 변환시키려 했던 중국의 도교가 그런 예에 해당한다. 이런 노력은 1세기경 헬레니즘기의 이집트에서도 계속되었으며, 특히 스토아학파의 체계적 기술로 나타나 기원후 300년까지 구원을 추구하는 거룩한 행위로 여겨졌다. 5–6세기에 시리아로 도망쳐 나온 네스토리우스파 기독교인들이 가져 온 연금술 교재가 번역이 되어 8세기에 아랍의 연금술학파의 토대를 형성하였다. 12세기에 이르러 연금술은 다시 아랍으로부터 서유럽으로 퍼져나갔으며, 기독교는 그 영혼적인 측면을 받아들여 구원사상을 풍부하게 할 수 있었다. 그리고 그것은 16세기에 이르러 한편으로는 그리스와 인문주의자들에게서 나온 신비주의와 연결이 되고, 또 다른 한편으로는 실용적 화학, 그리고 나아가서는 과학과 의학의 토대가 것이다.

아어에서 라틴어로 번역했기 때문이다. 이것이 라틴 유럽에 나타난 최초의 연금술 책이었다.

연금술과 관련된 많은 전설도 고대 그리스에서 이집트로, 이집트에서 비잔틴 제국으로, 그리고 그것이 다시 십자군을 통해 유럽에 전파되었다. 15세기에 이르러서는 결국 유럽 전체가 연금술과 점성술에 휩싸이게 되었다. 한마디로 연금술의 흐름을 추적하면 그것이 곧 르네상스의 길잡이이기도 하다는 사실을 알 수 있다.

인간의 지혜를 뛰어넘는 위대한 힘. 고대인은 그것을 초월적 존재에게서 구하고자 했지만, 연금술이 등장함에 따라 중세인들은 그 힘을 자신의 것으로 만들려 했던 것이다. 그것은 인간이 스스로 창조주와 같은 힘을 가질 수 있다고 믿는 오만함의 결정체였던 셈이다. 이 연금술이 최종적으로 도착한 지점은 '금'이 아니라 '화학'(Chemistry)이었다. 연금술로 금을 만들어내는 것은 불가능했지만 그 과정에서 다양한 물질이 혼합되고, 그 화학 변화들이 관찰되고 기록되면서 과학적 지식이 축적되어 갔다. 그리고 그것은 근대과학의 모체가 되었다. 어쩌면 과학의 발전은 인간의 오만함에서 시작된 것인지도 모른다. 이제 인간은 스스로 생명까지 조작하는 존재가 되려하지 않는가?

우리가 르네상스라고 생각하는 이탈리아의 문예부흥은 사실상 르네상스 가운데 일부에 불과했다. 교회의 지배가 아직 견고했던 21세기경부터 이미 유럽에서는 십자군을 통해 아라비아 문화가 유입되기 시작했고, 그것으로 중세 유럽 각지에서 르네상스적인 움직임이 조금씩 싹트고 있었기 때문이다.

2. 중앙아시아의 티무르

십자군 전쟁은 이렇게 하여 거의 200년 만에 끝이 났다. 결론은 기독교 십자군들이 점령하고 유지해왔던 예루살렘 왕국을 1291년에 이집트의 맘루크 술탄이 정복한 것이다. 그러나 동아시아에서 동유럽 및 중동을 침입하여 거대한 제국을 이룩했던 몽골제국의 침략은 계속되고 있었다. 한숨 돌렸나 싶더니 이번에는 더 큰 재앙이 기다리고 있었던 것이다.

몽골은 아시아에서 1211년부터 중국을 공격하여 마침내 1279년 중국의 송나라를 멸망시키고 원나라를 세웠다. 극동 아시아에서는 고려를 침입하여(1231-1270) 조공을 바치는 속국으로 만들고, 일본 원정(1274-1281)에 나섰으나 태풍으로 인해 실패하고 말았다. 동유럽에서는 1223년 러시아의 공국들을 공격하고, 1240년경에는 러시아 지역을 완전히 정복하였고, 1241년 헝가리와 폴란드를 공격하여 이 지역을 황폐화시켰다. 그리고 중동에서는 셀주크 투르크가 지배하던 이란, 이라크의 바그다드, 시리아와 터키 지역의 이슬람 왕국을 정복하였고, 1260년 이집트를 향해 진격하다가 이집트의 맘루크 군대에 의해 패배하면서 그 세력팽창을 멈추었다.

이슬람 국가들이 몽골의 침략을 받기 시작한 것은 하필

이면 십자군이라 일컫는 프랑크인들이 이집트를 침공하던 1218년부터 1221년 무렵과 겹친다. 그러니까 동쪽과 서쪽의 틈바구니에 끼게 된 것이다. 1219년, 칭기즈칸은 대략 15만의 병력을 동원했다고 전해진다. 그는 아들들에게 골고루 이 병력을 나누어 주고 호레즘부터 박살을 내기 시작했다. 1221년, 몽골군은 침략 2년여 만에 아무다리야를 넘어 호레즘 본토까지 진입, 우르겐치를 쳐부순다. 이 땅이 어떤 땅인가?

페르시아 문학사상 최대의 서정시의 거장(巨匠)으로서 호메로스와 비교되는 피르다우시(Firdawsi: 920?-1020?), 중세 학문의 왕으로서 존재론과 인식론으로 중세 기독교 신학자와 철학자들에게 새로운 빛을 던져주어 스콜라 철학의 기틀을 잡은 이븐 시나(Ibn Sina: 980-1037), 시인이며 천문학과 수학에 통달했던 우마르 하이얌(Omar Khayyám: 1040-1123)이나 지리학자이자 수학자로서 대수학과 방정식의 기초를 제공한 알 콰라즈미(Alkhwarizmi: 780-850)와 같은 위대한 인물들을 배출했던 곳이다.

전 이슬람 세계 중에서도 2500년 역사의 부하라를 비롯하여 가장 괄목할 만한 문화적 성취를 이루어냈던 이러한 동부 이란의 찬란한 도시들은 대부분 쑥대밭이 되어버렸다. 그리고 다시는 옛 명성을 찾지 못했다. 그러나 다행히 페르시아 서쪽까지는 밀리지 않았다. 사실, 몽골군이 압바스조의 바그다드를 호시탐탐 노리던 건 몽골군이 처음 왔을 때부터였다. 다만 그들의 공격이 잠시 주춤했던 것은 1227년에 징기스칸이 67세로 죽은 덕택이었다.

그러나 1258년, 그들이 "우리는 그들이 어디에서 왔는지, 어디로 다시 모습을 감추었는지 모른다. 우리 죄를 벌하시려고 그들을 데려오신 신만이 아실 것이다."(Michel and Novill Forbes 66)라고 했을 정도로 '신의 형벌'은 다시 시작되었다. 징기스칸의 손자인 훌라구는 몽골 역사상 가장 규모가 큰 대군을 이끌고 바그다드로 향했다.

1258년 1월 29일, 군대를 둘로 나누어 동쪽과 서쪽에서 공격해 오는 몽골군을 이겨내지 못하고 칼리프의 군대는 몽골군에게 2월 10일에 항복을 했다. 3일 뒤 바그다드에 입성한 몽골군은 1주일 동안 칼리프 군대를 몰살시켰고, 양민들에 대해 대대적인 학살과 약탈과 강간, 그리고 파괴를 자행했다. 정확한 수치는 전하지 않지만 최소 9만에서 몇 십만에 이르는 바그다드 시민이 죽임을 당했다. 수세대 동안 공들여 건설된 장엄한 모스크와 궁전들, 도서관과 병원이 파괴되었고 이제는 흔적조차 남아 있지 않게 되었다. 이때의 끔찍한 모습을 역사가 이븐 알 아시르(Ibn al-Athir: 1233-1160)는 이렇게 이야기하고 있다.

> 지금 내가 얘기하려는 일은 너무도 끔찍하여 수년 동안 발설을 삼갔던 얘기이다. 이슬람과 무슬림들에게 종말이 닥친 사실을 알리는 것이 어디 쉬운 일이겠는가. 아!

> 어머니께서는 차라리 날 세상에 내놓지 말았어야 하셨다. 아니면 이 모든 재앙을 보지 않고 죽을 수 있었다면. 신이 아담을 창조하신 이래 이 땅에 그만한 재앙이 닥친 적이 없었다고 먼 훗날 누군가 얘기한다면 의심 없이 믿어 주길 바란다. 그 말은 전적으로 사실이기 때문이다. 역사상 가장 널리 알려진 비극을 얘기할 때 사람들은 흔히 네부카드네자르가 이스라엘의 아들들을 학살하고 예루살렘을 파괴한 것을 예로 든다. 그러나 이것은 지금 벌어지고 있는 일에 비견할 바가 못 된다. 그렇다. 분명히 얘기하는데 세상이 끝나는 날까지 이만한 정도의 재앙을 우리는 다시 보지 못할 것이다. 신이 아담을 창조한 이래 세상이 그렇게도 잔인한 사건을 목격한 적이 없었을 것이다.
>
> Ibn al-Athir, vii

바그다드의 大도서관도 이 때 파괴되었는데 이 도서관에는 몇 백 년에 걸쳐 수집된 방대한 양의 희귀 자료와 서적들이 보관되어 있었다. 당시 목격자들의 기록에 따르면 티그리스 강의 물 색깔이 도서관에서 버려진 책들의 잉크 때문에 검은 색으로 변했다고 한다.

이슬람 제국이 우리와는 통일신라시대 이전부터 교류해 왔다는 증거가 이슬람의 지리서에서 발견된 적도 있다. 고대 페르시아어 서사집 쿠쉬나메(*Kush-nameh*)가 2010년 말에 새롭게 발견되어 주목받고 있음이 보고되고 있다.(이희수, 2011: 385) 어쩌면 신라에 관한 더 많은 기록들도 이

때 파괴되었는지 모른다. 이슬람 세계의 중심지 바그다드가 무참히 파괴되자 이슬람 세계는 '세계의 멸망'이 가까워졌다며 극도의 공포감에 휩싸였다. 한 때 찬란한 메소포타미아 문명의 주역이자 이슬람 세계의 중심이었던 이라크는 압바스 왕조의 몰락과 함께 오늘날에 이르기까지 세계의 변방으로 추락하고 말았다.

아마도 바그다드의 비극은 무슬림들이 아랍 역사상 겪은 가장 불행한 사태였을 것이다. 당시의 상황을 그린 아랍 시에는 비관론적 경향이 짙게 깔려 있어, 희망을 품으려는 어떠한 의도나 재기를 다짐하려는 자세를 거의 찾아 볼 수 없을 정도이다. 시인들은 당시 상황이 회생 불가능의 암흑기임을 직시한다. 무슬림들은 이슬람 세계를 덮어오는 암흑의 구름을 보았고, 미래의 불확실성에 대한 근심과 불안으로 떨었다. 또한 재난 앞에서 그들의 삶의 근간이었던 종교의 무기력함을 실감함으로써 그들은 산다는 것의 의미를 찾을 수 없었다. 그들은 올가미에 갇힌 새처럼 죽음을 기다릴 뿐이다. 시에 나오는 이미지들은 주로 어두우며 황량함으로 가득 차있어 당시 무슬림들의 심정이 얼마만큼 참담하고 비관적이었는가를 말해준다.(김능우 2008: 170)

> 내가 당한 시련은 나의 원하는 바를 가로 막는다.
> 마치 올가미가 새의 두 날개를 옭아매듯이.
> 아, 이 재난!

그 화난(禍難)으로부터 어느 한 사람도 살아남지 못했고,
노예와 군주가 대등하게 되었다.
그들이 가버린 뒤 이슬람 지역은 황폐해졌고,
이슬람의 피가 흘렀다.

-샴스 알딘(김능우 재인용)

바그다드를 함락한 후 시리아 지역에서도 승승장구하던 몽골군은 이슬람 세계 최후의 방어선인 이집트 맘무르크의 무슬림 군대에 의해 일격을 당하게 되었다. 몽골군의 천하무적의 신화는 무너진 것이다. 이슬람 진영이 對몽항쟁에서 자신감을 회복하는 계기가 되었으며, 또한 몽골군의 북 아프리카로의 서진을 저지하였다는 점에서 세계사적으로 중요한 사건이었다.

중앙아시아에서 몽골족에 속하며 자칭 징기스칸의 후예라고 하는 투르크인 티무르(Timur: 1336-1405)가 나타난 것은 이렇게 몽골제국이 와해되어 가던 14세기경이었다. 그는 칭기즈칸의 아들 차가타이 칸(Chagatai Khan: c. 1183-1241 or 1242)의 트란스옥사니아(Transoxiona, 대략 지금의 우즈베키스탄에 해당됨) 정복전쟁에 참여한 후 그곳에 정착하여 차가타이 칸국(Chagatai Khanate: 1220년대-1600년대 후반)으로 알려진 곳에서 성장했다. 트란스옥사니아의 당시 통치자 아미르 카즈간이 1357년에 암살된 후 무정부

상태에서 티무르는 주변의 경쟁자들을 제거하고 자신이 유일한 사마르칸트 주권자임을 선언했다.

그리고 1369년에 티무르 제국을 탄생시킨 것이다. 그는 사마르칸트를 중심으로 세력을 확대하면서 칭기스칸의 위업을 계승한다는 구호 하에 중앙아시아와 중동지역에 대한 재정복을 감행하였다. 14세기 말엽 20여 년간 티무르는 호라산, 페르시아, 메소포타미아, 러시아 지역 등을 정복하였다. 그는 인도와 시리아, 바그다드를 침략하여 학살을 자행하였으며 아나톨리아에 침입하여 오스만 제국을 격파하고 지배력을 확보하였다. 티무르 왕조는 한 세기 동안 중앙아시아에 존립했으며, 사마르칸트는 학문과 과학의 중심지로 발전하였다.

하지만 역사가들은 그를 천재적인 군사 전략가이면서 잔인한 학살자라고 평가한다. 티무르가 원정 나가 있는 동안 페르시아 전역에서 발생한 반란은 무자비하게 진압되었다. 티무르의 입장을 변호하는 공식적인 기록인『승전기』(Ẓafar-nāma)는 "7만개의 머리가 이스파한 성벽밖에 무더기로 쌓였고, 시내 곳곳에 해골무지가 생겨났다"라고 적고 있다.(Manz 77)

1383년 동부 이란의 도시 사브제와르(Sabzevar)에서 반란이 일어나자 티무르는 끔찍한 보복을 가했다. "거의 2,000명의 죄수들이 산채로 차곡차곡 쌓이고 진흙과 벽돌이 함께 섞여 탑을 이룰 지경이었다." 세이스탄(Seistan)도 같은 운명을 맞았다. “우리의 병사들은 시체로 산을 만들었고 해골로 탑을 쌓았다” 세이스탄은 현재 이란과 아프가니스탄에 국경사이에 위치한 곳으로 추정된다. 서부 이란에서는 1387년 무자파르(Muzaffar) 영토로 침공해 하마단(Hamadan)[25]을 거쳐 이스파한까지 진군했다. 이스파한의 태수는 곧 항복했지만 주민들이 반항을 하자 곧바로 학살을 명령했다.

티무르는 문화적 세례를 받은 투르크인이었고 페르시

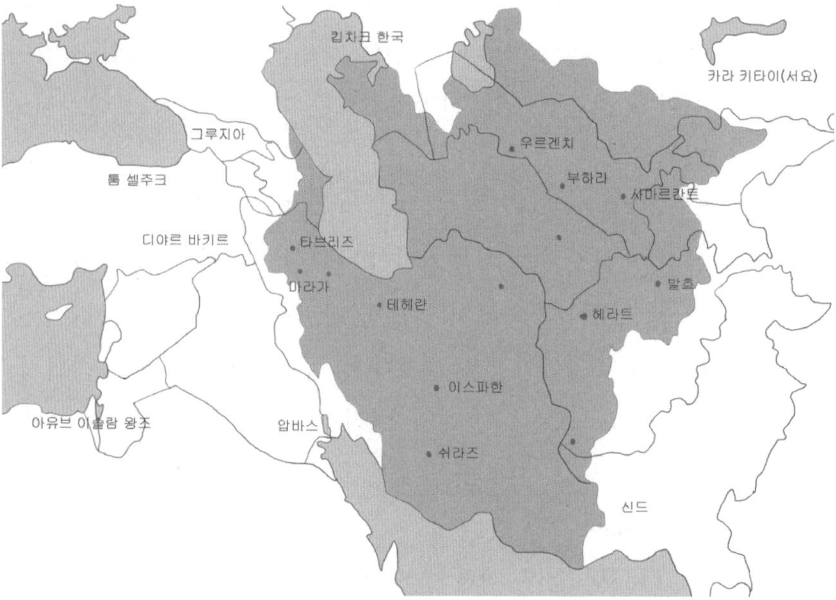

그림 22. 티무르 재위시절 제국의 영토

25) 이 지역의 지명들은 우리에게 여전히 낯설다. 가야금 연주자 황병기는 「하마단」이라는 제목의 작품을 작곡하여 존재의 먼 심연에 이르는 희미한 길과 안개가 펼쳐져 있을 것만 같은 아득한 이미지를 그려내었다.

아 시인의 열렬한 애독자였다는 수식어는 믿을 수 없을 정도다. 이란 문명의 꽃을 꺾어버렸고, 독실한 무슬림이었지만 무슬림 세계의 중요한 도시들을 파괴해 버렸으니 '잔인한 학살자'라는 이름은 결코 과장된 게 아니었다. 반란을 일으킨 여러 도시들은 황폐해졌고 주민들이 대량 학살되어 해골이 산을 이루었다. 칭기스칸 가문의 군주들은 기마군단의 정기적인 기습공격으로 보물을 약탈하고 건물을 보이는 대로 파괴하다가 돌아오곤 했으니 서북인도를 일종의 사냥터로 여겼던 모양이다.

티무르의 나이가 60세가 넘는 1398년에도 인도 원정을 계획했다. 그는 델리의 이슬람교도 술탄들이 힌두교도들에게 지나친 관용을 베푼다는 것도 문제로 삼았다. 그리고 인도를 침략하여 9월 24일에는 인더스 강을 건너 대량 학살을 자행하며 델리로 진군해 갔다. 잘린 목으로 이루어진 피라미드들이 도시 곳곳에 세워졌다. 티무르는 언제나 그랬던 것처럼 유능한 직인들은 살려서 자신의 수도 사마르칸트를 치장하기 위해 포로로 끌고 갔다. 델리는 온통 폐허가 되었으며 다시 회복하기까지 1세기 이상이 걸렸다. 1399년 4월경 티무르가 옥수스 강을 건너 자신의 수도로 되돌아왔을 때는 엄청난 양의 약탈품도 실려 왔다.

이 때 사마르칸트의 티무르 궁정에 사절로 갔다 온 곤잘레스(Ruy González de Clavijo: ?-1412)라는 사람이 있었다. 카스티야와 레온의 왕 엔리케 3세(Enrique III de Castilla,

1379－1406)의 시종장(侍從長)으로 마드리드 출생이었다. 그는 『테멀레인 대제(大帝)의 역사』(Historia del gran Tamerláne)라는 제목의 여행기를 썼는데, 당시 사마르칸트를 중심으로 한 티무르의 치세에 대한 자세한 보고를 하고

그림 23. 사마르칸트에 있는 비비하눔 모스크

있다. 그 가운데 티무르의 8번째 부인인 비비하늠과 그녀가 세운 모스크에 얽힌 이야기는 매우 흥미롭다. 비비하늠이 세운 모스크는 그 아름다움으로 칭송받지만, 막상 그녀는 비극적인 죽음을 맞이한다는 내용이다.

티무르가 인도 원정을 나갔을 때 비비하늠은 세상에서 가장 아름다운 모스크를 지어 그에게 선물하려 했다. 건물 내부 마감재인 대리석 운반을 위해 인도에서 코끼리 95마리를 수입하고 공사현장을 매일 챙겼다. 비비하늠을 죽음으로 내몬 비극의 씨앗은 건축가의 짝사랑이었다. 비비하늠 건설에 종지부를 찍을 아치가 미완성인 채로 남아 있는데도 더 이상 공사가 진척되지 않았다. 애가 탄 비비하늠이 공정을 맡고 있는 젊은 페르시아 건축가를 채근했다. 그러나 건축가는 오히려 "당신이 키스를 허락하지 않는다면 건축을 더 이상 진행할 수 없다"고 잘라 말한다.

때마침 인도원정을 끝낸 티무르가 돌아온다는 소식을 들은 비비하늠은 서둘러 공사를 마무리 하려고 그에게 볼을 내주었다. 건축가의 열정적인 키스는 그녀의 볼에 깊은 키스 자국을 남겼고, 이를 알아챈 티무르는 배신에 치를 떨며 비비하늠을 모스크의 가장 높은 미나레트(minaret)에서 떨어뜨려 죽게 했다. 그녀가 죽자 건축가는 사우디아라비아의 메카로 달아났다고도 하고, 새가 되어 하늘로 날아 가버렸다고도 한다. 그리고 티무르는 더 이상 남성들이 여성을 유혹하지 못하도록 제국 내 모든 여성들의 얼굴을 천으로 가리도록 명령했다고 한다. 전설은 이렇게 변주되어 전해지며 자꾸자꾸 이야기를 만들어 가는 법이다.

티무르는 잔인한 학살자이기도 했지만, 120여 민족이 공존하는 중앙아시아의 다민족·다문화 사회를 이끌어 간 강력한 리더이기도 했다. 그리고 이슬람의 수니파와 시아파의 종교 갈등에 염증을 느껴 발생한 수피즘을 장려하여서 국가적인 종교로 성장시켰다. 또한 그는 제국의 수도였던 사마르칸트를 14세기 당대에 최고의 도시로 만들었으며, 이곳을 중심으로 유라시아의 경제, 무역, 문화를 발전시켰다. 티무르는 1405년 중국의 명(明)을 정벌하러 떠났다가 오늘날 투르키스탄에 속한 오트라르(Otrar)에서 병으로 생을 마감하였다. 그의 나이 69세였다. 칭기즈칸에 이은 유라시아 대륙의 마지막 정복자라고 칭송받는 아미르 티무르. 현재 우즈베키스탄의 수도인 타슈켄트, 실크로드의 중심지였던 사마르칸트 곳곳에 그의 동상과 그의 이름을 딴 건물이나 도로들이 그를 기억하고 있다.

그러나 티무르는 결코 잔인한 제국만은 아니었다. 특히 4대 술탄이었던 울루그베그(Ulūgh Beg: 1394-1449)의 업적은 이슬람 세계의 과학과 학문 발전에 커다란 족적을 남겼다. 이에 관해서는 8장에서 더 자세히 다룬다.

제6장

오스만터키, 사파비, 그리고 무굴

1. 길을 닦다

칭기즈칸의 막내아들인 툴루이의 셋째아들 훌라구칸(Hulagu Khan: 재위 1258-1265)이 바그다드를 파괴한 서기 1258년, 아나톨리아의 귀족 집안에서 오스만(Osman: 1258-1326)이라는 소년이 태어났다. 그는 아나톨리아에 작지만 가장 강대한 군주국 에미리트(Emirate)를 세웠다. 그의 후임들은 가족으로 대물림을 하는 대신 능력 위주였다. 그 중 한 명인 무라트 1세(I. Murat: 1326-1389)는 흑해를 건너 유럽 지역을 야금야금 정복하기 시작했다.

그의 통치기(1350-1389) 무렵에 오스만 왕조는 수도와 왕궁, 정부와 세금제도를 갖추었다. 그의 아들 바야지드 1세(I. Bayezid, 1360-1403)는 오스만 제국의 제4대 술탄(재위: 1389-1402)으로 맘루크 제도[26]와 비슷한 데브시르메

26) 맘루크(Mamluk)는 이슬람교로 개종한 중앙아시아 출신의 투르크 노예부대로 무슬림의 칼리파와 아이유브 왕조의 술탄을 위한 근위병들이었다. 9세기 압바스 왕조 8대 칼리파 무타씸(Mu'tasim, 833년-842년 재위)이 시작한 제도인데, 이들 맘루크 집단은 서서히 칼리파의 선출과 폐위에 관여하기 시작하고, 소요, 암살, 매관 , 매직 등 다양한 부정부패의 원인이 되기도 했다. 자연히 칼리파의 권위는 추락하고 실질적인 권력은 군 사령관에게 집중되었다. 이로써 중앙 집권 체제가 약화되어 압바스 왕조는 쇠퇴하기 시작하였으며, 지방에서는 군소 왕조들이 나타나기 시작하였다. 1250년, 투르크계와 투르크 화(化)된 카프카스 출신의 맘루크 용병 장군 이주딘 아이벡은 이집트 지역에서 정권을 탈취하여 아이유브 왕조를 멸망시키고 맘루크 왕조를 수립하기도 했다.

(Devşirme) 제도27)를 마련했다. 그들은 총명하고 잘 생긴 열 살 남짓한 소년들을 각지에서 '보쌈'해 데려온 뒤, 교육을 시켜서 재상과 군지휘관, 지중해를 호령한 술탄의 직속 경호대 '예니체리(Yeniçeri)' 등으로 양성했다. 노벨 문학상을 받은 소설가 이보 안드리치(Ivo Andric)는『드리나 강의 다리』에서 그 광경을 이렇게 묘사했다.(안드리치, 48)

> 뽑힌 아이들은 보스니아산 조랑말에 태워 긴 행렬을 이루게 했다. 말마다 과일자루 같은 것을 양쪽에 하나씩 달았는데 여기다가 아이들을 하나씩 집어넣었다. 아이들은 저마다 조그만 보따리와 둥그런 과자를 한 개씩 갖고 있었으니 이 과자야말로 부모에게서 마지막으로 받은 선물이었다.

그러나 소용없는 일이었다. 이제 막 인도를 점령하고 기세가 등등한 티무르(재위: 1370-1405)가 지금의 터키 수도인 앙카라를 공략하기 위해 진군을 했다. 티무르가 누구인가? 14세기 후반 서(西)차가타이 한국(汗國) 출신의 티무르는 스스로를 칭기즈 칸의 자손이라 칭하고 몽골 제국의 재건을 기도했던 사람이다. 사마르칸트에 수도를 두고

27) 이 제도는 오스만터키 제국의 장수 비결이었다. 새로운 인재를 지속적으로 충원하는 방식으로 강력한 술탄의 권력을 유지한 것이다. 끊임없이 밭을 갈아엎어 풍작을 내는 농사와도 같았다. 변방 농촌의 아이들에게는 이 제도가 신분상승의 사다리였다. 데브시르메가 끝난 것은 예니체리의 아들들이 점차 고위 관리직을 대물림 받기 시작하면서였다. 귀족계급으로 등장한 이들은 결국 1703년 이 사다리를 차버린 것이다. 경쟁이 사라진 기득권은 물렁해졌고 거대한 오스만터키는 1922년 결국 무너지고 말았다.

1380년에 카르토 왕조를 멸망시키고, 1393년에는 바그다드를 점령했으며 북인도까지 세력을 넓혔다. 이어 소아시아 방면에서 일어난 오스만터키를 앙카라에서 격파해 구(舊) 몽골 제국의 서반부를 영유하는 제국을 건설했다.

바야지드의 통치에 불만을 가졌던 봉건 영주들이 티무르를 아나톨리아로 불러들인 것이었다. 바야지드의 오스만터키는 동로마제국, 즉 비잔틴 제국의 수도인 콘스탄티노플을 넘보고 있던 참이었는데, 티무르의 침공 소식에 놀라 회군을 하여 전투를 벌인 것이 바로 1402년에 벌어진 중세 최대의 전투 '앙카라 전투'이다. 바야지드가 티무르에 의해 저지를 당한 것은 서유럽 입장에서는 천만 다행한 일이었고, 티무르가 구세주였던 셈이다. 전투에 패배한 바야지트 1세는 티무르 제국에 볼모로 잡혀가 1년 만에 사망한다. 패배한 치욕으로 화병에 걸려 사망했다는 설도 있고 티무르에 의해 독살 당했다는 설도 있다.

티무르의 일대기는 말로(C. Marlowe: 1564-1593)가 『탬벌레인 대왕』(Tamburlaine the Great 1590)이라는 제목으로 발표하여 르네상스 휴머니즘의 모델을 제시한 바가 있으며, 바야지트 1세의 비극은 나중에 헨델에 의해 『테멀레인』(Tamerlane 1724)이나 비발디에 의해 『바자제트』(Bazajet 1735)라는 제목으로 각각 오페라 작품으로 재탄생하기도 했다. 몇 년 후 티무르가 죽자 티무르의 제국은 빠르게 분열되어 서부 아프가니스탄 지역에는 작지만 문화적으로 빛나는 작은 왕국들이 자리를 잡았다. 티무르의 이야기는 8장에서 자세히 하기로 하자.

티무르에게서 호되게 당한 오스만 왕조는 다시 일어서기 시작했다. 1452년 술탄 메흐메트 2세(Mehmed II, 1432-1481; 재위 1444-1446, 1451-1481)가 황제 자리에 오르면서 다시 한번 콘스탄티노플을 정복하려는 꿈을 꾼다. 사실 오스만 왕조는 이미 그 주변을 돌아 동유럽으로 진출한 상태지만, 콘스탄티노플은 심리적으로 동과 서 모두에 상징적인 의미가 있는 공간이었다. 그곳은 그리스도교도들에게는 여전히 콘스탄티누스 대제가 그리스도교를 받아들었던 로마 제국의 수도였다. 로마가 비잔티움으로 천도를 하면서 자신의 이름을 따 콘스탄티노플이라고 새로운 이름을 붙인 곳이다.

따라서 무슬림의 입장에서 이 도시를 손아귀에 넣는다는 것은 그리스도교에 대한 이슬람의 승리이기도 했다. 하지만 오스만 내부의 패권 다툼에서 세력 약화를 우려한 재상과 정통 투르크 귀족 관료들 가운데는 이 정책에 반대하는 사람들도 있었다. 비잔틴에 대한 공격이 교황과 유럽 국가들을 자극하여 또 다른 십자군 원정을 유도하게 될지도 모른다는 것이었다. 그러나 메흐메트의 마음은 이미 결정되어 있었다. 비잔틴과 유럽 국가와의 군사적 연계를 단절시키기 위해, 그리고 지중해와 유럽으로 향하는 교역로를 확보하기 위해서도 콘스탄티노플의 점령은 필연적이었다.

뿐만 아니라 예언자 무함마드는 일찌감치 콘스탄티노플의 점령을 당부한 바 있었다.[28] 『하디스』의 가르침(Hakim 4: 422)는 있지 않았던가? 세계사에 길이 남을 역사적인 전쟁이 시작되었다.

잠깐 전쟁 속으로 들어가 보자. 사태의 심각성을 인지한 비잔틴도 방어 준비에 나서, 성문을 수리하고 콘스탄티노플 성으로 향하는 입구 해안인 골든 혼(Golden Horn) 양안(兩岸)을 쇠사슬로 연결하여 선박의 진입을 봉쇄했다. 그리고 로마 교황과 유럽 각국에 오스만에 대항할 군대의 지원을 요청하였다. 내부적으로는 콘스탄티노플의 정교(正教, Orthodox)와 로마의 가톨릭을 통합하는 논의도 있었으나, 아직 사태의 심각성을 모르는 비잔틴의 다수가 정통성을 주장하다 무산되고 말았다. 뒤늦게 제노아(Genoa)로부터 1500명가량의 지원군이 도달했으나, 오랜 분열과 내분으로 사기가 저하된 비잔틴군의 전력은 이미 오스만군의 상대가 될 수 없는 상태였다.

준비를 완료한 술탄 메흐메트 2세는 지금의 불가리아와 그리스 국경에 위치한 당시의 수도인 에디르네(Edirne)를 출발하여 1453년 4월 5일에 콘스탄티노플 성문에 도착했다. 술탄이 항복을 요구했지만 그들은 거절했다. 그리고 곧 샤드(Shad)라고 불리는 대포를 앞세운 본격적인 공세가 시

---

28) http://en.islamtoday.net/node/1717. Hakim al-Nishaburid가 1015년에 *Al-Mustadrak alaa al-Sahihain*라고 하는 제목으로 집대성한 『하디스』의 4:442.

작되었다. 길이가 약 8미터이며 사람이 안에 들어갈 수 있을 정도로 직경이 커서 550킬로그램짜리 화강암을 1,500미터까지 발사할 수 있었다. 운반하는 데만 황소 90마리와 사람 400명이 필요할 정도로 컸고, 포탄을 장전하는데도 세 시간 넘게 걸렸으며, 반동 또한 어찌나 심한지 대포 앞에 있는 사람보다 뒤에 있는 사람을 더 많이 죽일 지경이었다.

한편, 무슬림 군은 해상에서도 보스포러스(Bosphorus)를 따라 골든 혼 진입을 시도했다. 예상대로 골든 혼의 돌파가 여의치 않자, 술탄은 밤사이에 67척의 전함을 육지로 이동하여 골든 혼 입구의 쇠사슬과 대포 공격을 우회하는 기막힌 전술을 구사했다. 배 밑에 기름을 친 둥근 목재를 깔아 밤새도록 언덕을 넘어 골든 혼 내해(內海)로 함대를 진입시킨 것이다.

그렇게 콘스탄티노플은 일시에 점령되고 말았다. 점령된 콘스탄티노플은 오스만 군대의 전통적 군율에 따라 3일간 약탈이 허용되었다. 그리고 3일째에야 술탄 메흐메트 2세에 의해 모든 무질서가 종식되고, 비잔틴 시민의 생명과 종교의 자유에 대한 보장이 공표되었다.

성 소피아 사원은 이슬람 사원으로 개조되어 정교의 비잔틴이 이슬람교의 오스만 제국에 귀속되었다. 그리고 술탄은 대대적인 도시의 복원과 정비에 착수했다. 단순히 새로운 정복자들을 위한 도시가 아니라, 토착 비잔틴 인과의 공존이 가능한 국제적 성격의 제도와 조직이 완비되었다.

여기서 이슬람 특유의 관용 정신이 또 다시 발휘된다.

당시 이스탄불 인구는 7만 명에 지나지 않았기 때문에 수도에 걸 맞는 인구를 확보하는 것도 시급한 문제였다. 조세 제도의 확립으로 비잔틴 장인들과 무역상들의 이익을 보장해 주었고, 일종의 종교 자치제라고 할 수 있는 밀레트(Millet) 제도를 통해 다양한 종교와 문화의 특수성을 인정해 주었다. 즉 유대교, 정교회, 그리고 심지어 무슬림 공동체까지도 각기 하나의 밀레트로서 자치권을 가지고 있었다. 이로써 비투르크인, 비무슬림 복속민들에게는 자신들의 종교 지도자를 중심으로 종교 의식과 언어와 관습의 보존이 완전히 허용되었다.

어쩌면 당시에 이미 다문화시대의 이상이 실현되었는지도 모른다. 또, 파괴된 비잔틴 건물이 복원되고, 새로운 이슬람 건축물이 신축되었다. 거리가 정비되고, 상수도 시설이 확충되었다. 특히, 세계 교역의 중심지로서의 콘스탄티노플의 기능을 극대화하여 산업과 무역업이 활성화되고, 장인과 상인들을 위한 경제 법규가 마련되었다. 그렇게 되니 온갖 종교와 민족의 사람들이 흘러들어와 이스탄불은 다양성으로 맥박이 활기차게 뛰는 제국의 소우주, 즉 이슬람의 중심이 되어갔다.(Shaw 55-65)

그들은 전통적으로 아랍의 중심부이던 남쪽의 인도양부터 지중해까지 정복했으며, 이집트를 손에 넣고 북아프리카 해안을 따라 계속 서쪽으로 뻗어나갔다. 정점에 도달했을 때인 16세기 슐레이만 대제(I. Süleyman: 1494-1566)는 콘스탄티노플과 메카를 모두 손에 넣었을 뿐 아니라 카이로까지 장악했다. 이처럼, 오스만터키로 대표되는 이슬람이 여전히 겉으로는 세계 최강의 위용을 자랑하고 있었지만, 700년 전 칼리프조의 전성기와는 비할 바가 되지 못했다.

유럽도 더 이상 호락호락한 대륙이 아니었다. 1492년 콜럼버스를 필두로 신세계를 향한 항해가 시작되고 있었다. 이탈리아에서는 르네상스가 꽃을 피우고 있었고 잉글랜드와 프랑스에서는 민족국가가 형성되고 있었다. 게다가 안달루시아의 무슬림 세력마저 아프리카로 쫓겨나버리지 않았던가?

그러나 동쪽에는 아제르바이잔의 아르다빌(Ardabil)에 근거를 두고 있던 페르시아의 사파비 왕조(Safavid Dynasty: 1502-1736)가 있었다. 사파비 왕조는 몽골족이 훑고 지나간 후에 수피교단과 연합한 집단이다. 처음에는 평화로우며 정치에는 관심이 없이 영적인 동지애를 나누던 집단이었다. 그러나 수피교단의 지도자 지위가 세습되기 시작하면서 정치적인 야심을 키웠다. 그리고 시아파로 전향을 했다. 스스로를 알리의 후손이라고 주장하는 이스마일(İsmayıl: 1487-1524)이 나타나 오직 알리만이 예언자 무함마드의 적법한 계승자이며 알리의 후손인 이맘들만이 종교적인 권위를 지닌다고 선포한 이후의 일이었다.

오스만은 1514년 사파비와 전투를 벌여 찰디란(Çaldıran)을 중심으로 경계를 삼았으며, 그 때 정해진 경계는 오스만 왕조와 사파비 왕조를 계승한 터키와 이란의 국경으로 굳어져 오늘날까지도 유지되고 있다. 이 전쟁에서 엄청난 상처를 입은 사파비는 더욱 내부적인 통합을 강조했고, 단일 국교와 단일 지배민족으로서의 정체성을 확립하기 시작했다. 그러면서 시아파와 페르시아 민족주의가 융합하여 새로운 제국 사상의 기반이 되었고, 근대국가 이란은 그 위에 구축이 되었다.

이란은 아마도 오늘날 정치적으로 세계에서 가장 복잡한 나라 가운데 하나일 것이다. 그러나 사파비가 남긴 문화적 유산마저 정치적 바람에 휩싸이게 할 수는 없는 노릇이다. 그 가운데서도 '페르시아의 세밀화'는 예술사적으로 매우 중요하다. 그것은 꽃으로 장식한 선이나 기하학적인 선 안에 아주 정교한 그림을 그려 넣는 최고의 회화기법으로 영원성을 지향하는 이슬람 미학의 절정이라고 할 수 있다.[29] 뿐만 아니라 건축 양식도 묵직한 돔 지붕을 사방에서 미나레트가 감싸고 있는 오스만 양식과 다르다. 사파비인들은 유약을 발라서 구운 모자이크 타일이 마치 공중에 떠오를 것처럼 가벼워 보이게 하여, 아무리 거대한 모스크라도 레이스와 빛으로 지어진 것처럼 보이게 했다. 뿐만 아니

29) 이슬람의 세밀화에 관한 미학적 논의는 터키의 노벨상 수상작가 오르한 파묵의 『내 이름은 빨강』이라는 작품에서 주제로 다루어지고 있다.

라 1598년에 새로운 수도로 정한 이스파한(Isfahan)은 도시 전체를 아예 보석으로 탈바꿈시켜 놓았다. 그야말로 "이스파한, 세상의 절반!"이라는 속담이 생겨날 정도였으니 말이다. 당신이 만일 이스파한을 보지 못한다면 세상에 태어나 봐야 할 것 중에 절반을 놓치는 셈이라는 뜻이다.

사파비의 이스마일과 거의 동시대 사람으로, 스스로 티무르와 징기스칸의 후손이라고 주장한 바부르(Zahīr-ud-Dīn Muhammad Bābur: 1482-1530)라는 사람이 있었다. 바부르는 불과 12세가 되던 1495년에 아버지가 통치하던 아프가니스탄 바로 북쪽에 있던 작은 왕국 페르가나(Fergana)를 물려받아 무굴제국(Mughul: 1526-1857)을 건립했다. 그는 비록 어리기는 했으나 만만히 볼 수 있는 소년이 아니었다.

그는 영지를 지켜냄은 물론 오히려 그의 위대한 조상이었던 티무르의 땅을 회복하는데 온 힘을 기울였다. 바부르는 불과 2년 뒤 1497년에 티무르 제국의 수도인 사마르칸드를 7개월의 포위공격 끝에 함락시키고 점령하였다. 그러나 승리의 기쁨은 오래가지 못하였다. 정작 그의 영지인 페르가나에서 휘하 귀족들이 반란을 일으켜 그의 영지를 찬탈한 것이다. 바부르는 애써 점령한 사마르칸드도 잃고 고향인 페르가나도 지키지 못한, 그야말로 집도 절도 없는 상황에 처하였다.

주변의 도움으로 간신히 페르가나를 찾은 바부르는 1501년에 다시 사마르칸드를 공격하였으나 이번에도 성공하지 못했다. 그는 페르가나에서도 버티지 못하고 다시 쫓겨났고 3년 동안 절치부심하면서 군대를 다시 모았다. 1504년에 그는 새로 모은 군대를 이끌고 힌두쿠시 산맥(Hindu Kush Mts.)을 넘어 카불(Kabul)을 차지하였다. 카불을 제 2의 고향으로 삼은 바부르는 카불을 세상에서 가장 아름다운 도시로 만들고자 하였고 도로를 정비하고 수많은 정원을 만들었다. 그리고 이스마일 1세에게 접근하여 후신(候臣)으로 자처하였다. 사파비 왕조를 상국으로 삼아 그 힘으로 티무르의 영토를 회복하는 것이 실리적이었다.

그는 티무르 제국 제 2의 도시였던 부하라(Bukhara)로 진격하였다. 아미르 티무르 밑에서 번영을 누렸던 부하라의 백성들은 그를 반겼고, 다음 해인 1511년에 사마르칸드 역시 바부르의 손에 들어왔다. 그리고 1524년에는 인도정벌을 감행했다. 로디왕조(Lodi: 1451-1526)의 이브라힘 왕을 물리친 바부르는 즉시 델리로 진격하였고, '술탄'으로 즉위하면서 무굴제국의 초대 군주가 되었다. 스스로를 이슬람 군주명인 술탄으로 칭한 것은 그가 스스로 무슬림임을 강조한 것이며 인도가 다시 무슬림 군주의 통치하에 들어갔음을 의미하였다. 인도를 향후 2백년간 다스릴 무굴제국이 서는 순간이었다.

바부르의 손자 아크바르(Muhammad Akbar: 1542-1605)는 무굴제국 소수의 무슬림이 엄청난 인구의 힌두교도를 다스리는 것이 불안한 지배구조였음을 알고 있었다. 그리고 매우 관용적인 방법으로 문제 해결을 시도했다. 그 진정성을 증명하기 위해 힌두 공주와 결혼하고, 그녀가 낳은 첫 아들을 자신의 후계자로 선포하기도 했다. 또한 모든 정부 관직을 무슬림과 같은 조건으로 힌두교도에게도 열어줬다. 그는 이 지역 무슬림 통치자들이 힌두 사원으로 가는 순례자들에게 부과하던 징벌적 세금과, 비무슬림에게 부과하던 특별 인두세를 폐지했다. 그리고 지위에 상관없이 모든 시민에게 동등한 토지세를 부과하고 이슬람 사원뿐만 아니라 다른 종교의 사원과 성지도 보호했다.

뼛속까지 무슬림으로 자란 아크바르였지만, 그는 다른 종교에도 관심이 많았다. 힌두교, 이슬람, 그리스도교, 자이나교, 조로아스터교, 불교 등 여러 종교의 명망 있는 인사들을 불러 토론케 했다. 그리고 이슬람과 힌두교에서 가장 좋은 점만 혼합하여 새로운 종교를 일으키려는 일종의 시도를 했다.

그 결과, 1499년 구루 나나크(Gurū Nānak: 1469-1538)가 "힌두교도 없고 무슬림도 없다"고 선언하면서 내 놓은 것이 바로 시크교(Sikhism)였다. 나나크와 동시대 인물로 신비주의 시인 카르비(Karbi)도 언급할 필요가 있다. 그는 문맹으로 힌두교도 어머니에게서 태어나 무슬림 직조공의 가족에게서 자랐다. 그와 같은 민속 신비주의자들은 구비문학 전통에 뿌리를 둔 열정적 서정시를 써낸 반면, 궁정시인들은 페르시아 시문학의 형이상학적이며 복잡한 양식을 다듬었다.

그러나 무엇보다도 무굴제국의 창의성은 건축분야에서 드러난다. 위엄있는 오스만 양식과 가볍고 날랜 사파비 양식의 결합이었다. 무굴의 다섯 번째 군주, 샤 자한(Shāh Jahān: 1592-1666)이 세운 타지마할이 그것이다. 그의 부인 뭄타즈 마할은 그가 왕위에 오른 지 얼마 지나지 않아 세상을 떠났다. 비통에 빠진 왕은 그로부터 20년을 바쳐 그녀를 위한 영묘를 건설한 것이 바로 세상에서 가장 아름답다는 타지마할(Taj Mahal)이다.

그러나 그의 아들이며 무굴제국의 마지막 황제 아우랑제브(Aurangzēb: 1618-1707)는 한마디로 꼴통이었던 모양이다. 음악이나 시에 아무런 열정을 느끼지 못하고 오로지 종교에만 미쳤다고 해도 과언이 아니다. 아버지가 일궈낸 관용의 전통에 반기를 들고, 아버지를 석탑에 가둬 유폐시키더니, 정통파 이슬람을 내세우는 일에 집착한 것이다. 힌두교도에게는 특별세를 다시 부과하고 힌두교 사원은 모조리 파괴했으며, 정부 관직에서도 힌두교도를 축출했다. 시크교(Sikhism) 마저 몰살시키고자 했으니, 원래 단호한 평화주의자였던 구루 나나크를 중심으로 한 그들은 전사 조직으로 변모하지 않을 수 없었다. 시크교도들이 길고 휘어진 칼 키르판(Kirpan)을 차고 다니게 된 것은 그때 부터였다.[30)]

30) 그들은 다섯 개의 K, 즉 Kes(자르지 않은 머리), Kangha(머리 빗), Kaccha

오스만터키, 사파비, 무굴을 중심으로 한 17세기 무슬림 제국은 공통점이 있었다. 투르크족이 정치와 군사 권력을 잡고 있었고, 대부분의 지식층들은 페르시아어와 페르시아 고전문학을 알고 있었으며, 미나레트에서 기도시간을 알리는 아잔은 아랍어라는 사실이다. 더 나아가 동쪽으로는 인도네시아, 남쪽으로는 모로코에 이르기까지 이슬람 사회는 울리마를 중심으로 한 강력한 공동체가 형성되었다는 것과, 종교적으로는 수피즘이 일반화되어 있으며, 상인들이 매우 중요한 계급으로 취급받고 있었다는 것이다. 세계사를 여기까지 보면 당시의 인류 전체가 무슬림이 되기 일보직전으로 볼 수도 있을 것이다.(Hodgson 97) 그러나 착각이다. 십자군 이후로 유럽에서 일어난 발전과 함께 역사의 흐름은 이미 바뀌고 있었다.

(순결을 상징하는 하의), Kara(헌신의 상징인 철제 팔찌), Kirpan(자기 방어와 명예, 힘, 불굴의 정신을 상징하는 검)을 항상 몸에 지니도록 권유한다.

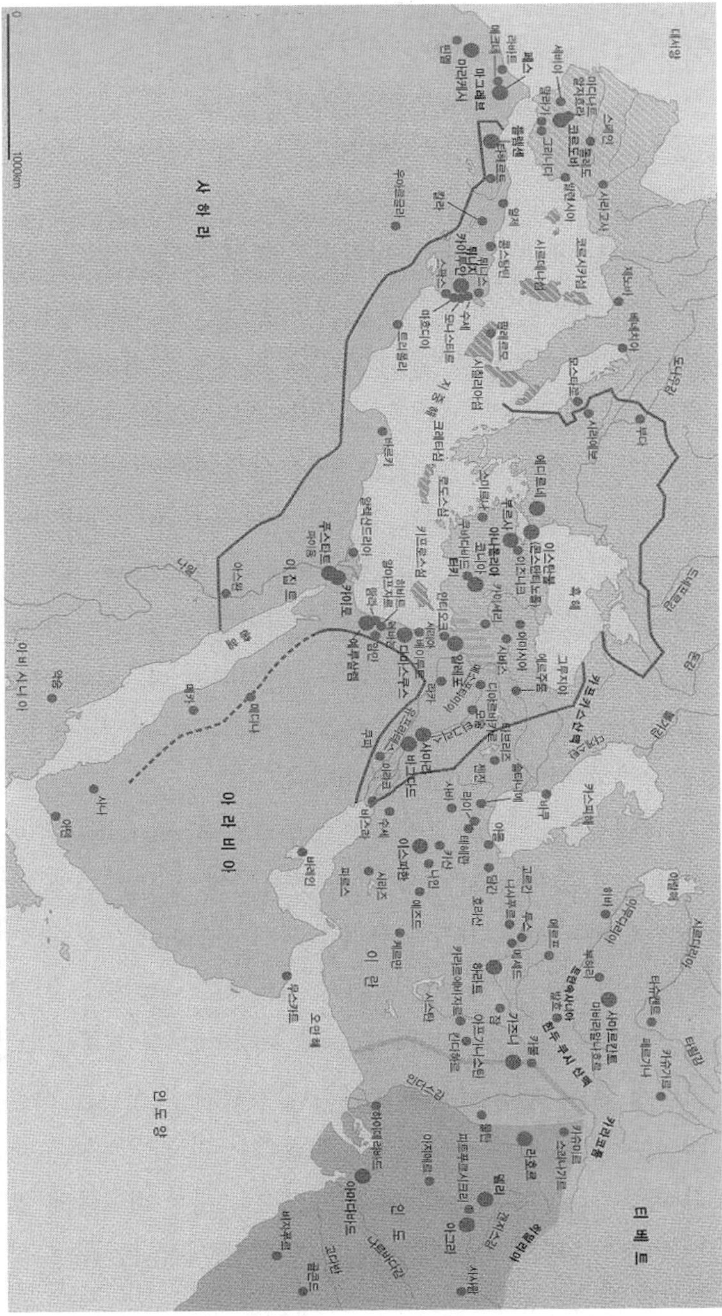

그림 24. 17C 이슬람 지형도

2. 막다른 골목에 이르다

이슬람 세계가 이처럼 땅따먹기 놀이를 하고 있던 1500년부터 1800년 사이에 유럽은 세계의 거의 전역을 항해 했고, 거의 전부를 식민지로 삼아버렸다. 중국과 이슬람 중심 세계 정도만 빼놓고 말이다. 그러나 난공불락으로 여겨졌던 이슬람 제국에도 몰락의 그림자가 드리우기 시작했다. 지중해의 해상권을 장악한 오스만 제국은 1570년 베네치아령 키프로스(Cyprus) 섬을 점령하고 서진(西進)을 계속할 의도를 보이자 베네치아는 그것을 막아야 했다. 1571년 10월 7일, 일요일에 벌어진 레판토 전투(Battle of Lepanto)가 그것이다. 오스만 제국의 함대가 그리스도교 동맹군에 의해 철저히 패배를 당한 전쟁이었다.

레판토는 오늘날 그리스의 나우팍투스(Naupactus)이며, 그리스 본토와 펠로폰네소스 반도 사이에 동서로 길게 만입(灣入)하는 이오니아해(海) 후미의 코린트만에 있는 항구도시이다. 오스만 함대는 거기서 서쪽으로 출항했다. 신성동맹함대는 그들을 저지하기 위해 시칠리아 섬 북쪽 끄트머리에 있는 메시나(Messina)에서 출항했다. 메시나는 시칠리 섬 북단에 있는 항구도시로 이탈리아 지도의 장화 코끝과 마주 보고 있다. 양쪽 함대는 그리스 서부 바깥쪽에 있는 파트라스만의 끄트머리에서 만나면서 시작되었다. 사실이 전투는 오직 노를 젓는 갤리 전함들만으로 치러진 전투로 세계 해전사(海戰史)에서도 가장 중요하게 취급되는 사건이다. 갈 길이 먼 우리는 자세한 과정은 대략 살피고 결론으로 뛰어넘을 수밖에 없다.

그림 25. 레판토, 현재 그리스의 나우팍투스

전투는 4시 오후쯤에 결판이 났다. 오스만 함대는 약 210척의 함선을 잃었고, 약 25,000명의 사상자와 3,500명이 포로로 잡혔다. 그러나 신성동맹 측은 20척의 갤리선이 파괴되고 30척이 심각하게 피해를 입었을 뿐이고, 약 7,500명의 병사가 전사하는 피해를 입었으나 많은 그리스도교 노예들을 해방시킬 수 있었다. 이 전투는 15세기부터 결정적인 패배를 당하지 않았던 오스만 군에게 궤멸적인 피해를 입혔으며, "기독교의 영원한 적"(Sempiternal Enemy of the Christian)으로 여겨진 투르크 족을 몰락시키는 신호탄이 되었다. 이 레판토 해전은 특히 이순신 장군이 일본을 대적한 한산도 해전(1592년), 그리스 연합군이 페르시아를 패퇴시킨 살라미스해전(BC480년), 영국의 넬슨이 에스파냐를 패퇴시킨 트라팔가 해전(1805년)과 함께 세계사에 기록될 중요한 해전 가운데 하나이다.(허홍범, 한종엽 외, 2008)

전투가 끝나고 신성 동맹은 일시적으로 지중해의 패권을 장악하였으며, 로마를 오스만의 침략으로부터 보호하고, 유럽을 향한 오스만의 팽창을 저지하는데 성공했다. 그러나 중요한 승리에도 불구하고 신성동맹의 불협화음은 이 승리로부터 얻은 이익을 극대화하는데 실패했다. 따라서 베네치아군은 레판토 해전에서 겨우 두 달 전인 1571년 8월에 오스만터키 군에 함락된 키프로스에 대한 오스만의 점유를 인정하는 조약을 맺었고, 이 섬은 다음 3세기 동안 오스만의 영토로 남게 되었다.

오스만은 결코 레판토 해전의 패배를 인정하고 싶지 않았다. 혹은 아직도 정신을 못 차렸는지도 모른다. 신성 동맹 측에 다음과 같은 말을 남긴 것이다. "당신들로부터 키프로스를 탈취한 것은 우리가 당신의 팔을 뽑아 버린 것과 같고 우리 함대가 패한 것은 단지 우리의 수염을 깍은 것이나 다름없소. 팔은 뽑히면 다시는 자라지 않으나, 면도칼에 잘린 수염은 더욱 풍성하게 자라는 법이라오."(Wheatcroft, 34) 사실 이 때만 해도 오스만터키의 최전성기였으니 이런 오만함이 있을 수도 있다.

한때는 잘 나갔었다. 1516년 투르크의 술탄 셀림(Selim I, 재위 1512~1520)은 이집트의 맘루크 왕조의 술탄을 팔레스타인에서 격파하고 카이로까지 점령한 상태였다. 따라서 투르크는 명실공히 이슬람 세계의 제 일인자를 자처하고 이집트는 그 후 투르크 제국의 풍부한 군사 공급처가 되었다. 여기서 힘을 얻어 자신감이 생긴 슐레이만 1세(Suleyman 1, 1494~1566)는 서쪽으로 밀고 들어가 1529년에 비엔나 공략을 시도했다. 그러나 날씨가 도와주지 않았다. 겨울이 오고 있었던 것이다. 이러한 상황에서 레판토 전투의 패배는 그 의미가 적지 않았다. "이 오스만의 패배는 지중해에서의 오스만의 확장을 저지시켰고, 서구의 주도권을 유지시켰으며, 예전에는 저지할 수 없었던 오스만을 격퇴할 수 있다는 서방의 자신감을 신장시켰다."(Davis 299)

그렇다고 해서 그대로 주저앉을 수는 없는 일이었다. 그동안 미루어 두었던 숙제를 다시 시도하기로 했다. 1683년에 술탄 메흐메트 4세(Mehmed IV: 재위 1648-1687)가 감행했던 비엔나의 합스부르크를 향한 2차 공략이 그것이다. 그때까지만 해도 중동은 투르크 제국 하나로 통일되어 있었고, 유럽은 여전히 그 앞에 노출되어 언제 휩쓸려 망할지 모를 공포에 떨고 있었다. 오스트리아를 정복하고 다음은 폴란드 정복, 그리고 다음은 독일 정복, 그렇게 되면 온 유럽이 이슬람화가 될 것은 뻔한 일이었다. 투르크의 공격에 어찌할 바를 모르고 있던 비엔나의 운명도 이제는 풍전등화의 신세가 되고 말았다.

유럽도 가만히 앉아서 기다릴 수는 없었다. 폴란드와 뮌헨을 중심으로 동맹을 맺고, 그동안 투르크에 대해 우호적인 태도를 보였던 프랑스까지 한 편으로 만들었다. 그리고 수 세기전의 십자군 운동과 같은 정열이 서 유럽인들의 마음을 다시 한 번 휘어잡기 시작한 것은 바로 그때였다. 동맹국의 원군들이 속속 모여들기 시작한 것이다.

1683년 9월 12일 새벽 비엔나 교외의 칼렌베르그(Kahlenberg) 언덕에 진을 친 튜턴과 폴란드 연합군은 포사격을 시작으로 일제히 언덕 아래의 투르크군을 향해 기습공격을 감행했다. 투르크군은 이런 공격을 오래 감당할 수 없었다. 해가 지기도 전에 전투는 끝나버리고 말았다. 투르크군 1만 명이 전사했다. 연합군의 손실은 2천명 정도였다. 너무 쉽게 승리를 얻게 되자 연합군의 지휘관들은 이게 혹시 투르크군의 함정이 아닐까 의심할 정도여서 추격도 하지 않았다.

이 칼렌베르그 언덕은 지금은 포도밭과 와인 생산지가 되어서 비엔나의 주요한 관광지가 되어 있다. 비엔나의 도심을 이루는 구시가가 파리나 런던보다 규모가 훨씬 작은 것을 보고 대제국의 수도로서 좀 의아하게 느껴질 수도 있다. 사실 비엔나는 중세기까지만 해도 동쪽 지역의 외세 침공으로부터 신성로마 제국을 지킨다는 튜턴 기사단의 변경 요새지 성격이었다. 따라서 그 규모가 작은 것이 당연한 것이고, 비엔나는 그 동방 요새지로서의 임무를 잘 수행한 셈이다. 이제 입장이 바뀌었다. 오스트리아는 동방으로 반격을 가할 수 있는 계기를 마련했고 곧 대제국의 수도로 변신하게 된다. 그리고 이 방벽 덕분에 서유럽은 동양의 전제군주제에 휩쓸리지 않고 민주주의의 싹을 키워나갈 수 있게 되었던 것이다.

투르크는 더 이상 유럽군에 대해 과거처럼 주도권을 가질 수 없었다. 이 전투는 하나의 전환점이었고, 그 이후에는 오스트리아를 비롯한 유럽군이 자신감을 얻어서 오히려 투르크군에게 공세를 취하게 된다. 그리고 헝가리 탈환도 성공을 했다. 그러나 싸움은 치열했고 양쪽 모두 엄청난 희생을 치렀다.

영화 「아마데우스」에는 젊은 모차르트가 오스트리아 황제 앞에서 투르크의 할렘을 소재로 한 오페라 「후궁으로부터의 도주」(Entführung aus dem Serail, 1782)를 작곡하겠다고 말하자 곁의 중신들이 기겁을 하는 장면이 나온다. 당시는 투르크와 휴전 상태였다고는 하나, 이전의 혈전을 치른 것을 생각하면 당연한 반응이었을 것이다. 모짜르트는 그전에 파리에서는 「터키행진곡」(Türkischer Marsch, 1778)

을 작곡하기도 했다. 앞서 언급한 바와 같이 사실 파리는 오랫동안 투르크의 동맹국이어서 투르크 풍물에 우호적이었고 따라서 터키 풍이 크게 유행하고 있었던 것이다.

유럽이 이 전쟁에서 얻은 것은 또 있다. 커피다. 1683년 전쟁에서 패한 오스만터키 군은 수천마리의 가축과 각종 먹을거리 그리고 수백자루의 커피를 남겨두고 떠났다. 이 검은 콩의 진가를 알아 본 사람은 폴란드 출신 게오르그 콜시츠키(Franz Georg Kolschitzky: 1640-1694)였다. 오랫동안 이스탄불의 커피하우스에서 일한 적이 있었던 그는 약 200kg의 커피원두를 손에 넣은 후 1684년 그 커피 원두로 빈 최초의 카페를 열게 되었고 결과적으로 부와 명성을 얻게 되었다. 그 후 카페 문화는 비엔나의 상징으로 자리하게 되었다.[31]

유럽은 슐레이만의 침입 이후 종교개혁과 르네상스를 통해서 개인의 창의력이 존중되고 과학이 발달할 수 있는 여지를 개척했다. 반면 오스만터키는 전제군주와 그 주위의 엘리트만으로 나라가 운영되면서 일반 민중은 우민화 정책이 지속되었다. 결국 오스만터키는 열세를 인정하여 1699년 카를로비츠(Karlowitz) 조약을 체결하였는데 이로 인해 헝가리 전역과 트란실바니아 지역, 우크라이나와 달마티아를 상실하였다. 게다가 내부적으로도 엄청난 정치적 · 경제적 위기에 시달리고 있었고 유럽인들이 차츰차츰 잠

---

31) http://en.wikipedia.org/wiki/Jerzy_Franciszek_Kulczycki

식해 오고 있었다. 그때부터 오스만터키는 유럽 세력에 계속 패퇴하고 제국은 축소되었다.

승승장구하다가 막다른 골목에 이르게 된 것은 사파비 왕조가 다스리는 페르시아도 마찬가지였다. 그들이 정권을 장악했을 때 시아파의 이슬람을 국교로 정한 것이 원인이었다. 처음에는 그것이 국가의 결속을 촉진할 수 있었지만, 그로 말미암은 부정적인 결과도 있었다. 시아파의 콧대가 높아져 오만함에 이르게 되었고, 그 오만함은 왕권마저 뒤흔들 정도였다. 게다가 상대적으로 소외를 받게 된 수니파는 정적이 되었다.

이런 난국을 타개하기 위해 왕실은 엉뚱하게도 무기를 팔러 온 유럽인 군사 전문가들에게 자문을 구했다. 다툼을 벌이는 파벌들은 서로 더 많은 무기를 구입하기 위해 경쟁했고, 유럽인들의 영향은 점점 더 커지게 되었다. 그러니까 페르시아의 몰락은 유럽인들이 침입을 해서가 아니라 정파들이 더 잘 다투도록 후견인 노릇을 했기 때문이라고 해야 할 것이다. 그리고 그것은 차츰 페르시아를 무대로 삼은 영국과 러시아의 대결로 압축되었다. 현재의 아프가니스탄령 헤라트를 둘러싸고 1856-1857년에 러시아는 페르시아의 편에서, 영국은 아프가니스탄의 편에서 전쟁을 일으키게 된 것이다.

무굴제국은 아크바르 대제가 이루어 놓은 관용의 가치를 손자 아우랑제브가 나서서 완전히 뒤집고 말았다는 것은 앞서 이야기 한 바 있다. 그의 무능은 결국 인도를 여러 작은 나라로 분열시켰다. 그 분열 과정에서 포르투갈인, 네덜란드인, 프랑스인, 영국인들이 주변을 맴돌면서 장사를 시작했다. 그리고 그들은 왕의 사절이나 정부 대표도 아닌 개인회사에 고용된 사람들이었다. 일종의 공동지주회사로 영국, 네덜란드, 프랑스가 참여하여 1600년경에 세운 '동인도회사'(東印度會社; East India Company)였다.

회사의 이름으로 정세를 추측해서 지역의 세력 다툼을 조종하는 것은 남는 장사였다. 인도의 엄청난 자원을 언제든지 쓸 수 있게 손에 넣은 영국은 아프리카를 비롯한 세계 전역에서 식민 사업을 확장하기 위한 자금을 조달 할 수 있었다. 그러나 영국인들은 인도인들의 종교적 금기에 너무 소홀했다. 영국인 장교들이 인도인 보병들에게 총알에 소기름과 돼지기름을 섞어 바르라고 명한 것이다. 영국인과 인도인 사이에 넘을 수 없는 문화장벽이 이었다.

영국인들의 실수는 무슬림과 힌두교도들을 단결케 했고, 그것이 1857년부터 1858년 사이에 일어난 '세포이 항쟁'(Sepoy Mutiny)이다. 델리 근교에 있는 소도시 메러트에서 영국 동인도회사의 인도인 용병(세포이)이 영국 식민지 지배에 대해 항쟁을 일으킨 것이다. 당초 항쟁은 인도 병사에 대한 영국 사관의 여러 가지 차별이 원인이었으나 삽시간에 동인도회사의 폭력적인 식민지 지배의 폐지로 초점이 맞추어졌다. 항쟁은 북인도의 갠지스강 유역으로 펼쳐졌고,

이어서 중부 인도와 서부 인도로 파급되어 갔다. 이 항쟁의 주역은 인도인 용병과 하층 농민이었으며 일부 상인들도 항쟁에 동정적이어서 자금 지원을 하고 나섰다. 드디어 영국군 군대가 동원되어 진압을 하고, 그 이후에는 영국 여왕이 인도를 직접 다스리기로 했다. 90년 동안 계속된 영국의 직접 통치 기간이 시작된 것이다. 그리고 막다른 골목길을 향한 이슬람의 내리막길은 끝이 보이지 않았다.

제 7 장

파국: 나폴레옹과 왜곡의 그림자

1. 초대받지 않은 손님
2. 오리엔탈리즘, 그 황당한 전개

1. 초대받지 않은 손님

고대 이집트문명에 대한 유럽인들의 관심은 2700년 전 고대 그리스에서부터 시작되었다. 당시 지식인들 사이에서 일어났던 이집트 열풍은 요즘 지구촌 곳곳에서 볼 수 있는 한류열풍과 비교해 볼 수 있을지 모르겠다. 그 파장이 얼마나 컸는가 하는 것은 솔론(BC640-560), 헤카타이오스(BC550-475), 헤로도토스(BC484-442)등이 남긴 이집트에 관한 기록들에 의해 증명된다. 그중에서도 본격적인 이집트 열풍을 일으킨 것은 알렉산더 대왕(BC356-323)이다. 알렉산더 대왕과 그 후예들은 이집트를 정복하고, 알렉산드리아를 건설했을 뿐만 아니라 세계 최대의 도서관을 짓고, 이 도서관을 통해 방대한 이집트 문명의 흔적을 체계적으로 정리하였다.

이집트 열풍은 로마시대로 이어졌다. 씨저, 안토니우스, 옥타비아누스가 정복 또는 망명지로 이집트를 오갔고, BC 30년 그리스계 이집트 왕조의 마지막 여왕 클레오파트라 7세가 악티움전투 패전 후 자살함으로서 이집트는 '로마제국의 곡식창고'가 되었다. 이집트에서 옮겨 온 오벨리스크가 로마의 聖베드로 성당 광장의 중앙에 세워질 만큼 로마시대에는 이집트 열풍이 최고조에 달했다. 이를 이어받은 사람은 프랑스의 나폴레옹(Napoleon Bonaparte: 1769-1821)

이다.

나폴레옹은 이렇게 말했다. “나는 스스로 종교를 창시하여 코끼리를 타고 아시아로 진격했으며, 머리에는 터번을 둘러쓰고 손에는 내가 필요한 대로 편집한 새로운 『쿠란』을 들고 있었다.”(Herold 5) 그의 이집트 정복은 이미 정해진 운명이었던 셈이다. 1798년 5월 38,000명의 군대를 실은 328척의 함대가 프랑스 남부의 툴롱(Toulon)항을 출발해서 이집트로 떠날 때 나폴레옹은 몇몇 고위층 인사를 제외하고는 이 함대가 무엇을 위해, 어디로 가는지도 알리지 않았다. 그는 내심 이렇게 되뇌고 있었을 것이다. “유럽은 나지막한 언덕배기일 뿐, 우리는 동방으로 가야한다. 모든 영광은 그곳에서 얻어왔으므로.”

당시 나폴레옹은 약관 29세였다. 호기심 가득했던 그에게는 군인으로서 뿐만 아니라 학자로서도 청춘의 피가 끓었다. 그는 이 원정길에 167명의 학자들을 동참시켰다. 고고학자, 언어학자, 지리학자, 수학자 등 전문가뿐만 아니라 화가, 시인, 음악가 등 예술가들도 끼어있었다. 그들은 당시 프랑스가 자랑하던 국립학술원 정예 멤버들이었다. 나폴레옹의 함대는 ‘원정대’라기보다는 ‘지중해에 떠다니는 연구소’란 표현이 더 실감 날 정도였다. 나폴레옹은 이집트가 가진 잠재적 가치를 철저히 탐구하려고 했던 것이다. 고대 유적뿐만 아니라 지질, 농작물, 동식물, 주민들의 동향 분석도 이집트 원정의 목표 가운데 하나였다.

그러나 나폴레옹의 이집트 원정의 목표가 사실은 이집트 자체가 아니었다. 그러니까 나폴레옹의 이집트 원정은 초대받은 것도 아니고 필요에 의해 수행한 그저 일회적인 방문도 아니었다. 동양을 제패하겠다는 분명한 목적이 있었다. 이를 수행하기 위해서는 세 가지 난관을 감수해야 했다. 첫째는 영국과의 전쟁, 둘째는 오스만 제국과의 전쟁, 셋째는 가장 어려운 이슬람교도와의 싸움이었다.(Napoleon, 1-211)

인도를 삼켜버린 영국 때문에 프랑스는 식민지 경쟁에서 한발 뒤쳐져 있었다. 그렇다고 해서 지구 반대편에 있는 인도를 공격할 수는 없는 일이었다. 그러나 나폴레옹의 머릿속에는 유럽인 최초로 인도를 침공했던 영웅 알렉산더 대왕의 일대기가 고스란히 들어있었다. 그가 모범을 보여준 것처럼 소아시아와 페르시아를 거쳐 인도를 공략할 꿈을 꾸게 된다. 이집트에 확고한 교두보를 설치하고, 수에즈 운하를 뚫어 인도와의 최단거리 무역로를 개설하는 것이 그의 원대한 꿈이었다. 당시 영국의 침공에 저항하던 인도 중북부 마이소르(Mysor) 지방의 군주 티푸(Tippo) 술탄과 연합하면 승산이 있을 것으로 판단했다. 그러기 위해서는 이집트부터 접수해야 했다.

원래 이집트는 영국과는 아무런 관계가 없는 오토만 제국의 영토였고, 오토만 제국은 프랑스와 우호관계를 맺고 있지 않았던가? 그런데 19세기 후반에 이르러 이집트가 영국의 식민지 내지는 보호국처럼 되어 버린 것이다. 나폴레옹은 넬슨 제독의 영국함대가 한 달 내내 지키고 있던 길목을 안개를 틈 타 교묘히 빠져나왔다. 그리고 1798년 7월 1일 알렉산드리아 항구의 서쪽 해변에 도착하였다.

알렉산드리아는 어떤 곳인가? 알렉산더 대왕이 BC 331년 자기의 이름을 따서 세운 도시 가운데 하나로 헬레니즘 시대의 문화·경제의 중심이었다. 그가 여기에 도시를 세운 것은 이집트를 그리스 세계로 만들고 나일 강의 범람에 영향을 받지 않는 항구를 보유하기 위해서였다. 도시는 아리스토텔레스가 설계한 이상적 도시처럼 격자 모양으로 계획되어 해풍의 혜택을 받으면서도 강풍으로부터 안전했다.(Green 11)

부속도서관 · 천문대 · 해부학연구소 · 동물원 등이 설립되었으며 기하학의 유클리드, 지리·역사·자연과학의 에라토스테네스, 지리학의 프톨레마이오스, 문헌학의 칼리마코스 등의 대학자를 배출한 곳이기도 하다. 사서였던 시인 칼리마코스(Callimachos: BC 305~BC 240경)의 시대에 도서관에는 40만권의 혼합 두루마리와 9만권의 단일 두루마리가 소장되어 있었다. 예수의 시대에도 옥시덴트와 오리엔트의 중간에 위치한 덕분에 학문의 중심지로 명성을 날리고 있었다. 3세기에는 신(新)플라톤 학파를 중심으로 이름을 날리며 영욕의 세월을 보냈고, 4세기에는 100명의 학자들이 한꺼번에 도서관으로 가서 문헌을 열람하고 서로 토론할 수 있는 공간으로 자리를 잡았다. 도서관은 그 후 약 700년 동안이나 학술 공동체로 존속하면서 자료의 수집과 번역과 연구를 했다.

그러나 19세기로 접어들어서는 보잘 것 없는 항구에 지나지 않았다. 그들의 수비 병력으로는 막강한 프랑스 원정군을 맞서 싸우는 건 애시 당초 불가능한 일이었다. 그런데 혼선은 오히려 프랑스 측에 있었다. 그들이 본 알렉산드리아는, 유럽에 알려진, 동서양의 진귀한 보물이 모여지고 활발한 교류가 이루어지는 동방의 대도시가 아닌 시골 동네 항구였기 때문이다.

> 우리는 건축가 디노카레스(Dinochares)가 설계한 알렉산더 대왕의 알렉산드리아를, 프톨레마이오스 왕조가 인간의 지식의 유산을 집결시킨 도서관을, 시민은 활기 넘치고 산업은 고도로 발달한 상업도시를 찾고 있었다. 그러나 그곳을 채우고 있는 것은 오직 폐허, 야만, 굴종, 가난뿐이었다.
>
> 샤를 노리[32]

그들은 기대와는 달리 약탈할 게 하나도 없는 현실에 절망하고 좌절했다. 상륙한 지 10여일 만에, 나폴레옹은 나일 강을 따라 군대를 남하시켜 맘루크 군에게 일방적인 승

32) Charles Norry(1756-1832)는 원정군에 참여한 건축가였다.
http://fr.wikipedia.org/wiki/Charles_Norry

리를 거두었다. 그리고 3일 뒤인 7월 24일, 그들은 카이로에 입성한다. 술탄의 궁정을 집무실로 사용하면서 나폴레옹은 본격적으로 이집트 통치에 들어갔다. 이집트 유력자들로 구성된 명사회의를 조직, 그들의 조언을 듣고 이집트인과의 유대관계를 쌓아 올리는데 주력했다. 그러면서 자신은 절대 십자군이 아닌 해방자임을 강조하고, 이슬람교를 탄압하지 않을 것을 약속한다. 그리고 통치기구와 행정조직을 재편하고 현지인들과의 관계를 향상시키면서 동행한 학자들의 학술연구를 적극 지원하고, 자신도 나일강과 피라미드 등을 살피며 바쁜 나날을 보냈다. 신문이 발간되고 프랑스 혁명 및 공화정을 기념하는 축제가 열렸으며 유럽 문명의 산실인 기구가 띄워지기도 했다.

그러나 1798년 10월의 카이로 폭동이 있고나서 나폴레옹은 동방에 대한 환상을 접었다. 나름대로 이슬람에 호의를 베풀었다고 믿었지만 자신을 예언자의 대리인으로 자처하는 패착을 했고, 현지인들과의 갈등도 점점 커졌다. 게다가 시리아 원정 또한 타격이 컸다. 몇 차례의 오스만 군의 침공 기도를 완벽하게 좌절시켜 그들이 적극적으로 이집트에 침공하지 못하게끔 한 것이 다행이기는 했어도, 결국 그는 1799년 8월에 귀국을 한다. 그리고 프랑스의 이집트 원정은 총반격을 감행해 온 영국군에게 무너지면서 1801년 8월 30일에 막을 내리게 된다.

군사적으로 보자면 그것은 실패였다. 그를 따라갔던 병

사 3만8천명의 반도 남기지 못한 체, 그의 부대는 3년 후에 프랑스로 돌아왔다. 작전은 어설프기 그지없었다. 물도 없이 사막을 행군하는가 하면, 이질과 페스트는 끊임없이 그들을 괴롭혔다. 수적으로도 나폴레옹 부대는 이집트를 통제하기에는 역부족이었다. 아랍어를 구사하지 못했을 뿐만 아니라 미션마저 불분명했기 때문이다.

그러나 나폴레옹의 이집트 원정은 이슬람과 유럽 모두에게 여러모로 중요한 영향을 끼쳤다. 안 그래도 오스만 제국 내에서 독립적 위치에 있던 이집트는 더더욱 독립적으로 변모하게 되었다. 프랑스의 침공 기간 동안 전해진 유럽 근대기술을 고스란히 활용하면서 그들은 이집트를 탈환한 영국 세력 및 기존에 들어왔던 프랑스 세력과 밀접한 관계를 유지했다. 이집트는 사실상의 준 독립국으로 성장한 것이다. 반면 오스만은 자력으로 프랑스 군 격퇴에 실패함으로써 서서히 제국의 한계를 보여주기 시작한다. 그러나 시각을 바꾸면, 나폴레옹의 이집트 원정은 결코 실패한 게 아니었다. 세계사적으로, 이슬람 세계나 유럽 모두에게 커다란 전기를 마련했기 때문이다.

나폴레옹은 1798년 8월 23일 카이로에 프랑스학술원을 개원하고, 본격적인 이집트 탐사와 개발에 들어갔다. 그는 밤늦게까지 학자들과 이집트 문명에 관한 토론을 벌렸다고 하니 그가 얼마나 이집트 문명에 심취해 있었는지를 짐작하게 해 준다. 학자들은 3년 동안 이집트 전역을 탐험하고 조사했다. 나일강 유역의 생물들을 해부하고 표본을 수집했으며, 피라미드, 스핑크스, 기타 신전 등 고대 이집트의 문화유산에 대한 본격적인 발굴과 조사, 수에즈 지협의 운하 흔적에 대한 고고학적 조사, 나일강의 수운 이용 가능성, 상 이집트의 탐사, 고대 이집트 상형문자 연구에 새로운 계기를 마련했다.

그의 태도는 정복군의 사령관이라기보다 차라리 학자였다. 알아즈하르(al-Azhar)의 학자들이 『쿠란』을 설명할 때는 주의 깊게 경청했고, 이집트의 종교축제를 직접 관장하기도 했다. 제복 위에다 아랍의 전통 두루마기를 입는가 하면, 바티칸 소유의 신문에다가 아랍어로 군사칙령을 발표하기도 했다. 실제로 그는 이집트에 있는 동안 스스로를 무슬림이라고 했으며, 프랑스에서는 가톨릭, 그리고 파리의 연구소에서는 자유로운 사색가라고 했다.

나폴레옹은 이집트 군을 통솔하기 위해서는 종교의 힘이 필요하다는 사실을 알고 있었다. 그는 아랍의 민속의상 카프탄(caftan)을 입고 세이크(sheiks) 교단에 참여하여 기도를 하기 위해 땅바닥에 엎드리기도 했다. 그리고 "이 모든 것이 『쿠란』의 원리에 바탕을 둔 통일된 정부를 수립하기 위함이고, 『쿠란』이야말로 진리이고 인간에게 행복을 제공해줄 수 있다"고 선언하기도 했다. 그러나 누가 봐도 침략이 분명한데, 이슬람에 대한 그의 이러한 태도는 의심을 살만했다. 알아자르 세이크 교도들은 그가 진정으로 이슬람에 관심이 있었다면 도대체 왜 개종을 하지 않는 것인지 이해할 수가 없었다. 이에 대한 나폴레옹의 대답은 궁색했다. 프랑스군은 이슬람에서 금하는 할례를 받았으며, 와인을 마시기도 했으므로 무슬림이 될 수 없다는 것이었다.

이집트 문명이 햇빛을 보게 하는데 있어서 나폴레옹의 가장 큰 기여는 로제타석(Rosetta Stone)의 발견과 장-프랑수아 샹폴리옹(Jean François Champollion, 1790-1832)에 의한 고대 이집트 상형문자 히에로글리프(Hieroglyph)의 해독이라고 할 수 있다. 로제타석은 1799년 나폴레옹의 이집트 원정군이 나일강 하구의 로제타 마을에서 발견했다. 여기에는 고대 이집트의 상형문자(Hieroglyph), 아랍인들이 사용했던 민용문자(Demotic: 상형문자의 필기체), 그리스문자 등 세 가지 문자가 새겨져 있으며, 내용은 기원전 196년 프톨레마이오스 5세의 공덕을 기리는 것이다.

그들의 연구 성과는 근대 이집트 연구의 기원이 되었다. 이집트 전반에 걸친 대대적인 학술 조사는 나폴레옹이 그 최초였고, 현재 이집트 일대에 대한 대부분의 학술연구의 기원은 나폴레옹 시기까지 거슬러 올라간다. 그가 이끈 학자들은 1801년 8월 프랑스가 영국군에 항복할 때까지 살아남은 군사들 약 2만 명과 함께 귀국했다. 이 와중에 학자들이 연구하거나 수집한 기록이나 자료들 상당수가 소실되었지만, 그럼에도 불구하고 그들이 챙겨 온 자료는 두고두고 학술적 가치를 발휘하게 되었다.

나폴레옹은 국가적인 사업으로 이집트 탐사 성과를 『이집트에 대한 기록』(*Description de l' Egypte*)이라는 제목으로 집대성했다. 1809년부터 1828년까지 20여년에 걸쳐 23권이나 되는 방대한 분량의 책을 출간한 것이다. 이집트의 유적과 유물뿐만 아니라 지질, 동식물, 원주민들의 풍습, 종교에 이르기까지 이집트에 관한 백과사전이었다. 이 책이 발간되자 유럽사회에 이집트 신드롬이 몰아쳤다. 미라, 오벨리스크, 피라미드 등에 관한 고고학자들의 논설이 그치지 않았고, 화가들은 이집트 각종 풍물을 화폭에 담기 시작했다. 드디어 동양이 텍스트와 언어, 그리고 문명이라고 하는 실체를 수반하고 유럽 앞에 그 모습을 나타낸 것이다.

뿐만 아니라 나폴레옹의 이집트 정복은 프랑스가 수에즈 운하를 건설할 수 있는 실마리가 되기도 했다. 최초의 운하는 기원전 7~6세기에 활동한 이집트 제26왕조의 왕인 네코 2세에 의해 시도된 적이 있었다. 그리스의 역사가 헤로도토스(Herodotos)에 따르면, 네코는 이집트 삼각주 유역에서 교역이 늘어나자 나일 강과 홍해를 잇는 운하 건설을 시작했지만 예언자들의 반대로 중단하고 말았다고 한다. 그 후 기원전 500년경 페르시아의 다리우스 1세가 홍해를 거쳐 나일 강 인근의 도시인 부바스티스(Bubastis)까지 수로를 연결하는 데 성공했다. 이 수로는 한때 이집트의 농산물을 실어 나르는 중요한 교통로였으나 이슬람교 내분으로 폐쇄되었다. 그러다가 1798년 나폴레옹에 의해 유적이 발견되었고, 통상로로 이용하기 위하여 개발 공사가 이루어졌지만 얼마 되지 않아 계산 착오로 중단되고 말았다.

프랑스는 1859년에 다시 카이로 주재 프랑스 외교관이었던 레셉스(Ferdinand Marie de Lesseps)에게 수에즈 운하 건설의 임무를 맡겼다. 레셉스는 토목 기사로서 정식 교육은 받지는 않았지만 젊었을 때부터 운하 건설에 대한 집념을 불태워 온 사람이었다. 그로부터 10년 뒤인 1869년 우여곡절 끝에 운하가 완성되었다.

그러므로 수에즈 운하는 결국 프랑스에 의해 탄생된 것

그림 26. 수에즈 운하의 개통과 항로의 변화

이라 할 수 있다. 수에즈 운하는 인도에서 영국으로 가는 뱃길을 무려 6,400㎞나 단축시켰으며, 1888년 콘스탄티노플 조약에 의해 국제화되었다. 그것은 아시아와 아프리카 두 대륙의 경계인 이집트의 시나이 반도 서쪽에 건설될 세계 최대의 운하로 지중해의 포트 사이드(Port Said) 항구와 홍해의 수에즈 항구를 연결하고 있었다.

수에즈 운하는 무엇보다도 아프리카 대륙을 우회하지 않고 곧바로 아시아와 유럽이 연결되는 통로라는 점에서 중요한 전략의 요충지였다. 프랑스의 관개 기술이 명성에 어울리게 사막을 장미꽃 봉오리로 만들어 낼 수 있는 기초를 닦은 셈이다. 수에즈 운하는 이집트를 아라비아와 인도, 그리고 유럽의 구석에 있는 이민자들을 연결시켜 줄 것이고, 지중해는 자연스레 이집트로 집중이 되어, 그곳은 가장 화려한 식민지가 될 터였다.

자, 이쯤에서 우리는 나폴레옹에게서 비롯된 유럽인들의 이슬람 인식에 대해 따져 볼 필요가 있다. 나폴레옹이 설립한 이집트 협회의 서기관이었던 푸리에(Jean-Baptiste-Joseph Fourier: 1768-1830)의 다음 글부터 보자.(Fourier 1)

> 나폴레옹은, 이 사건이 유럽과 동양 및 아프리카 내부와의 상관관계, 지중해의 해운 그리고 아시아의 장래에 미치는 영향을 정확하게 이해했다......나폴레옹의 의도는, 유럽이라고 하는 유용한 보기를 동양에 보여주고, 그 주

> 민의 생활조건을 개선함과 동시에 완성된 문명이 가져다 주는 모든 은혜를 그 주민에게 부여하는 것이었다. 이 목표를 달성하기 위해서는, 예술과 학문을 끊임없이 이 사업에 적용해가는 것이 필요할 것이다.

좀 길지만 에드워드 사이드의 견해를 빌어 이 글을 다시 한 번 풀이해보자.(사이드 149-150) 나폴레옹은 이집트를 야만상태에서 구출하고, 과거에 그들이 가졌던 위대함을 회복시켰고, 근대 서양의 방식을 통해 동양을, 그들 자신의 이익을 위하여, 가르쳤으며, 동양을 정치적으로 지배하는 과정에서 얻은 빛나는 지식을 확산시키기 위해 군사력은 가능한 한 삼갔으며, 동양에 유럽의 부속물로서의 지위를 부여했다는 것이다. 뿐만 아니라 나폴레옹은 동양의 역사, 시간, 지리를 거의 마음먹은 대로 지배할 수 있는 유럽인이라고 생각하여 모든 것을 분할하고, 배치하고, 도식화하고, 색인화하고, 기록하여 하나의 일반론을 만들어내고, 다시 거기서 동양적인 성질, 기질, 심성, 습관 또는 유형에 관한 불변의 법칙을 만들어 낼 수 있다고 생각했다는 것이다.

오리엔탈리즘의 전형이라고 할 수 있다. 이집트는 나폴레옹을 위한 영광의 무대였을 뿐이다. 이집트는 자신의 고유한 일관성과 정체성을 빼앗긴 채, 유럽사의 일부가 되고만 것이다. 과거에는 동양이라고 하는 것이 단지 저 멀리 있는, 유럽인들과는 다른 방식으로 존재하는 두려운 무엇일 뿐이었다. 이슬람이란 기독교에게 정복의 대상이었고, 전투적 먹잇감이었다. 이러한 무서운 불변의 상대를 타도하기 위해서는 먼저 동양을 알고, 동양에 침입하여 그것을 소유하고, 그리고 학자나 군인, 혹은 재판관의 손으로 재창조할 필요가 있었다.

잊혀진 언어, 감춰진 역사, 그리고 다른 민족과 문화를 발굴해내고, 그것들이 가지고 있는 고전적인 동양을 세상에 드러내는 게 일차적으로 필요한 일이었다. 그것으로 오늘의 동양을 판단할 수 있는 근거를 삼아야 했기 때문이다. 그러나 '오늘의' 동양은 잠시 뒤로 미뤄놓은 채, 상상의 세계를 현실의 세계로 대체시켰다. 동양은 서양의 역사 속으로 자연스레 녹아들게 된 것이다. 십자가가 초승달을 압도한 형국이 되었다. 그리고 그것은 1869년 11월 16일, 10년의 대 공사가 끝나고 수에즈 운하가 준공되었을 때 교황이 행한 연설문을 통해 이런 식으로 표출되었다.(De Lesseps 5: 17)

> (신이여) 당신의 신성한 숨소리가 이 운하의 수면을 스쳐 지나가는 것을, 서양으로부터 동양으로, 동양으로부터 서양으로 통하는 것을, 오오 신이여, 바라옵건대 인류를 서로 가깝게 하기 위하여 이 길을 사용하소서!

2. 오리엔탈리즘, 그 황당한 전개

'오리엔탈리즘'은 문학이론가 에드워드 사이드(Edward W. Said)의 명저 『Orientalism』(1978)으로 인해 유명해진 용어로, 하나의 이론과 지식체계로 굳어진 '동양에 대한 서구의 왜곡과 편견'을 의미한다. 원래 오리엔탈리즘은 단순히 동양학을 의미했으나, 사이드가 이 용어를 동양에 대한 서구의 전형(stereotype)화의 의미로 사용함에 따라 다분히 정치적이고 이데올로기적인 용어가 되었다. 사이드에 의하면, 서구 제국주의는 자신들의 필요에 의해 동양을 신비화한 다음, 동양을 탐험하고 지배하며 착취해왔다. 문제는 동양에 대한 서구인들의 그러한 신비화가 단순한 낭만적 환상에 그치지 않고, 수세기에 걸친 정치적, 경제적, 군사적 연관 속에 절대적 진리로 자리 잡게 되었다는 것이다.

사이드는 오리엔탈리즘을 형성해온 것은 정확한 학문적 사실이 아니라, 여행자들의 인상기나, 선원들의 모험기, 또는 선교사들의 체험기 같은 것들이었다고 말한다. 그리고 거기 깃들어있는 제국주의 이데올로기와 당대의 학자, 문인, 지식인들의 담합에 의해 오리엔탈리즘이라는 지식체계가 생성되었다고 지적한다. 사이드의 오리엔탈리즘 이론이, 권력과 지식의 담합으로 당대의 진리가 산출된다는 미셸 푸코(Michel Foucault)의 '담론(discourse) 이론'과 긴밀

하게 연관되는 것도 바로 그런 맥락에서이다. 그러므로 오리엔탈리즘의 형성에는 여행자들이나 모험가들이나 선교사들 외에도, 수많은 서구의 작가들, 지식인들, 예술가들, 군인들, 또는 정치가들이 참여했다고 볼 수 있다. 사이드는 제국주의 시대의 거의 모든 서구 강대국 작가들이 의식적 또는 무의식적으로 오리엔탈리즘을 산출하고 유지하는 익일을 담당했다고 말한다.

실제로 나폴레옹 이후에 나타난 예술 작품 속의 이슬람은 무슬림 자신의 이야기도 경험도 아니며, 오리엔탈리스트의 힘을 나타내는 하나의 대상일 뿐이기 때문이다. 사이드는 그 증거로 샤또브리앙의 『파리로부터 예루살렘으로 여행』(*Itinéraire de Paris à Jérusalem*, 1811)을 비롯한 라마르띤느의 『동양기행』(*Voyage en Orient*, 1835), 플로베르의 『살람보』(*Salammbo,* 1862), 레인의 『현대 이집트인의 풍속과 습관』, 리차드 버튼의 『메디나와 메카 순례』(*Personal Narrative of a Pilgrimage to al-Madinah and Meccah*) 등의 작품이 출현한 것을 예로 들었다.(사이드 152) 이들 작품들은 단순히 동양의 전통이나 체험담에 관한 풍경화가 아니라 한 결 같이 동양을 자신의 모태로 삼아 그들의 이야기 속으로 녹여버리고 있다는 것이다. 이들 작품에 대한 자세한 분석은 따로 하기로 한다.

나폴레옹의 원정으로 말미암아 열리게 된 이집트는 호기심 많은 유럽인들이 물밀 듯이 이슬람 세계를 찾아가게

한 계기가 되었다. 또한 그의 이슬람에 대한 태도는 19세기 유럽인 전체의 시각을 결정했다고 해도 과언이 아니다. 힘은 칼자루를 잡은 자에게 주어지는 법. 유럽인들은 합리적인 서양에 비해 동양은 비합리적이고 신비한 곳이고, 논리적으로 설명할 수 없는 곳이며, 합리적이고 우월한 이성을 토대로 하는 서양 문명에 비해 동양 문명은 열등하다고 단정 짓는다. 따라서 합리적인 서구가 동양을 지배하며 계몽하는 것은 매우 바람직한 것이라며 식민 지배를 옹호하는 이론으로까지 발전한다.

물론 근대 이후 서양의 문명이 과학적 사고를 바탕으로 한 합리성으로 무장한 것은 사실이다. 그렇다고 동양의 이슬람 세계가 과학적 사고나 합리성이 결여되었다고 단정할 수는 없는 일이다. 그들은 전통적인 풍습과 사고방식에 근거한 "다른" 사고체계를 가졌기 때문이다. 그것은 결코 우열의 관계일 수가 없다. 서구적인 합리성을 발견할 수 없다는 이유로 함부로 열등한 문명이라 속단하는 것은 부당한 일이다. 설사 서양의 합리성이 동양적 전통에 비해 우월하다 할지라도 서양은 필요 이상으로 동양의 비합리성만을 부각해 온 것이 사실이기 때문이다.

나폴레옹의 원정에 동참했던 사시(Antoine Isaac Silvestre de Sacy, 1758-1838)도 이슬람의 왜곡에 크게 기여한 인물이다. 프랑스군의 이집트와 알제리 작전에 참여하기도 했던 그는 뛰어난 언어학자로 영국과 독일을 비롯하여 유럽 전반에 동양학을 착근시켰다고 할 수 있다. 1795년에 새롭게 설립된 동양언어대학(Ecole des Langues Orientales)의 아랍어 교수가 되었으며, 2년 후에는 프랑스대학(College de France)의 페르시아어학과 교수, 그리고 1815년에는 파리 대학의 총장직을 맡았고 각처에 심어놓은 제자들도 적지 않다.(Schwab 71-74; 316-318)

학자와 교육 행정가로서 50년 동안의 경력도 중요하지만, 1832년에는 왕립도서관의 동양문헌 담당 사서로 일을 했다는 사실도 기억할 필요가 있다. 오리엔탈리즘에 관한 그의 기여가 텍스트의 체계화에 있었음은 그의 사서로서의 전문성과도 관련이 있다. 동양연구라는 학문자체가 과학이나 철학과는 달리 신비스럽고 한없이 풍부한데, 그것을 넓은 시야에서 복원하여 제대로 드러낸다는 것은 불가능한 일이었다. 따라서 대표적인 몇몇 부분만을 선택하여 집중할 필요가 있었고, 또한 이런 축약된 본보기와 예들은 동양을 의미하는 기호의 힘을 내재하고 있기 때문이었다.

사시의 작업은 모두 본질적으로는 편찬적인 성격의 것이었지만, 그의 공적은 그것이 나쁜 영향을 미쳤건 좋은 영향을 미쳤건 하나의 분야를 만들어 내었음에는 틀림없다. 유럽인으로서 사시는 동양의 고문서를 섭렵했고 그 문서를 관찰하고, 주석을 달고, 기호화하고, 배열하고, 해석을 한 것이다. 결국 우리에게 남은 것은 오리엔탈리스트의 주관적 재구성에 의해 창조해낸 동양인 셈이다.

사시의 입장을 계승한 사람이 르낭(Joseph Ernest Renan, 1823-1892)이다. 그는 많은 언어 가운데서도 셈어(Semitic languages)를 그의 오리엔탈리즘의 문헌학으로 창조해 내었고, 그것이 인도 · 유럽어족에 비해 윤리적으로도 생물학적으로도 타락한 언어로 증명하려 노력하였다. 셈계의 언어는 인도 · 유럽어족 뿐만 아니라 셈계 이외의 동양어와 비교한 경우에도 발달이 정지된 현상으로 인식하였다.

언어의 열등성이 바로 민족의 열등성이 되었고, 셈어가 유럽인의 동양지배의 상징이며, 또 자신이 속하는 시대를 지배하는 것의 상징이라고 생각했던 것이다. 셈어 연구의 결과, 셈족을 어떤 신화도, 예술도, 상업 활동도, 문명도 낳은 적이 없는 광신적인 일신교도로 간주했고, 그들의 의식은 좁고 경직된 것이라고 했다. 곧 그들은 "인간성의 열등한 배합"을 보여주는 것이라고 간주했다.(사이드 237) 그는 사시와 마찬가지로 동양에 대한 주관적 이해를 벗어나지는 못했다.

이런 왜곡된 시선은 심지어 다음과 같은 황당무계한 여행기마저도 마치 사실인 것처럼, 동양에서는 충분히 일어날 법한 일이라고 믿게 만드는 역할을 하였다. 이런 식의 왜곡에 참여한 이들은 문학가뿐만 아니라 예술에 종사하는 이들과 정치와 외교를 담당하는 이들에 이르기까지 무수히 많지만, 동시대인인 플로베르(Gustave Flaubert: 1821-1880)의 예를 하나 더 살펴보자.(재인용: 사이드 192)

플로베르가 사진작가이자 기자 출신인 막심(Maxime du Camp)과 함께 이집트로 여행을 떠난 것은 1849년 11월부터 1850년 7월까지였다. 그러나 그가 이집트에서 주로 어머니나 노르만디에서 만난 친구 루이(Louis Bouilhert)에게 편지를 보냈는데, 그 내용이 심상치 않다. 사창가에 마구 드나들며 동성애도 즐겼으며, 온통 성적인 이야기였다. 창녀와의 관계도 이렇게 설명한다. "그녀는 아무런 감정을 느끼지 못하는 것 같다. 그녀는 기계와 같다. 어떤 다른 사람에게도 마찬가지이다. 그녀는 자신의 존재를 담배를 피우고, 목욕을 하고, 화장을 하고, 커피를 마시는 데서 찾는 것 같다."(Flaubert 125) 무슬림 여성에 대한 전형적인 타자화(他者化)의 과정이다.

물론 그런 내용은 친구에게만 보냈다. 그런가 하면 엽기적인 것을 좋아해서 카이로의 쓰레기 더미에서 유기견에게 총을 쏜다든지, 부정직한 제빵사의 귀를 가게 문에 못박아서 발이 땅에 닿지 않도록 여러 시간 동안 메달아 놓고 고문하는 모습을 묘사하기도 했다. 뱀 마술사, 여행안내원, 거리의 음악가들 모두를 까메오로 등장을 시키는가 하면, 아름다움이라든지 진지함은 편지 내용에 아예 포함시키지 않았다.

그는 『마담 보바리』(1857)에서 시골 부르주아의 단조롭고 무미건조한 일상을 냉정한 관찰과 치밀한 묘사, 정확한 표현으로 그려내 19세기 프랑스 사실주의 문학의 완성자로 평가받는다. 그러나 사실주의가 그의 모든 소설을 아우르는 경향은 아니다. 습작기에 역사, 환상, 철학, 신비 경향의 단편과 여행기, 자전적 이야기 같은 낭만주의의 모든 산문 장르와 그 주제를 시도한 바 있다.

뿐만 아니라 낭만주의로의 경도는 청년기의 한때로 그치지 않았다. 우리의 삶이 거대한 흐름 속에 있다고 인식했던 낭만주의는 관심과 탐구의 폭을 개인의 내면세계에서 역사의 공간으로 확장시켜 나갔다. 19세기 유럽과 전혀 다른 문명, 다른 풍경이 불러일으키는 이국정취는 낭만주의의 한 정서이기도 했다. 거칠지만 신비로운 고대의 이국은 동시대의 속악한 부르주아 사회와는 전적으로 다른 세계였기에 낭만주의자들이 현실에서 벗어나고자 했을 때 가장 이상적인 도피처가 되었던 것이다.

오리엔탈리즘으로 대표되는 서양의 동양 왜곡은 이슬람 왜곡과 동의어로 이해해도 좋다. 나폴레옹의 원정을 소위 근대 오리엔탈리즘에 가능성을 부여한 최초의 경험이라고 한다면, 사시, 르낭, 레인 등이 이 분야의 시조라고 할 수 있다. 그들이 이룩한 것은 오리엔탈리즘을 과학적, 합리적인 기초 위에 두는 것이었으며, 그것은 동양의 이해를 위한 서구인들의 모델이 되었던 것이다. 그것은 문학을 비롯한 회화예술에서 더욱 극명하게 나타나 19세기 프랑스 회화의 주류를 이루게 된다.[33)]

---

33) 주로 '하렘'을 주제로 한 드라클루아, 엥그르, 마티스 등으로 이어지는

동양에 대한 서구의 가장 전형적인 왜곡사례는 동양을 비논리적이고 비민주적이며, 게으르고 부패한 지역으로 보는 것이다. 그러나 많은 경우, 그러한 편견은 과거로부터 내려온 서구인들의 인상비평 수준일 뿐, 실제 현실과는 본질적으로 다르다는 것이 사이드의 지적이다. 그럼에도 불구하고 그러한 오리엔탈리즘은 오늘날에도 여전히 동양을 보는 서구인들의 시각에 영향을 미치고 있으며, 동양에 대한 서구 국가들의 정책수립에도 영향을 미치고 있다.

오리엔탈리즘을 다른 말로 바꾸면 서구중심주의다. 서구는 실재이고 그 주변은 서구의 그림자에 지나지 않는다. 플라톤의 이데아론을 떠올려 보자. 플라톤에 따르면, 현상세계의 것들은 이데아를 닮고자 해야 하고, 본받고자 해야 한다. 이 도식을 서구중심주의에 적용시키면, 서구 외의 지역들은 서구를 본받으려고 노력해야 한다. 서구중심주의의 기본은 서양과 동양의 구분이다. 애초에 서양과 동양이라는 구분부터가, 유럽 쪽에서부터 발생한, 서구중심적인 개념인 것이다. 그 시작은 고대 그리스에까지 거슬러 올라가는데, 기독교 문화를 이교도와 구분하면서 이슬람과 만나면서 구체화되었다고 할 수 있다. 그리고 그것은 지금도 계속되고 있다.

2010년부터 2011년에 걸쳐 튀니지에서 혁명이 일어났다. 튀니지의 나라꽃인 재스민에 빗대어 재스민 혁명

회화에서의 오리엔탈리즘에 관해서는 2권에서 다룬다.

(Jasmine Revolution)으로도 불린다. 혁명의 결과로 1987년부터 튀니지를 통치한 제인 엘아비디네 벤 알리 대통령이 24년만에 대통령직을 사퇴하고 사우디아라비아로 망명하였다. 튀니지 남부 소도시인 시디부지드에서 한 청년이 분신자살을 한 직후에 일기 시작한 혁명의 불길은 튀니지로부터 이집트와 리비아를 비롯하여 이웃나라들에 까지 번져나가고 있다. 이 사건에 대한 서구의 지식인들이 내놓은 논평들은 오리엔탈리즘의 현주소를 이해하는 데 구체적인 도움이 된다.[34)]

그런 대표적인 예가 하버드대학 역사학 교수 닐 퍼거슨(Niall Ferguson)이 내 놓은 “아랍세계에서는 왜 민주주의가 어려운가?”(Why democracy will not catch on in the Arab world)라는 제목의 칼럼이다.(*Evening Standard*, London, 2011년 2월 28일자) 영국의 이브닝스탠더드 지에 닐 퍼거슨이 쓴 평론이다. 그는 여기서 민주주의가 아랍에서 정착되기 어려운 이유가 무엇인지를 설명하고 있다.

> 지난 500여 년에 걸쳐 서구사회가 다른 지역 사회에 비해 탁월했던 점은 경쟁, 과학, 재산소유권, 의학, 소비사회, 노동윤리 등 여섯 가지 요소를 갖추었기 때문이다. 이는 요즘 말로 하자면 여섯 가지 “킬러앱”이라고 할 수 있

34) 이하는 아래 블로그 글을 참고하였다.
http://blog.naver.com/schung10?Redirect=Log&logNo=90110522685

으며, 바로 이로 인해 서구가 전 세계를 지배할 수 있었던 것이다. 그런 반면 무슬림 사회는 여섯 개 킬러앱 가운데 적어도 몇 가지를 "다운로드" 하는데 실패했다고 할 수 있다. 오늘날 매우 발전하고 있는 이스탄불이나 테헤란 혹은 두바이 등에 가보면 다른 것은 몰라도 사유재산권이나 노동윤리는 볼 수가 없다. 대부분의 무슬림 국가에서는 실업자들이 넘쳐나고, 자유 재산권 등기를 하거나 새로운 사업을 시작하는데 이집트만큼 어려운 나라를 찾아볼 수 없다.

사유재산권의 부재야 말로 아랍 국가들의 경제적 빈곤의 원인이며 민주화 실패의 원인이기도 하다. 아랍에서의 문제는 무슬림 때문이 아니라 서구가 선도해 나가는 대로 중동이 따라오지 못했기 때문이다.

참으로 엉성한 주장이라 하지 않을 수 없다. 서구가 여섯 가지 측면에서 우수했다는 단순하고도 일방적인 주장도 그렇거니와, 마치 서구가 그 "킬러앱"을 개발이나 한 것처럼 주인행세를 하고 있기 때문이다. 그러면서 아랍 민주주의 실패의 원인이 이들 킬러앱의 "다운로드" 실패에 있으며 서구를 제대로 추종하지 못한 까닭이라고 하는 것이다. 민주주의나 경제적 발전 이전에 아랍은 여전히 자신들이 가지고 있는 이슬람의 가치를 자랑스럽게 생각하고 있음을 기억할 필요가 있다. 다시 사이드에게로 돌아가 그가 소개하는 두 명의 오리엔탈리스트의 말을 인용해보기로 하자.

> 한 번은 알프레드 라이알(또 다른 오리엔탈리즘 전문가로 인도 식민지정부에서 장기간 복무)이 언젠가 내게 이런 얘기를 한 적이 있다. 동양인들의 심성에서 정확성이란 생소하기 짝이 없는 말이다. 모든 인도 거주 영국인들은 이 격언을 명심해야 한다. 정확성의 결여, 거기에다가 거짓말을 거리낌 없이 하는 태도야말로 동양인들의 심성을 가장 잘 설명하는 표현이다 (중략)....
>
> 동양인들의 정신 상태는 이들의 그림 같은 거리 풍경과 같이 현저히 균형을 결여하고 있다. 이들의 사고력은 기껏해야 혼란스럽기 짝이 없는 서술에 지나지 않는다. 과거 아랍인들은 변증법적 과학을 어느 정도 발달시키긴 했으나 오늘날의 후손들은 논리적 능력 면에서 거의 빵점에 가깝다. 이들은 사실이라고 받아들이는 아주 단순한 전제로부터 뻔한 결론을 이끌어내는 데도 어려움을 겪는다. 길거리에서 이집트 인 아무나 붙잡고 너무나도 명백한 사실을 말해보도록 시도해보라. 이들의 설명은 틀림없이 장황하고 알맹이가 없을 것이다. 그는 문장을 끝내기 전에 적어도 대여섯 번은 논리적 모순을 드러낼 것이다. 그는 반대심문을 거칠 경우 아무리 점잖은 신문 앞에서도 자가당착을 노출할 것이다.(재인용: 사이드 71-73)

위 글은 19세기 말부터 20세기 초까지 20년이 넘게 이집트 총독을 지냈던 이블린 베어링 크로머가 쓴 저서에서 인용된 구절이다. 동양인들의 논리력이 떨어지는 이유가 비판적 사고능력 배양을 강조하는 근대적 교육을 못 받고 근대적 제조업과 기타 생산적 기업 활동에 참여할 기회를 부여 받지 못해서 그런 게 아니라 이들이 원래 열등하고 본성이 그렇게 되먹어서 그렇다는 얘기인 것이다. 이번에는 크로머보다 한 세기 전에 생존했던 또 다른 오리엔탈리스트의 말이다.

> 자유에 관한 한 이들(동양인들)은 아무 것도 모른다. 예의범절이란 것도 이들에게 있어선 아무런 의미도 없다. 이들에게 있어 권력만이 하나님만큼이나 중요한 의미를 가질 뿐이다. 이들이 신의 뜻을 행하는 정복자를 만나지 못한 채 긴 세월을 보내는 동안, 이들은 마치 장수 없는 졸병이나 지도자 없는 신민, 아버지 없는 가족마냥 방향을 잃고 말았다.(재인용: 사이드 284)

이 말은 19세기 초 프랑스 문필가인 프랑소와 르네 드 샤토브리앙이 이집트, 팔레스타인 등지를 여행한 다음에 쓴 책에서 인용한 것이다. 샤토브리앙 식의 편견은 결국 이스라엘 유태인들이 팔레스타인 아랍인들에 대해 "아랍 놈들이 알아듣는 유일한 언어는 주먹뿐!"(The only language the Arabs understand is that of force.)과 같은 사고방식으로 발전이 된다. 그리고 그것은 마치 우리가 일제하에서 경험했듯이, 당사자들에게 "엽전들은 할 수 없어"라는 식의 자조적이고 자학적 자기 최면으로 변질되기도 한다. 오리엔탈리즘은 결국 타자화의 결과물로서 외적으로 규정지어질 뿐만 아니라 자신의 열등감을 내포하는 "우리 안의 오리엔탈리즘"이라는 깊은 상처로 남기도 한다.

제 8 장

파장: 동쪽으로 번지다

1. 중앙아시아
2. 중국과 동남아시아

1. 중앙아시아

바그다드에서 불붙기 시작한 학문의 열기는 당대와 이후 이슬람권에 있던 이집트의 카이로, 안달루스의 코르도바 등의 도시로 확산됐다. 그 열기는 750~900년경 절정에 달한 뒤, 이후 몽골의 바그다드 침략(1258년)으로 압바스조가 멸망할 때까지 지속됐다.

실크로드의 중심 도시이자 티무르 제국의 수도였던 사마르칸트에서도 그 문명의 명맥이 이어졌다. 티무르 제국은 1370년에 건립되어 1507년까지 약 140년에 걸쳐 중앙아시아 · 이란 · 아프가니스탄을 지배한 왕조다. 그 건국과 관련해서는 5장에서 다룬 바 있으니 기억이 아리송하다면 다시 한 번 들추어 보기 바란다. 수도 사마르칸트는 오늘날 우즈베키스탄의 남쪽에 자리하여 동 · 서 무역의 중심지로 번영하였으나 티무르의 사후 계속된 왕권 쟁탈전 때문에 망하고 말았다. 정치적으로는 결코 강력한 국가는 아니었으나 중앙아시아 최고의 문화 수준을 과시하였다. 특히 4대 술탄이었던 울루그베그(Ulūgh Beg: 1394-1449)의 업적은 괄목할 만하다.

울루그베그는 정식으로 왕이 되기 전인 열다섯 살 때 이미 부왕(父王)인 샤 로흐의 명에 따라 사마르칸트 지방을 다스리기 시작했다. 스물여섯 살 때인 1420년, 사마르칸트

도심에 거대한 레기스탄 광장(Registan Square)을 만들었다. '모래땅'이라는 뜻의 이 광장은 북쪽을 흐르는 운하 주변에 모래땅이 있다고 해서 붙여진 이름이다. 그리고 그곳에 메드레세(Medrese; 아랍어로는 Madrasa)를 세웠다.

메드레세는 이슬람 신학교에 해당하지만, 오늘날 대학의 기능을 담당한 교육기관이었다. 그는 이곳에서 세속적인 학문과 문화 발전을 위한 환경을 조성하고, 당시에 1백여 명의 학생들을 모아 기숙시키고 공부를 시켰을 정도였으니, 중앙아시아 최고의 규모였던 셈이다. 울루그베그는 이곳에서 직접 신학과 수학, 그리고 철학과 천문학을 강의하기도 했다. 일찌감치 권력의 맛을 보았던 터에 교육과 연구에 헌신하며 문화적 바탕을 마련하는 일이 결코 쉽지 않았을 텐데, 그는 사마르칸트를 문예부흥의 중심지로 만들었던 것이다.

울루그베그는 무엇보다 천문학에 남다른 조예가 있었다. 1428년에는 대규모의 원형 천문대를 세워 많은 관측기계를 정비하고, 여러 학자들의 도움을 받아 천체표를 만들었다. 이 천체표는 1500년대에 유럽에 알려져 1665년에 인쇄가 되어 영국 왕실의 천문학자들도 사용했다고 한다. 천문대는 육분의, 상한의, 해시계 등이 갖춰져 당시 세계에서 가장 탁월한 천문대로 평가받는다.

조선시대에 제작된 혼천의(渾天儀)나 해시계 같은 천문기기도 울루그베그 천문대의 영향을 받았을 가능성이 있다.

이곳에서는 그리스 천문학자 프톨레마이오스(Ptolemaeos, 85?~165?) 이래 12세기 동안 바뀌지 않았던 천문 상식들도 수정이 되었다.

또한 천문대의 관측을 바탕으로 1437년에는 992개의 별의 위치를 밝힌 「지디이 술타니」(Zij-i Sultani)라는 당대

그림 27. 울루그베그 천문대의 해시계

최고의 천문도를 발간했다. 울루그베그가 사망한 뒤 후세들의 권력 투쟁으로 말미암아 천문대는 파괴되고 현재 남아 있는 것은 육분의를 지탱했던 지하 부분과 천문대의 기초뿐이다. 그러나 그들의 중요한 성과는 파괴되지 않고 남아있다. 1년을 365일 10분 8초까지 계산했으니 오늘날 첨단 기기로 계산한 1년 길이와의 차이가 겨우 1분미만으로 17세기까지 유럽에서 계속 쓰였다. 그들의 천문학에 바탕해 원나라가 만든 역법 '회회력'은 조선이나 일본의 역법에도 큰 영향을 끼쳤다. 코페르니쿠스(Nicolaus Copernicus, 1473~1543)의 지동설도 사실은 이러한 이슬람 천문학의 맥락에 바탕을 둔 것이다.

울루그베그는 공교롭게도 세종대왕과 너무나 닮았다. 무엇보다 두 사람은 생몰연대가 거의 비슷한 동시대 인물이다. 울루그베그는 1394-1449, 세종대왕은 1397-1450이니 세종대왕이 3년 후배인 셈이다. 그들은 또한 각각 티무르 왕조와 조선 왕조 건국 시조의 손자이자 네 번째 왕이라는 점도 똑같다. 울루그베그는 아미르 티무르의 손자이며 세종대왕은 태조 이성계의 손자다. 아미르 티무르와 이성계 모두 전설적인 무인 출신의 군주라는 사실도 공통분모를 이룬다. 아미르 티무르가 전투 도중 다리를 크게 다쳐 절름발이로 불렸는데, 이성계도 다리에 화살을 맞는 큰 부상을 당했다는 기록이 남아 있다. 울루그베그의 아버지 샤 로흐가 문무를 겸비했으며 티무르 제국의 내란을 평정하고 즉

위했듯이, 세종대왕의 아버지 태종 이방원도 무예와 학문이 모두 뛰어났으며 두 차례나 '왕자의 난'을 겪은 뒤 즉위한 점도 흡사하다. 그들은 둘 다 빼어난 학자적 군주였다. 정치보다 학문에 더 큰 비중을 두었던 울루그베그는 자신이 세운 메드레세에 "학문을 연마하는 것은 모든 무슬림의 의무이다"라고 써 붙여 강력한 교육의지를 펼쳐보였다. 세종대왕에게는 집현전이 바로 그러한 공간이었듯이.

한편 울루그베그는 『쿠란』의 거의 전체를 외우고 있었고, 아랍어를 쓸 줄 알았으며, 법학과 논리학, 문장학, 운율학에도 정통했다. 수학이나 천문학에 대한 자질도 매우 뛰어났는데, 그는 때로 메드레세에서 벌어지는 수학과 관련된 토론에 참여했다. 계산 능력도 뛰어나, 말 위에서 특정 시각에 태양의 경도가 어떻게 될지에 대해 분단위로 암산할 수 있었다고 한다. 이러한 울루그 베그를 당대의 사람들은 아리스토텔레스의 제자 알렉산드로스 대왕에까지 비유하였다.(마노 에이지 273-274)

물론 울루그베그 같은 인물이 어느 날 갑자기 하늘에서 뚝 떨어진 것은 아니다. 이슬람 과학은 실크로드 교류사가 일궈낸 값진 인류 유산 가운데 하나일 뿐이다. 10세기 이슬람 문명의 황금기를 전후해 아랍 고유 학문과 외래 학문은 하나의 용광로 속에 녹아서 이슬람 특유의 학문 체계를 갖추게 되었다. 이 체계 속에서 학문의 다극화가 이뤄지면서 이슬람 세계 곳곳에 지역별 학문 중심이 형성되기 시작했다. 일찍이 헬레니즘 문화를 맛본데다 페르시아와 인도, 중국 문화의 영향까지 받은 우즈베키스탄의 두 도시 부하라(Bukhara)와 히바(Khiva)가 바로 그런 곳이었다.

성훈(聖訓) 학자 부하리(Al-Bukhārī: 810-870), 수학자 콰리즈미(Al Khwarizmi: 780-847), 의학자 이븐시나(Ibn Sina: 980-1037) 같은 이들이 바로 이 도시 출신으로, 부하라 학맥의 3총사로 불린다. 이들은 이슬람 세계를 두루 다니면서 자신들의 학문세계를 개척했으며, 부하라에 돌아와서는 신학교와 사원들을 전전하면서 학문을 전수했다. 이

그림 28. 울루그베그와 과학자들

들의 학문적 업적은 이슬람 세계뿐 아니라, 유럽에도 널리 알려져 근대 학문의 기반을 닦는 데 절대적인 기여를 했다. 이렇듯 인류역사의 여러 단계에서 주도적인 문명의 주인공들이 바뀌는 가운데 이슬람 문명은 중세 문명을 담당한 주역이었다.

아버지, 샤 루흐가 죽고 제국을 물려받은 울루그베그는 달랑 2년(1447-1449)밖에 통치자 노릇을 하지 못했다. 1449년에 발흐에서 반란을 일으킨 아들, 압둘 라티프에 의해 감금되어 10월 27일에 처형당했다. 소련의 조사에서 울루그베그의 유골은 머리와 몸통이 따로 있었던 것이 발견됨으로써 그의 비극적인 최후가 실증되었다.(그루세 646) 그리고 약 200년 후인 1658년, 무굴의 황제 샤 자한도 아들 아우랑제브에게 황제 자리를 빼앗기고 아그라 요새의 탑에 감금된다. 아들에게 배신당한 그는 죽을 때까지 사랑했던 아내가 묻힌 타지마할을 바라볼 수 있었다는 게 유일한 위안일 뿐이었다. 6장에서 언급되었던 무굴의 마지막 황제 이야기다. 친부살해! 그들은 패륜아들이었는가?

잠깐 숨 좀 돌리자. 친부살해의 모티브는 이미 바빌로니아 신화에서부터 등장하여 그리스 신화에까지 연결된다. 최초의 모든 것의 부모인 압수와 티아마트는 자식들에게 살해당한다. 그들은 먼저 아버지 신 압수를 죽이고 나중에 어머니 여신 티아마트를 죽인다. 그런데 압수와 티아마트의 운명은 아주 달라진다. 티아마트는 마르둑에 의해 살해당한 후 해부되어 우주를 제작하는 데 사용된다. 물론 티아마트의 몸 자체가 우주를 형성하는 질료가 된다는 점은 중요하다. 그렇지만 마르둑이라는 위대한 제작자의 손길에 의해 질서정연하고 조화로운 세계로 탄생하게 되는 것이다. 따라서 티아마트는 우주를 구성하는 재료에 불과하고 마르둑이 우주를 제작하는 원인 혹은 원리로서 작용하는 것이다.

그렇다면 최초의 아버지 신 압수는 어떠한가? 아들 에아는 압수의 왕권을 박탈하고 살해한 후에 신전을 직접 짓고는 앞으로 모든 신전을 압수라고 부르도록 하였다. 즉 압수는 아들 신들에 의해 살해당한 후 오히려 신성시되었다. 이것은 마치 프로이트가 문명의 기원을 설명하면서 최초에 강력한 힘을 발휘하던 아버지에 의해 추방당하였던 아들들이 반란을 일으켜 아버지를 살해하고 먹어치운 후에 아버지를 신격화하였다는 주장과도 일맥상통한다. 사실 바빌로니아 신화에서 아버지 신은 아들 신들과 동일시되고 아들 신들을 통해 계승된다. 따라서 아버지 신은 영원히 죽는 것이 아니라 아들 신을 통해 부활하는 것이라 할 것이다.

아무튼, 울루그베그의 죽음으로 티무르 가문의 내전기가 다시금 도래하였고 티무르제국은 15세기에 급격히 약화되었다. 우즈벡족은 티무르제국의 수도였던 사마르칸트를 점령하고 왕조를 세웠다. 그들은 부하라 칸국, 히바 칸국으로 세력권을 확장하고 정착 민족의 길을 걸어갔다. 부하라 칸국은 16세기부터 19세기에 제정러시아에 의해 붕괴될 때까지 존속한 공국이다. 그리고 우리의 역사에서 잠시 사라졌다. 1920년대 볼셰비키 혁명 이후에 중앙아시아는 신생 소비에트 공화국에 편입되었기 때문이다.

우즈벡 민족도 볼셰비키 혁명 전에는 '우즈벡'이라는 특별한 민족 정체성을 가지고 있지 못했다. 왜냐하면 우즈벡 민족은 소위 단일민족이 아니고, 이 지역에 분포되어 살고 있었던 부족들의 연합체 성격을 가지고 있는 그룹이었기 때문이다. 그들은 단지 씨족이나 종족 단위의 공동체적 삶을 영위하고 있었고 20세기 이전까지만 해도 우즈벡 민족은 16세기 이래로 이 지역을 정복하고 통치한 다양한 칸국에 의해 다스려졌다.

오늘날 이곳은 우즈베키스탄이라는 독립국가로 다시금 세상에 얼굴을 드러냈다. 우리 한국과 교류가 활발하여 그쪽에서 온 이주노동자가 적지 않고 그들과 함께 다문화 가정을 이룬 이들도 적지 않다. 따라서 우즈베키스탄을 비롯한 중앙아시아의 소위 스탄 제국들은 한국의 다문화사회를 이해하는데 매우 중요한 위치를 차지한다. 더구나 이슬람과의 관계 속에서 그들을 이해하는 일은 매우 중요하다.

잠시 그 현황을 개괄하고 넘어가자.(장병옥 81-109) 우즈베키스탄은 전통적인 농업사회이다. 가장의 권위는 절대적이다. 마을은 가족 단위의 확장된 형태이다. 그러므로 우즈베키스탄은 전통적으로 공동체적 정체성을 가지고 있는 나라였다. 따라서 그들은 오늘날에도 민족 정체성을 강조하며 권위주의적 통치를 하고 있다. 이런 과정 중에 이슬람 원리주의 세력이 넓게 확산되었고, 수백 명이 사망한 안디잔 학살사건(Andijan massacre)[35]이 일어났다.

우즈베키스탄의 대 이슬람 정책에서도 이 같은 경향이 나타난다. 우즈베키스탄에서 원리주의 세력이 출현하자 정부는 그들을 강력히 탄압해왔다. 정부는 이들의 과격성이 정부를 전복할 수도 있다는 생각을 가지고 있었기 때문이다. 현대 중앙아시아에서 이슬람은 여전히 역사적, 사회-정치적 근거와 영향력을 지속적으로 미치고 있다는 것은 자명한 사실이다.

중앙아시아 이슬람은 그러나 중동아랍의 사우디아라비아나 이란의 이슬람 특성과는 상당히 거리가 있다. 독립 이후에 타지키스탄의 내전을 둘러싸고 이슬람 원리주의가 새로운 현상으로 이 지역에 출현했다. 중앙아시아 정치 지도자들은 원리주의 이슬람이 이 지역에 발흥하자 매우 경계하고 긴장하고 있다. 철저한 소비에트 통치 시절에는 볼 수 없었던 현상이다.

전 세계적으로 1800년대 말과 1900년대 초에 무슬림 공동체에는 이슬람 개혁파들이 출현했었다. 지금의 중앙아시아 지역에서 그 당시 무슬림의 민족주의의 대표적인 활

35) 2005년 5월 13일 우즈베키스탄의 동쪽 끝에 위치한 인구 35만 명의 도시 안디잔과 국경지역에서 정부군이 민간인을 학살한 사건이다.

동 지역은 부하라와 사마르칸트였다. 그러나 1920년 부하라 공국이 소비에트 정부에 의해 전복되면서 이 지역의 무슬림 개혁 운동은 실패로 돌아갔다. 소비에트 시대에 이슬람은 박해받았고 그 기반도 대부분 파괴되었다. 2차 세계대전 중에 중앙아시아에 이슬람 종교 단체가 재형성되었고 종교 활동이 일부 허용되었으나, 이는 전쟁을 승리로 이끌기 위한 임시방편적 성격이었다. 소비에트의 무신론 선전과 세속화 정책에 밀린 것이다.

그 결과 1980년대 중앙아시아 이슬람은 대부분의 중앙아시아 민족에게 하나의 역동성을 가진 종교라기보다는 문화적, 윤리적 정체성의 상징 정도로 여겨졌다. 특별히 정치 · 경제 엘리트들은 이슬람에 큰 관심을 보여주지 못했다. 그러나 포스트 소비에트 시대에 중앙아시아 민족의 독립과 더불어 새롭게 출현한 원리주의는 이슬람 부흥운동의 한 단면을 보여주었다. 그러나 정치 지도자들은 이슬람을 국가의 최우선적인 기본 원리로 채택하고 있는 것은 아니다. 차라리 그들은 이슬람이 생활 종교요, 문화적인 기복 종교로 남아 있기를 의도적으로 장려하고 지원하고 있는지도 모른다.

공식 이슬람(Official islam)과 민속 이슬람(Folk islam)의 병행이라는 이원적인 체제는 소비에트 통치가 낳은 하나의 부산물이라고 할 수 있다. 소비에트 정부는 이슬람을 공식적인 채널을 통해서 국가의 통제를 받는 종교로 남아

있기를 원하지만, 일반 민중들은 샤머니즘적인 요소를 비롯하여 민속(Folk) 이슬람을 신봉하고 있다. 현재 중앙아시아 지도자들은 자국의 국민들이 근본주의 이슬람보다는 보다 온건한 신앙 체계를 가지고 국가에 순종적인 이슬람 신자들이 되어주기를 원하고 있는 것이다.

그래서 소비에트연방 해체 이후에 각 나라마다 크고 작은 규모의 이슬람 사원을 건축하고, 이슬람 신학교도 세워서 이슬람 교사들을 양성하고 있다. 이는 국가적 차원에서 후원하는 입장이다. 특히 1999년에 설립된 타시켄트 이슬람 대학은 정부 내각의 후원아래 운영되고 있는 대표적인 신학교이다. 이 학교의 근본적인 목표는 우즈베키스탄 민족주의에 합당한 지도자들을 양성하는 것이다. 그러므로 우즈베키스탄 정부는 우즈벡 민족 정체성에 합당한 교육 체계로서 이슬람 교육을 한정적으로 허락하고 있는 셈이다.

정부는 이슬람 신정 국가 건설 등 혁명적 이념을 퍼뜨리는 근본주의 내지는 원리주의자 세력에 대해서 매우 단호한 입장을 취하고 있음은 이미 앞에서 언급한 바 있다. 중앙아시아에서 이슬람을 바라보는 시각은 두 가지로 나타난다. 원리주의자들 측면에서는 이슬람을 현재의 정치 체제에 반대하기 위한 수단으로 활용하는 반면, 정치지도자들은 권위주의식 통치를 위해 이슬람의 민족주의를 활용하고 있는 것이다.

2. 중국과 동남아시아

이슬람은 더 이상 아랍의 종교가 아니다. 동남아시아에서는 인구의 40%가 무슬림이며, 불교나 기독교 인구를 훨씬 웃돈다. 중국에서의 무슬림도 현재 약 2천2백만 명으로 추산된다. 13억 5천의 인구에 비하면 적은 숫자이긴 하지만, 시리아 보다 더 많은 사람이 무슬림이다. 이들은 주로 중국의 북서지방과 연안지방의 무역상들이었고, 그리고 8세기 및 몽골제국 시대에 서부지방에 정착한 전사들의 후손들이 다수를 이룬다.

주로 닝샤, 간쑤, 하남, 신장, 칭하이, 운남, 하복, 산동, 랴오닝, 내몽골, 텐진, 헤이룽장, 사천, 안휘, 장쑤, 지린, 산시에 분포하고 있는데, [그림30]에서 보는 바와 같이 이들 지역은 실크로드와 중첩된다. 다시 말하면, 중국의 이슬람은 실크로드를 통해 교역을 하면서 자리 잡았음을 보여주는 것이고, 이슬람이 등장하기 훨씬 이전부터 중국과 이슬람의 발생지인 중동과는 접촉이 있었음을 말해 준다. 『구당서』「서역전」에 나오는 대식(大食)인 즉 아랍인들이 영휘 2년(651) 당의 수도 장안에 왔다는 기록에 의하면 이슬람은 영휘 2년(651)에 중국에 최초로 도래했다고 할 수 있다.

중국의 이슬람은 회교(回教), 회회교(回回教), 청진교(淸眞教), 대식교(大食教), 천방교(天方教), 천당교(天堂教), 목교(穆教), 이슬람교(伊斯蘭教) 등으로 부르고, 그 신봉자들을 무슬림(穆斯林)이라고 부른다. 신장 지역의 무슬림들은 위구르족을 중심으로 키르기즈족, 타지크족, 우즈베크족, 타타르족, 카자흐족, 키르기즈족, 살라족, 동향족, 보안족등 약 1천만 명이 있고, 나머지 지역의 무슬림들은 거의 회족을 중심으로 1천만 명에 달한다. 중국 무슬림들의 증가율은 엄청나다.

그림 29. 중국의 이슬람 분포지도. 검은 색 표시의 성(省)에 비교적 많은 회교도들이 살고 있다.

2000년에 상하이에서 집계된 무슬림의 수가 6만 명가량이었지만, 2008년에는 16만 명으로 증가했다. 그 중 대부분은 유동 무슬림들이다. 그것은 경제적 이유로 유입된 무슬림이 많다는 증거다. 물론 자연 증가도 많지만, 그들이 중국의 인구 억제정책으로부터 자유로운 소수민족이라는 사실도 하나의 원인이 될 수 있다. 그들의 문화는 중국 전통문화와 다양한 방식으로 혼합되었다. 이슬람이 중국에 전파된 시기도 민족에 따라, 혹은 지역에 따라 각기 다르다. 혼합 과정에서 마찰이 적지 않았을 것이지만, 이슬람 문화가 외래 이민족의 유입과 더불어 직접적으로 전래된 경우에는 상대적으로 마찰이 크지 않았다.

또한 중국이 현재의 신장위구르 자치구에 해당하는 동투르키스탄을 흡수한 덕에 중국의 무슬림 세력은 더욱 늘어났다. 원대에는 이들 무슬림들이 비교적 높은 사회적 지위를 누렸고, 그들의 신앙생활이나 관습을 숨길 필요가 없었다. 따라서 이슬람 전도 활동도 공개적이었다. 그들은 중국 백성의 일원이 되어 높은 지위를 얻었지만, 중국 한족들의 입장에서 볼 때 그들은 정복자들이었고 특권층이었다. 이것이 중국인들의 무슬림에 대한 반감과 적대감을 증폭시키는 계기가 되었을 것이다.

1342년 중국을 방문한 이븐 바투타(Ibn Battuta)는 중국 도시의 무슬림 거주 지역과 중국인 거주 지역 사이에 끊임없이 불협화음이 발생했다고 말했다.(Israeli 21) 이때부터 형성된 무슬림에 대한 반감은 무슬림 사회에 대한 중국 한족의 총체적 오해와 비난으로 이어졌다.(Wakeman 56) 한

번 훼손된 민족적 자존심은 대중적 적대감과 반발심으로 고착된 것이다. 그리고 그 편견과 적대감은 원나라 이후 이슬람과의 접촉이 잦아지면서 더욱 왜곡되었다. 중국인은 무슬림을 야만적이고 무정하고 공격적이고 욕심 많고 자신의 목적을 달성하기 위해 무서운 범죄도 행할 수 있는 사람으로 간주하였다.(Broomhall 244)

이민족에 대해 배타적인 분위기가 강했던 명대(明代: 1368-1644)부터는 더 이상 이슬람에 대한 우호적인 태도를 찾아보기 어려웠다. 그럼에도 불구하고 무슬림들은 그들의 생존을 위해 채택한 중국적 관습이나 행동을 통해 새로운 방식으로 중국인들에게 이슬람을 전했다. 그리고 이때부터 중국의 무슬림은 아랍 무슬림 세계로부터 떨어져 완전히 '중국 특유의 이슬람' 이라는 면모를 만들어 나가기 시작했다. 그들은 무슬림으로서의 신앙과 율법을 유지하면서도 중국 문화의 주류와는 매우 다른 종교생활을 이어갔다. 많은 소수민족은 점차 주류 중국문화에 흡수되어 왔지만, 무슬림의 문화적 이질성은 중국문화의 다양성을 형성하는 중요한 요인이 되었다.

청대(淸代: 1636-1912)에 이르러서는 노골적인 탄압으로 무슬림들이 박해를 받기도 했다. 결국 무슬림은 중국종교나 문화의 흐름에 주류가 될 수 없었다. 중국인들의 가치체계와 생활방식의 기본은 유교였기 때문이다. 유교적 관념에서 이슬람은 낯 설은 이방 종교에 지나지 않았다. 황제의 상 앞에서 절을 하지 않는다거나, 돼지고기를 먹지 않는다거나, 술을 마시지 않는다거나, 모스크에 신앙의 대상물을 두지 않는 등의 이슬람 신앙생활의 태도는 유교를 신봉하는 사람들로부터 항상 조소거리나 비판의 대상이 되기 일쑤였다. 무슬림들도 이런 주위의 환경을 의식하여 이슬람의 기본원칙에 크게 벗어나지 않는 한 주변의 환경에 맞추어서 행동하였고, 공동체를 벗어날 때는 주변 사람들이 그들을 의식하지 못하도록 조심하였다. 그래서 중국의 무슬림들은 모스크 외에서 무슬림 특유의 모자를 쓰지 않았고, 모스크의 첨탑을 너무 높이지 않았으며, 모스크의 모양도 중국의 다른 종교의 사원과 특별히 구분되지 않게 만들었다.(Broomhall 237)

1911년 중화민국 정부가 들어서자 그들은 헌법을 통해 중국은 다음의 5가지 색깔로 상징되는 5개의 민족으로 구성된 사회라고 규정했다. 한족은 적색으로, 만주족은 황색으로, 몽골족은 청색으로, 무슬림은 백색으로, 그리고 티벳족은 흑색으로 각각 상징화한 것이다.(송경근 176)) 그리고 모든 중화민국 국민은 종교의 자유, 권리와 의무에 있어서 동등하다고 규정했다. 이에 따라서 무슬림들은 자유롭게 종교 생활을 영위할 수 있을 듯하였다. 그러나 내란은 헌법을 유명무실하게 되었고, 모든 것은 그 지역을 지배하는 군벌에 의하여 결정 되었다. 1933년에는 신장 위구르 지역의 동투르키스탄에는 카쉬가르를 수도로 하는 이슬람공화국의 수립이 선포되기도 했다. 그러나 이런 시도는 무참히 무산되었으며 많은 무슬림들이 희생되기만 했다.

1949년 이후에는 종교를 멀리하는 공산주의 속성 때문에 무슬림들의 활동은 완전 자유롭지는 못했다. 1960년대 중국에서 문화혁명이 일어나자 많은 무슬림들의 종교 활동은 더욱 억압받았고, 모스크는 폐쇄되거나, 용도가 변경되었다. 마오쩌뚱이 죽은 후에야 중국 정부는 그들의 종교의식을 자유로이 수행할 수 있도록 했고, 모스크를 예배를 위해 열 수 있게 하였다.

중국에서 무슬림들이 살아가는 방식은 1) 외관의 중국화, 2) 이질적인 요소와 문화적 충돌을 극소화, 그리고 3) 불필요한 외적 자극을 유발하지 않으면서 '내면의 다름'을 그 시대 상황과 상호 유기적으로 적절히 조화시키는 것이었다. 그들은 종교적 우월감에 대한 내적 확신으로 인해 한족이라는 또 다른 문화적 우월 집단 속에서도 자신들의 정체성을 지킬 수 있었다. 다시 말해, 그들은 술과 돼지고기와 같은 음식의 금기, 겉으로 불교사원의 건축양식을 띤 독자적인 모스크에서의 예배와 기도, 이슬람력인 히즈라의 사용, 이슬람 율법에 충실한 일상생활이라는 종교적 정체성의 중요한 요소들을 나름대로 보존해 갔다.(이희수 1997: 103)

베이징을 예로 들면, 역사유적지를 제외하고 현재 종교 활동이 실제로 진행되고 있는 곳으로는 불교사찰이 열 곳,

기독교 교회가 여덟 곳, 천주교 성당이 열일곱 곳, 도관이 세 곳이며, 나머지 압도적으로 많은 곳이 이슬람 사원으로 예순여덟 곳에 이른다.[36] 물론 이것만으로 중국의 종교분포를 설명할 수는 없지만, 중국내 이슬람의 현황을 짐작할 수는 있다. 마찬가지로, 역사적 개괄만으로는 그들이 오늘날 실제로 경험하고 있는 현실을 충분히 설명할 수가 없다. 정치적, 문화적, 인종적 변수에 따라 그들의 모습은 다양하게 나타나기 때문이다.

그런 뜻에서 중국의 북서쪽 끝에 위치하고 있는 신장(新疆; Xinjiang)지역에 대해 좀 더 자세히 언급하지 않을 수 없다. 신장은 1884년 11월 18일에 공식적으로 중국(청나라) 영토로 편입되었고, 8개의 중앙아시아 지역 국가들(몽골, 러시아, 카작스탄, 키르기스스탄, 타지키스탄, 아프가니스탄, 파키스탄, 인도)과 국경을 맞대고 있어 실제 중국 한족 문화로 편입되기가 쉽지 않다. 이 지역은 중국의 문화 중심지보다 투르크계와 이란계 제국이나 인도 북부지역에 더 인접해 있다. 카슈가르(Kashgar) 지역은 중국의 하미보다 타지키스탄이나 키르기스탄에서 물리적으로나 심리적 거리가 훨씬 가깝다.

이곳은 문화적, 역사적, 인종적으로도 베이징을 중심으로 한 한족 문화와는 아무런 연관성이 없을 뿐만 아니라,

36) 이는 2013년 1월 북경의 우가예배사(牛街禮拜寺; Niujie Mosque) 사무국에서 내가 직접 확인한 내용이다.

경제적으로도 중국에서 가장 낙후된 지역이다. 이런 신장이 자치화를 이룬 시기는 1912년 중국 혁명 이후부터 1949년 중국 공산당 정권이 등장하기 직전까지였다. 하지만 그들은 중국과 구소련의 위협으로부터 벗어나기 위한 무슬림들의 단결과 단합에 실패했다. 실제로 위구르 민족주의자들은 중국이 자신들을 식민지화하고 있다고 간주한다.

그런 조짐은 여러 곳에서 나타나지만, 중국 정부는 1949년부터 추진하고 있는 대규모 한족 이주 정책을 통해 신장 지역의 문화와 언어, 그리고 전통을 훼손시키고 있다. 중국 공산당에 의해 합병된 이후 신장의 중국 한족 비율은 1949년에 6%에 지나지 않던 것이 1976년에는 41.5에 달했다. 1980년대 중국은 등소평의 개방과 개혁 정책으로 변화를 겪으면서 신장 지역에 더 많은 자치권을 부여했다고 하지만, 최근에 이주한 중국인들은 위구르인들보다 훨씬 많은 경제적 혜택을 받았고, 위구르인들의 중국인들에 대한 불만은 더욱 고조되었다. 중국은 그들의 독자적인 이슬람 문화를 분리주의 또는 테러리즘으로 간주하여 이를 또 다시 탄압의 명분으로 삼고 있다.(황병하 118)

일부 중국인 학자들은 신장에서의 이슬람 역사는 1949년에 공식적으로 끝났다고 말하고 있다.(Fuller & Lipman 331) 그 결과 1949년 이후 50여 년 동안 위구르의 이슬람에 대한 언급은 사라지고 오직 위구르의 관습과 관행에 대한 언급만이 주류를 형성하고 있다. 신장위구르 지역의 역사를 객관적으로 이해하기 위해서는 중국 중심의 통사보다는 중앙아시아와 신장의 교류역사와 실크로드 문명교류사를 좀 더 객관적인 시각으로 살펴 볼 필요가 있다.

그렇다면 동남아 지역은 어떤가? 오늘날 대부분의 동남아 국가들은 기존의 문화권과 관계없이 서구 열강의 식민통치에 의해서 영토가 획정(劃定)되었다고 할 수 있다. 제2차 세계대전 이후 과거 식민통치 시대에 구분되었던 영향권에 따라 국경이 설정된 것이다. 특수한 자연환경과 토양의 성격, 그리고 고온다습한 기후 조건을 가진 동남아에는 일찍부터 자연숭배의 토착종교가 있었다. 이를 바탕으로 필리핀에서 말레이와 인도네시아 군도에까지 넓게 분포되어 있던 말레이(Malay) 종족은 느슨하지만 광범위한 하나의 문화권을 형성했다. 계절풍을 이용한 뱃길 무역이 이들에 의해 시작되었고, 말라카(Malacca) 해협을 중심으로 인도와 중국을 잇는 뱃길이 열리면서 그들의 문화는 서서히 형태를 드러내기 시작했다.

이곳에 가장 먼저 유입된 것은 인도문화였다. 기원전부터 만개되었던 인도문화의 정수(精髓)는 힌두·불교였다. 뿐만 아니라 힌두교 경전인 베다(Veda) 경을 만든 인도사회의 최상층 계급이었던 브라마(Brahma)들이 사용했던 문자는 그때까지 체계화를 이루지 못하고 있던 토착신앙을 쉽게 석권할 수 있는 강력한 문화적 도구였다. 말라카 해협을 중심으로 이렇게 발달하기 시작한 동남아 문화권은 무역항로를 따라 11세기에 이르러 본격적으로 이슬람을 받아들이기 시작했고, 말라카 왕국(1405-1511)에 이르러 광범위하게 그 영역을 확대하기 시작하였다.

당시 그들은 힌두·불교의 다소 거추장스러운 종교의식에 염증을 느끼고 있었던 터에 이슬람 상인들은 새로운 문명의 이기와 더 많은 부(富)마저 가져다주었던 것이다. 동남아 해안에 산재한 군도의 군주들은 그것을 거부할 이유가 없었다. 따라서 이슬람은 힌두·불교, 그리고 토착신앙과

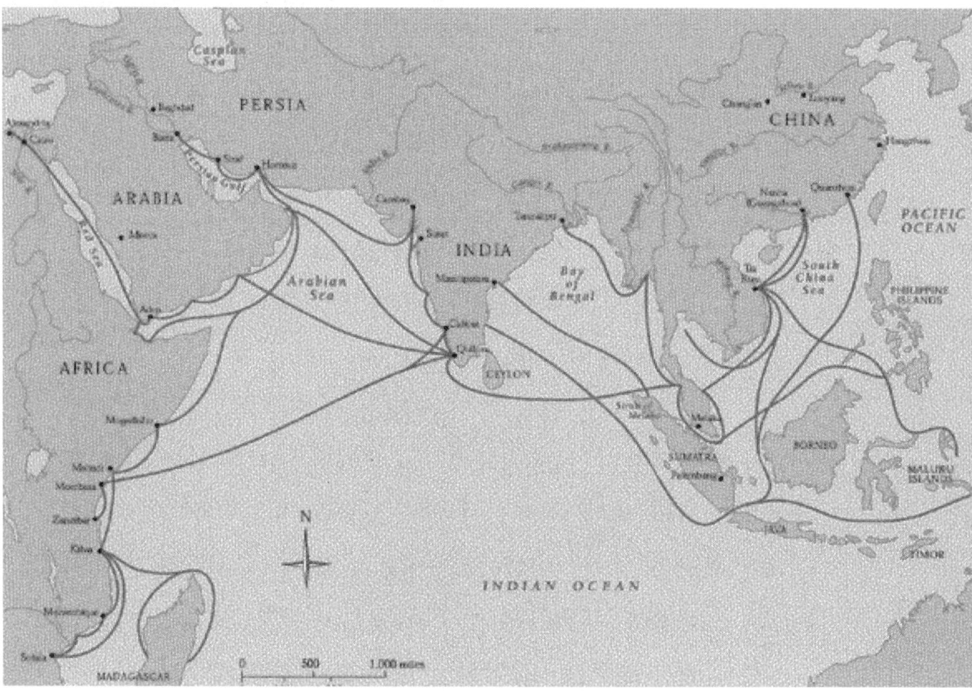

그림 30. 500-1000년경 인도양 무역로

도 별 충돌 없이 자연스럽게 정착을 하게 된 것이다. 오히려 그들의 정착과정은 상호 보완적이고 절충의 형태였다고 할 수 있다.

말레이족에 의해 전파되고 말라카 해협을 중심으로 한 인도문화는 차츰 대륙과 해양 문화권으로 크게 양분화 되기 시작했다. 오늘날 미얀마와 태국 · 베트남 · 라오스 · 캄보디아 등 5개국으로 이루어진 대륙부 동남아에서는 중국문화의 우세가 나타나기 시작했고, 인도네시아와 말레이시아 및 필리핀 군도가 포함되는 해양부에서는 인도문화의 영향이 상대적으로 더 오래 지속되었다.

이러한 두 문화권의 틈새를 이슬람은 대체로 평화적인 방법으로 파고들면서 점차로 큰 물 줄기를 만들어 내었다. 말라카 해협을 사이에 두고 수마트라와 말레이 반도가 동남아 이슬람의 진원지 역할을 하였으며, 이 여파는 오래지 않아 칼리만딴 · 술라웨시를 거쳐 민다나오와 비사야스 군도, 그리고 루손에 이르는 장대한 동남아 이슬람문화의 벨트를 창출하였다.

한편 16세기에 들어서면서 대항해시대의 물결이 동남아에도 밀어닥치자 종교지도는 또 미묘하게 바뀌었다. 새로운 외래종교인 기독교도 동남아에 전파되기 시작한 것이다. 포르투갈인이나 스페인인이나 정도의 차이는 있어도 기독교로의 개종을 중요시하였고, 이후 네덜란드인들도 정복지에 프로테스탄트를 확고히 정착시켰다. 이 때문에 도서부 동남아시아의 종교지도는 더더욱 복잡하게 바뀌었다. 100여 년간의 향료전쟁 이후 승자는 네덜란드였지만, 현지화 된 포르투갈인은 여전히 남아있었고, 동티모르도 포르투갈령으로 남아있었다. 때문에 말라카, 동티모르 일대는 그리고 스페인령인 북 필리핀은 가톨릭을 유지했고, 네덜란드의 향료무역 주요거점인 말루쿠 제도 일대는 프로테스탄트의 비율이 높아졌다.

사실 동남아의 이슬람을 논하는 일은 그리 간단치 않다. 지금까지 주류의 서구 학자들이 견지해 온 입장은 아랍을 이슬람 세계의 중심으로 간주하고, 동남아와 같은 비아랍 지역을 이슬람 세계의 주변으로 간주하는 이분법적 인식을 견지해왔기 때문이다.(Baiunid xiv-xv) 이러한 중심-주변의 인식 틀에서 동남아는 아랍에서 출현한 이슬람적 지식, 규범, 의례, 제도를 직접 또는 간접적으로 단순히 받아들이고 모방하는 수동적 존재였다. 또한 동남아 이슬람은 문화의 표층에 지나지 않고, 민속전통신앙과 관습에 접목된 혼합주의적 성격을 갖는 것으로 해석되었다. 다시 말해, 동남아 이슬람은 주체성과 창의성을 결여하고 있어 '진정한' 이슬람으로 보기가 어렵다는 것이다.

이런 태도는 단지 서구학자들만의 편견과 오류는 아니다. 우리도 이슬람을 아랍종교와 동일시하는 경향이 강하며, 한국에서의 이슬람 연구는 특히 중동지역에 대한 연구에 초점이 맞추어져 왔다. 한국 사회에서도 동남아 이슬람은 주변적 이슬람이라는 이미지를 벗어나지 못하고 있는 것이다.

인도네시아가 세계에서 무슬림 인구가 가장 많은 국가라는 사실을 강조하는 것만으로는 동남아 이슬람에 대한 이러한 이미지를 극복하는데 크게 도움이 되지 못할 것이다. 보다 중요한 것은 동남아 사회의 역동적 변화에 이슬람이 어떤 역할을 수행하고 비전을 제공하고 있으며, 이슬람 세계의 글로벌한 연결망 속에서 동남아 이슬람이 차지하는 위상이 어떠한지를 살필 필요가 있다. 특히 20세기 초 이후 동남아 세계는 이슬람 근대주의와 개혁운동의 관계 속에서 파악되지 않을 수 없기 때문이다. 그들이 지향한 개혁의 방향은 서구의 과학과 기술을 적극적으로 수용하고, 힌두교

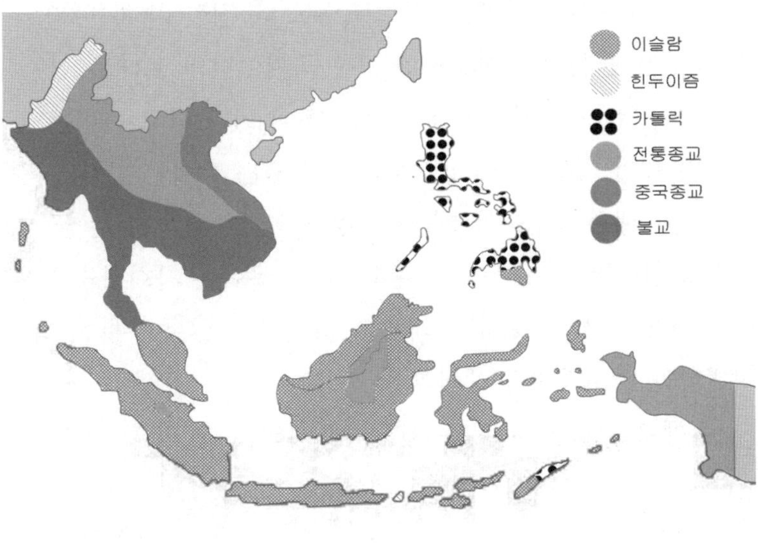

그림 31. 동남아의 종교 분포도

를 중심으로 한 혼합주의를 타파하고, 수피즘과 근본주의가 지배하는 이슬람 전통과의 단절이었다.

말레이시아에서는 1980년대 이후 마하띠르 총리가 소위 "Vision 2020"이라고 하는 정부 주도의 이슬람화 정책을 추진하였다. 그것은 말레이시아를 2020년대까지 선진산업국가의 대열에 올려놓겠다는 국가발전전략이었다. 또한 국내의 무슬림과 이슬람 세계를 향해서는 말레이시아를 가장 현대적인 무슬림 국가의 전범으로 만들겠다는 것이었다. 그 내용은 말레이 전통문화와 단절하고, 근면, 혁신, 규율, 신용을 이슬람의 핵심적인 가치로 규정하는 것이었다.(오명석 546-547)

인도네시아에서는 초대 대통령 수카르노(Sukarno, 집권 1945-1967)와 2대 대통령 수하르토(Suharto, 집권 1968-1988)의 정부가 빤짜실라(Pancasila)[37)]를 국가이념의 토대로 삼았다. 빤짜실라는 번영의 신 위스누(Wisnu)가 타고 다니던 전설의 새인 가루다(Garuda)의 가슴에 있는 방패인데, 별은 유일신에 대한 믿음, 쇠사슬은 공정한 인본주의, 나무는 국가통일(민족주의), 소는 민주주의, 쌀과 목화는 사회정의를 의미한다. 그것은 종교적 색채를 강조하지 않는 '세속적' 현대화와 발전정책인 셈이다.

실제로 그들은 서구적 현대성에 대해 보다 적극적이고

---

37) 산스크리트어로 빤짜(Panca)는 다섯이란 뜻이고, 실라(Sila)는 이념이란 뜻이다. 가루다의 다리에는 "다양성 속의 통일"(Unity in Diversity)을 의미하는 *Bhinneka Tunggal Ika*라는 모토가 있다.

전면적인 수용을 강조하고, 종교적 가르침을 절대적으로 적용하기 보다는 상대적 해석이 필요하다고 하였다. 예를 들어, 『쿠란』에 담긴 신의 계시는 7세기 아랍의 사회문화적 상황을 반영한 것일 뿐, 그와는 다른 현대적 조건에서 그것을 문자 그대로 적용할 수는 없다는 것이다. 다시 말해 이슬람의 보편적 원리에 근거하여 상황에 맞게 재구성해야 한다는 이슬람의 '맥락화'를 강조한 것이다.

그것은 자유주의적 개인주의, 다원주의(pluralism), 그리고 관용이 이슬람 경전의 원래의 정신과 부합하는 가치라고 보았다. 따라서 타 종교와의 대화를 강조했고, 다종족-

그림 32. 번영의 신 위스누(Wisnu)가 타고 다니던 전설의 새 가루다(Garuda)의 가슴에 새겨진 '빤짜실라'

다종교로 구성된 현대 시민사회에서 이슬람과 민주주의의 공존을 통해 '시민적 이슬람(civil Islam)'을 모색해야 한다고 주장하였다.(Hefner 118-119)

하지만 근본주의자들이 이러한 서구적 현대성에 대해 동의할 리가 없다. 이들에게 현대성이란 곧 서구적인 것이며, 그것은 본질적으로 이슬람에 대립된다. 이들은 서구의 과학기술, 자본주의 체계, 개인주의에 대해 깊은 회의를 보인다. 그것은 세속주의, 물질주의, 탐욕과 분리될 수 없기 때문에 이슬람과 양립할 수 없는 것이다. "원래의 이슬람으로 돌아가자!"고 주장하던 근본주의가 동남아에서 처음에는 그리 크게 발휘되지 못했던 셈이다. 오히려 근대주의가 이슬람 개혁운동의 중심적인 세력으로 자리를 잡았던 1970-80년대 이후 말레이시아와 인도네시아에서 전개된 이슬람 부흥운동의 중요한 이념적 축으로 부활하였다.

이들 집단의 구성원과 지지 세력 중에는 근대화 과정의 수혜자라고 할 수 있는 무슬림 중산층과 지식인의 비중이 높다는 사실도 눈 여겨 봐야한다. 그것은 정치적 이슬람에 대한 정부의 억압, 종족갈등, 정부의 부패, 경제적 불평등의 심화와 같은 국내적 요인과 밀접한 연관이 있다. 뿐만 아니라, 이란 혁명, 석유파동, 이스라엘-팔레스타인 분쟁과 같은 중동 지역의 시대적 상황을 배경으로 한 주변국가의 변화에서도 크게 영향을 입었을 것이다.

따라서 사우디아라비아의 와하비즘, 이집트의 무슬림형

제단, 파키스탄의 자마티 이슬라미 등의 이념이 이슬람 부흥운동을 촉진하는 계기가 되었다.[38] 이들 이념은 모두 초기 이슬람 사회를 모델로 한 이슬람 국가의 수립을 추구하는 살라피(Salafi)운동[39]으로 시민적 이슬람과 대립각을 세우면서 글로벌 이슬람의 중요한 축을 형성하였다. 1970~80년대의 동남아 이슬람 부흥운동도 이러한 거대한 흐름 속에 참여한 것이다.(오명석 208)

38) 각종 이념에 대해서는 9장에서 자세히 논한다.

39) 살라피란 어의적으로는 아랍어로 '선배'를 의미한다. '최선의 세대는 우리의 세대, 차선은 그것에 이은 세대, 다음은 그 다음의 세대'라는 예언자 무함마드의 말에 의해 이슬람학의 전통 중에는 통상 예언자의 직속 제자부터 제3세대까지 즉, 4대 법학조의 세대까지를 가리킨다. 살라피주의란 외래사상의 영향을 폐하고 이 이슬람의 초기 3세대의 학적 자세에 의해 이슬람을 해석, 실천해야 한다는 것으로 그 이후의 이슬람학 전개의 전통을 부정하는 순니파 복고정통주의를 가리킨다.

제 9 장

길을 잃다

1. 근대라는 이름
2. 추락의 시작

1. 근대라는 이름

바깥세상은 한 시대의 피날레를 화려하게 장식하고 있었다. 잉글랜드와 스코틀랜드가 합쳐져서 영국이 되었고(1707), 제임스 와트는 증기 엔진을 발명(1769)했고, 미국이 탄생(1789)했으며, 프랑스 혁명가들이 인권선언(1789)을 했다. 그리고 모차르트는 장엄한 「레퀴엠」(1791)으로 18세기의 막을 내리고 있었다.

그러는 사이 나폴레옹의 이집트 원정 이후 동양과 서양은 먹잇감과 포획자의 관계를 형성했다. 물론 서양의 입장에서야 이미 먹잇감은 정해진 상태이니 누가 진정한 포획자인지가 중요했을 것이다. 그래서 그들의 역사에서는 이집트 땅의 주인공인 이집트인들은 사라지고, 대신 엉뚱하게도 침략자들인 나폴레옹과 넬슨이 주인공으로 등장했다. 그들끼리 벌인 싸움의 내용이 세계사의 주요 흐름이었던 것이다.

그렇다면 프랑스와 영국이 이집트 땅을 중심으로 치고받고 싸움을 벌이는 동안 도대체 이슬람 세계의 한 축을 형성했던 우리의 주인공 이집트인들은 어디에 있었을까? 이집트는 그때까지만 해도 명목상으로는 여전히 오스만 제국의 속국이었다. 명목상이라는 말은 실제 주인이 없는 무주공산이나 마찬가지였다는 말이다. 나폴레옹이 이집트의 본토를 침입했을 때 하루도 걸리지 않아 맘루크 군대를 괴멸시키고 말았으니 아예 이집트의 입장에서는 역사를 쓸 것도 없었을 것이다. 그리고 곧 이어 유럽인들끼리의 치열한 전투가 시작되었다. 영국이 나일 강에서 나폴레옹의 함대를 대부분 침몰시키고 투르크족을 설득해 이집트를 공격하게 하자, 이에 대한 대응으로 나폴레옹은 시리아를 급습하고 돌아왔다.

1년 후 나폴레옹이 프랑스로 돌아가자 이집트는 그야말로 난장판이 되었다. 한 오스만 장교가 스스로를 이집트 총리라며 나타난 것은 이 때였다. 무함마드 알리(Muhammad Ali: 1769-1849), 70년대 세계를 주름잡던 미국의 권투선수와 같은 이름을 가진 이 사나이는 말이 총독이지 실제로 그는 독립적인 권력이었다.

일자무식이었던 그는 1811년 전통적인 이집트 지배계층이었던 맘루크들을 대량 학살함으로써 이집트의 통치권을 확실하게 장악했다. 그리고 군대와 정부를 유럽식으로 근대화시켰고, 유럽 세력과 오스만터키 사이에서 솜씨 좋게 외교적 계략들을 벌여 수많은 군사 작전을 성공적으로 수행해냈다. 북아프리카 지역에서도 오스만터키의 영향력을 약화시키고 자신의 이집트 통치권을 세습제로 만들어버렸다.

욕심이 과했다. 이집트 왕권을 세습제로 정착시킨 후 케디브(Khedive)라 불린 알리의 후예들은 갑작스런 개발을 무리하게 추진하다 파산해버리고 말았다. 영국에게 철로 건설권을, 프랑스에게는 수에즈 운하 건설권을 넘기더니, 곧 이어 영국인들에게 이집트 국영은행의 소유권을 넘겼다. 1860년경에는 엄청난 빚을 내어 목화산업을 시작했지만, 미국의 남북전쟁이 끝나자 목화 값이 떨어져 결국 스스로 붕괴되고 말았다.

그것은 아랍세계가 통째로 몰락의 길을 걷게 되는 신호탄이었다. 800만 프랑이나 되는 곡물을 프랑스에 팔고도 돈을 받지 못한 알제리의 오스만 총독도 프랑스 대사를 호출하여 파리채로 얼굴을 때리고 말았다. 황당한 일을 당한 프랑스는 사과를 요구했지만, 돈을 떼인 알제리 입장에서는 사과를 할 리가 없었다. 1830년 프랑스의 보복 침공을 받은 알제리는 결국 나라를 통째로 빼앗기고 말았다. 1963년 독립할 때까지 무려 132년간 식민지 노릇을 한 것이다.[40)]

이집트도 이름만 남았지 영국의 밥이 된지 오래였다. 원래 이집트 북쪽 지중해 연안 지역은 아라비아 반도 전체와 오늘날 이라크 지역 대부분이 오스만 제국 영토였지만, 그곳마저 유럽인들에게 뜯어 먹히고 있는 형편이었다. 19세기 내내 축소되어 오던 오스만 제국도 불안감이 커지기는 마찬가지였다. 살아있어도 산 게 아니었다. 서구의 사업가들은 정부의 지원을 받으며 남의 집 안방에서 활개를 치고

---

40) 우리가 아는 실존주의 철학자 카뮈(Albert Camus: 1913–1960)가 바로 이곳 출신이다.

다녔기 때문이다.

이렇게 하여 1850년을 전후해서 다르 알 이슬람(dār al-Islām)[41]이라고 불리던 이슬람 세계 전체가 유럽인의 손으로 넘어가게 되었다. 직접 통치가 아니라 할지라도 그들은 통치자를 결정했으며, 자원을 통제하는가 하면 정책결정을 비롯하여 백성들의 일상까지도 간섭을 했다. 무슬림들은 자기도 모르는 사이 유럽인들로부터 철저히 포위당하고 있었던 것이다. 그들을 포위한 것은 유럽세계 뿐만이 아니었다. 무슬림들의 일상을 결정하는 『샤리아』는 이미 단단히 굳어진 상태였고, 울리마도 융통성이 없기는 마찬가지였다. 수피교단은 널리 퍼져 제도화되었고, 이성에 기반한 자유롭고 독립적인 사고라 할 수 있는 이즈티하드(Iztihad)[42]도 할 수가 없게 되었다. 한 때 무슬림 학자들은 『쿠란』이 명시하지 않는 사안에 대해서는 허락했던 일이었다.

이제 이슬람 세계에서 더 이상 창의성이란 필요도 없고

---

41) 『샤리아』에 의하면 인간은 무슬림과 비무슬림으로 대별되고, 사람이 사는 세계는 '다르 알 이슬람(dār al-Islām; 이슬람의 집)'과 '다르 알 하르부(dār al-ḥarb; 전쟁의 집)'로 2분 된다. '다르 알 이슬람'이란 이미 무슬림의 지배하에 들어가 샤리아가 충분히 이루어지고 있는 세계이고, '다르 알 하르부'란 아직 비무슬림의 지배하에 있어 샤리아가 이루어지고 있지 않은 세계이다.

42) 이즈티하드에는 세 가지가 있다. 첫째, 독자적인 이즈티하드로, 모든 샤리아의 항목에서 법률적 판단을 도출해 낼 수 있는 능력을 충분히 갖고 있는 사람이 내놓는 것이다. 둘째는 울리마의 이즈티하드로, 그가 속한 법학파의 이맘이 결정한 파트와들 중에 나오지 않는 사례에 대하여 스스로 법적 판결을 내릴 수 있다. 셋째는 현자의 이즈티하드로, 어느 이맘의 말이 다른 이맘의 말보다 더 비중이 있는지 혹은 어느 쪽이 더 나은지를 아는 사람이 내놓는 것이다.

허락도 되지 않았다. 그저 규율에 따르는 것만으로 충분했다. 서구는 바로 이 점을 노렸다. 그들이 들고 온 것은 기독교 자체라기보다 세속적이며 인본주의적인 세계관, 혹은 '근대성'이라고 부르는 혼합물이었다. 무슬림들은 자신의 필요에 의해 유럽인들을 불러들였지만, 어느새 그들의 근대성은 자신을 정복하려는 공포스런 존재로 느껴지기 시작했다.

산업화는 이제 피할 수 없는 물결이었다. 그것은 그들의 일상이 좀 더 서구화되어야 한다는 광범한 의식의 변화를 종용했다. 세속적인 개혁이라는 발상이 싹트기 시작하면서 이슬람 세계에 더 큰 사회적, 심리적 분열이 올 것이라는 예고이기도 했다.

이란에서는 낫세르 (Naser ad Din Shah: 1848-1896) 시절에 아미르 카비르(Amir Kabir)라고도 불리는 미르자 타키 칸 아미르(Mirza Taqi Khan Amir) 재상이 있었다. 그는 교육의 개혁이야말로 근대화의 열쇠라고 믿었다. 그는 나라 전역에 세속 공립학교 망을 구축했다. 테헤란 바로 외곽에 다르 알 푸눈, 즉 '지혜의 집'을 설립해서 학생들에게 외국어와 과학, 기술, 서양문화사를 가르쳤다. 또한 학생들을 서방세계로 유학을 보냈다. 그러나 문제는 이들 학생들 대부분은 특권층이었다는 사실이다. 그러니 새로운 교육개혁은 오히려 사회적 분열을 심화시키기만 했다. 그들이 돌아와 다시 정부 관료직을 차지하게 되니 새로운 사회계층을 형성하고, 세속적인 가치관은 전통 이슬람 사상보다 더욱 힘을 받게 되었다.

이렇게 등이 떠밀린 이슬람 세계는 어떤 형태로든 개혁을 모색하지 않을 수 없었다. 도대체 문제가 어디서 출발했는지부터 따져야 했다. 그렇게 해서 모습을 드러내게 된 이슬람의 개혁운동은 대략 세 가지 형태다. 첫째는 원리주의 혹은 근본주의적 태도다. 달라져야 하는 것은 이슬람이 아니라 무슬림이라는 것이다. 그들은 스스로 타락했음을 인정하고 원래의 순수함을 지켜내기 위해서라도 서구의 영향을 차단해야 한다는 입장이다. 둘째, 세속적 근대주의이다. 무슬림들은 시대에 뒤떨어진 종교사상의 올가미에 갇혀 변해가는 시대에 발맞추지 못했다는 반성에 근거하고 있다. 따라서 이슬람을 재정비하여 서구를 따라 이슬람을 근대화해야 한다는 입장이다. 셋째, 일종의 혼합적 근대주의의 태도이다.(안사리 399)

안사리의 진단을 따라가 보자. 이슬람이 진정한 종교인 것은 틀림없는 사실이지만, 서구에서 배울 점이 있다는 것이다. 그것은 근대화라는 것이 반드시 서구화일 필요가 없다는 말이고, 자신의 신앙, 역사, 전통의 정수를 재발견하고, 한편으로는 과학과 기술 영역에서는 서구의 학문을 수용하겠다는 입장이다. 이런 개혁의 방향은 아라비아 반도의 압둘 와하브, 인도의 사이드 아마드, 그리고 자말 알딘 알 아프가니 등 세 사람에 의해 구현되었다. 이들의 개혁운동이 때로는 서로가 중복되는 경우도 있었지만, 그것은 오늘날의 이슬람 이해를 위해 반드시 짚고 넘어가야 할 부분이다.

첫째는 근본주의 혹은 원리주의이다. 그들은 현실이 타락했으므로 원래대로 돌아가야 한다는 입장이다. 사실 '이슬람 근본주의'(Islamic Fundamentalism) 혹은 '이슬람 원리주의'라는 용어는 이슬람 세계에서는 거의 쓰이지 않는다. 오히려 '이슬람 부흥운동'(Islamic Revivalism)이라고 하는 것이 더 익숙하다. 단지 서구의 가치체계에 대항해서 이슬람 정신에 입각한 새로운 질서를 창출하고자 하는 일련의 운동을 일컫는다. 물론 이슬람 근본주의자들 가운데는 서구세력에 대한 극단적인 폭력을 주장하는 급진주의자들이 있다. 그러나 본래 그들의 목표는 자국 내 정부의 반서구, 반 세속 개혁이라고 할 수 있다.

근대에 와서 이런 근본주의가 뿌리로 삼고 있는 것은 와하비즘이다. 이슬람 문명의 주요 성지를 돌아다니면서 18세기 이슬람 사회의 병폐를 직접 경험한 압둘 와하브(Muhammad ibn Abdul Wahab: 1703-1792)가 1745년 창시한 것이다. 와하비즘은 이슬람 전통주의(원리주의)인 살라피야(al-Salafiyya) 사상을 이어받은 보수주의 운동으로, "최선의 세대는 우리의 세대, 차선은 그것에 이은 세대, 다음은 그 다음의 세대"라는 예언자 무함마드의 말에 따른 것이다. 살라피는 통상 예언자의 직속 제자부터 제3세대까지 즉, 4대 법학조의 세대까지를 가리킨다. 살라피주의란 기독교 철학 등 후세의 외래사상의 영향을 폐하고 이 이슬람의 초기 3세대의 학적 자세에 의해 이슬람을 해석, 실천해야 한다는 것이다.

따라서 그 이후의 이슬람학 전개의 전통을 부정하는 수니파, 즉 복고정통주의를 말하는 것이다. 사상사적으로는 중세의 이븐 타이미야(Ibn Taimīyah: 1263-1328)까지 거슬러 올라간다. 강렬한 배타성이 특징이며, 시아파 이슬람과 타 종교는 물론, 같은 수니파라 할지라도 전통주의를 고집하며 자신들의 견해를 따르지 않으면 모두 제거돼야 할 배교도이며 태만한 자, 변절자, 위선자, 혁신자들일 뿐이다. 그들은 죽여야 할 사람들이었다.

와하브는 변혁적 이론이나 미신적 논리의 학문을 강력히 부정하고 배척하는 입장이었다. 따라서 아라비아 사회가 그에게는 이슬람 이전의 '무지의 시대'(자힐리아)와 같이 부패하고 타락한 사회로 비춰졌다. 그는 당시 이슬람 사회가 낙후한 원인은 무슬림들이 이슬람의 올바른 길에서 벗어났기 때문이라고 보았다. 이를 바로잡기 위해서는 무슬림들이 진정한 이슬람으로 돌아가 이슬람 원리를 실천하고, 이슬람의 근본 교리와 경전인 『쿠란』으로 돌아가야 한다는 것이다.

그러므로 인간과 신 사이에 중개자가 있다고 믿는 유일

신 부정설과 수피즘을 배격하고, 『쿠란』을 문자 그대로 해석해야 한다고 가르쳤다. 또 성물(聖物)·성도(聖徒) 숭배를 배격하고, 음주·도박·춤·흡연이나 화려한 치장 등을 비이슬람적이라며 철저히 금하였다.

당시 아라비아 반도에도 장엄하고 화려한 기념 구조물이나 종교적 건축물들이 있었다. 그러나 와하비즘이 들어와서 이슬람의 원형에서 벗어난 성인숭배나 참배의식 등을 모두 배척하고 건축물들도 모두 철거했으며, 종교생활에서와 마찬가지로 건축 양식에서도 단순미를 강조하는 것이 아라비아의 특징이 되었다. 오늘날에도 와하비즘 사원들은 기본 구조물 외에 특별한 첨탑이나 장식을 하지 않는 것은 그런 이유 때문이다.

와하브가 디리야(Diriyya) 지역의 아미르였던 사우디 가문의 이븐 사우드(Muhammad ibn Saud: ?-1765)를 만난 것은 1745년이었다. 두 사람은 뜻이 맞았다. 그들의 종교적 열정과 군사적 힘을 바탕으로 거룩한 성전을 실행해 가는 강력한 종교-정치 운동을 발전시켰다. 두 사람의 영향력은 결국 아라비아 반도 전체로 확산되었다. 그리고 1746년 사우드 왕조가 세워졌다. 그 뒤 이 운동은 정교일치(政敎一致)를 주장하는 사우디아라비아 왕국의 지배 이념이자 건국이념이 되어 사우디아라비아 왕국을 성립시키는 데 결정적 역할을 하였다.

그러나 이븐 사우드는 암살당하고, 1792년에는 와하브

마저 죽었다. 이븐 사우드의 아들 아지즈 이븐 사우드는 스스로를 와하브의 계승자라고 선포했다. 1802년에는 시아파의 중심지인 카르발라를 침략해 2천명을 죽였고, 1804년에는 메디나와 메카를 침략하여 도시를 초토화시켰다. 아무도 무함마드를 우상화하지 못하게 하기 위함이었다. 그리고 1815년에야 이집트의 무함마드 알리가 이븐 사우드를 처단함으로써 메카와 메디나를 다시 오스만의 세력 아래로 돌려놓았다.

와하비즘은 이슬람 부흥운동과 무슬림들의 각성에 시발점이 되었으면서도 다른 일반 무슬림 사회에서 받아들여지지 않고, 아라비아 반도라는 지역적 한계를 넘지 못하고 있었다. 그것은 그들의 지나친 보수적 경향과 제한되고 한정된 종교관, 그리고 과격행동주의 때문일 것이다. 특히 사우드 왕의 세습으로 1964년 왕위에 오른 파이잘(Faisal)이 와하브 교단에 많은 권한을 부여하고, 교단은 왕가의 통치를 지지하면서 와하비즘은 점차 극단적인 운동으로 변질되었다.

그런 탓이었을까? 오히려 와하비즘은 아랍 지역 보다는 인도, 중앙아시아, 아프리카 등지의 이슬람 국가에 영향을 주었으며, 그 과정에서 현지의 종교적 관행과 결합하여 와하브가 주장한 본래의 이슬람 복고주의 운동과는 달리 수피즘적 요소가 가미되었다. 이러한 경향은 이슬람권의 부패정권 청산과 중동·아프가니스탄·파키스탄 등지에서 서방

세계를 몰아내는 형태로 나타났다. 1979년 소련이 아프가니스탄을 침공했을 때 소련군에 대항해 무장투쟁을 전개한 게릴라 조직 무자헤딘(mujahidin)도 와하비즘 추종자들이고, 오사마 빈 라덴(Osama bin Laden)이 이끄는 국제 테러단체 알 카에다(Al-Queda)는 와하비즘 세력 가운데서도 가장 극단적인 단체이다.

둘째는 세속적 근대주의다. 그들은 노골적으로 서구가 옳다며 추종을 시도해왔다. 여기서는 인도 출신의 사이드 아마드(Sayyid Ahmad: 1817-1898) 이야기를 좀 해야 한다. 그는 무슬림 집안 출신이긴 하지만 할아버지가 동인도회사의 간부로 있었으니 일찌감치 근대의 세례를 받은 인물이라고 할 수 있다. 하지만 어머니는 독실한 무슬림이었다. 어머니 덕택에 이슬람 학교인 메드레세에서 공부를 하며 무슬림 공동체에 대한 진심어린 충성심을 익혔다. 동시에 영국 문화의 가치를 알고 있었으며 서구문명에 대한 동경과 부러움도 있었다. 요즘 말로 하자면, 그는 이중 문화권에서 자랐다고 할 수 있다. 출신 배경도 그랬지만 그는 사상가로서의 타고난 학문적 기질도 가지고 있었다.

1857년 인도의 세포이(Sepoy) 반란이 일어났을 때 그는 영국 편에 섰다. 세포이란 영국의 동인도회사(東印度會社)가 인도정복을 위해 고용한 인도인 용병들인데 그들에 대한 영국사관의 차별대우가 원인이었다. 이 반란은 삽시간에 북인도 전역으로 널리 퍼져나갔고, 동인도회사의 폭력적인 식민지 지배의 철폐에 초점이 맞추어지면서 하층농민·실업자·소상인들이 대거 참여했다. 그러나 강력한 리더십이 없었던 이 반란은 무자비한 영국군의 진압작전에 부딪쳐 1859년에 절멸되고 말았다. 결국 동인도회사는 해체되고 무굴제국이 멸망했으며, 인도는 영국의 직접지배를 받게 되었다. 그러나 이 반란이 인도민족의 독립운동에 출발점이 되었다는 점에서 그 의미가 대단히 크다. 사이드는 이 때 영국 편에 섰기 때문에 인도 입장에서 보면 민족 반역자였던 셈이다.

그러나 잠시 후 그는 『인도 폭동의 원인』*The Causes of the Indian Revolt*이라는 소책자를 써서 태도를 바꾼다. 인도인들의 불만과 전국적인 폭동을 야기한 영국 행정부의 약점과 실수들을 훌륭하고 과감하게 파헤쳤기 때문이다. 이 책은 영국인 관료들에게 널리 읽혔고, 영국 정책에 상당한 영향을 주었다. 그런가 하면 『인도의 충성스러운 무함마드의 사람들 이야기』*An Account of the Loyal Mohammedians of India*》 라는 책을 써서 인도의 무슬림들이야말로 영국 여왕의 가장 충성스러운 백성이라고 묘사하는가 하면, 영국인이 무슬림의 신앙을 금지하거나 방해한 적이 없으니 무슬림들도 영국인에게 적대적이어서는 안 된다고 했다.

참으로 그는 속을 알 수 없는 사람이었다. 덕분에 1874년 영국을 방문한 그는 졸지에 귀빈 대접을 받았다. 심지어 빅토리아 여왕에게서 훈장을 받고 자신의 이름을 아예 아마드 칸 경(卿)(Sir Sayyid Ahmad Khan)이라고 했다. 개화기 때 방황하며 고뇌했던 윤치호 같은 지식인들의 모습과 너무나 비슷하지 않은가?

실제로 그는 영국에서 깊은 인상을 받았다. "영국인에게 아첨하려는 것이 아니라 교육 정도와 예절, 강직함에서 영국인과 비교했을 때 인도인은 지위가 높건 낮건, 상인이건 사소한 점원이건, 교육을 받았건 문맹이건, 능력 있고 잘생긴 사람에 비교되는 더러운 동물 같다"(안살리 412) 고 했을 정도이다.

그는 고민했다. 인도인을 위해서 할 수 있는 일이 무엇일지. 그의 해답은 무슬림들의 이슬람 해석에 문제가 있으며, 그들은 마술적인 사고에 빠져 있거나 미신에 매달리면서 그것을 이슬람인줄 알고 있다는 것이다. 그의 주장은 이랬다. 종교는 예술이나 농업, 기술과 마찬가지로 자연스러운 수순에 따라 인류 공동체와 함께 진화하며 인류가 문명화될수록 정교해진다는 것이다. 이슬람의 절대주의에 대한 비판이었던 셈이다.

사이드의 생각을 좀 더 정리하면, 초기의 인류에게는 도덕적이고 윤리적인 주제를 지적으로 탐구할 능력이 없었기 때문에 이슬람 같은 계시종교가 필요했다. 그러나 무함마드가 스스로를 마지막 예언자라고 선포한 것은 자신이 앞으로 일어날 모든 일에 대한 최종 판결까지 했다는 뜻은 아니다. 오히려 이성에 기반을 둔 종교의 시대가 시작되었으므로 근본 원리를 바르게 사고함으로써 도덕적으로 완벽해질 수 있다는 것이다. 그것은 기독교나 다른 계시종교에서도 마찬가지며, 그런 뜻에서 이슬람도 합리적이어야 한다. 그래야만 인류는 미신에 대한 맹목적인 복종에서 자유로워질 수 있다.

무슬림들은 『쿠란』에 나온 계시의 의미를 잘못 해석한 것일 뿐이다. 결국 사이드는 신앙을 윤리 체계로 보아야 한다는 입장이었다. 다시 말하면, 무슬림은 특정 교리에 따라 특별한 옷을 입고 기도하는 사람이 아니다. 거짓말하거나 사기 치거나 도둑질 하거나 살인하지 않는 사람이 훌륭한 무슬림이다. 부지런히 자신의 능력을 개발하고 타인에게 공정하게 행동하는 사람, 사회 정의를 추구하고 공동체에서 책임 있게 행동하며, 최선을 다해 자비와 연민, 자선을 베푸는 사람이야말로 훌륭한 무슬림인 것이다.

사이드는 『쿠란』에 관한 현대적인 해설집을 쓰기도 하면서 이슬람 신앙과 당시의 과학적·진보적인 정치사상과 조화를 찾고자 했다. 그러나 넓은 의미로 볼 때 사이드 평생의 가장 중요한 관심사는 교육이었다. 그의 꿈은 '이슬람 케임브리지'를 설립하려는 것이었다. 1875년 5월 알리가르에 한 이슬람 학교를 설립했지만, 역시 보수주의자들의 반발이 만만치 않았다. 그러나 대학은 빠르게 발전했고, 그들은 세속 근대화 운동의 씨앗이 되었다.

이 학교는 1920년에 알리가르 무슬림 대학(Aligarh Muslim University)으로 이름이 바뀌어 오늘에 이르고 있다. 이러한 교육운동의 흐름은 20세기에 무슬림들이 인도에서 분리되어 그들만의 민족국가를 세우려는 운동으로 발전하여 결국 파키스탄이 탄생된 것이다. 사실 그의 이름을 내건 알리가르 운동은 널리 보급되지는 못했다. 그러나 이슬람 세계 다른 지역의 근대주의 지식인들의 입장도 비슷했다. 이란이나 오스만 제국의 중심에서도 유럽식 학교를 세우고 유럽식 행정기술을 도입했으며, 군대마저도 유럽의 경향에 맞춰 재조직하는 등 관리들의 의복도 유럽식으로 바뀐 것이 일련의 예라고 할 수 있다.

셋째는 혼합적 근대주의다. 기본적으로 이스람이 옳지만 부분적으로 서구도 옳다는 입장이다. 19세기 중반 이후의 이슬람 세계는 이미 산업 혁명을 이룩한 유럽 강대국의 압도적인 정치력 · 경제력 · 군사력 앞에 굴복하여 속수무책이었다. 무력대응을 전제로 한 급진적인 이슬람 원리주의로의 회귀는 밀려오는 서구의 제국주의에 맞설 수 있는 방책이 되지 못했다. 서구가 옳다며 아예 백기를 들고 순응하는 일은 더더욱 자존심이 허락지 않는 일이었다.

이 때 나타난 사람이 자말 알딘 알아프가니(Jamal al-Din al-Afghani: 1838-1897)이다. 아프간 태생이라고도 하고 이란 태생이라고도 하지만, 그는 일생동안 이슬람 제국들을 떠돌아다니며 유럽의 침략에 대항하기 위해서는 모든 무슬림들의 단결이 절대적이라고 했다. 범 이슬람주의의 사상이다. 또한 그는 무슬림이 몰락한 원인을 무엇보다 내적 타락이라고 지적했다. 이 위기를 이겨내려면 이성을 존중하고 과학기술을 중시하는 '진정한 이슬람'의 부흥과 입헌제 · 의회제의 도입에 의한 정치의 활성화를 주창하였다.

그는 명문가 출신으로 8세가 되던 해에 카불로 옮겨와 이슬람 전통 교육을 받았다. 아랍어를 비롯하여 이슬람 법학, 수피사상, 역사학 등을 배우고 예술과 군사학에도 관심을 보였다. 인도에서 유학을 할 때는 영국 식민주의의 현실을 경험하며 유럽 침략의 위험성과 이에 대항하기 위한 민족적 단합의 필요성을 절감한다. 인도항쟁이 터졌을 때 그는 동쪽의 무슬림들에 대한 영국인들의 무자비한 보복을 직접 목격했다. 그리고 반영(反英) 투쟁을 시작했다.

아프가니스탄을 거쳐 콘스탄티노플 대학에 자리를 잡았을 때, 그는 학생들에게 근대적인 학문을 전부 가르치고 동시에 이슬람의 가치관과 전통, 역사의 기초를 더 확실하게 가르쳐야 한다고 역설했다. 근대화가 반드시 서구화를 의미하지는 않으며, 무슬림은 독자적인 이슬람식 근대화를 이룩해야 한다고 했다. 그의 이러한 중도적 태도는 많은 사람들로부터 지지를 얻었다. 그러나 이슬람 문명에서 과학적인 학문이 뒤처지는 이유가 울리마의 억압 때문이며, 사람들은 저마다 『쿠란』을 해석할 수 있는 자유를 누려야 한다고 가르쳤다. 지도자들이 그를 곱게 봐 줄 리가 없었다.

이집트로 도망간 그는 거기서도 통치자들에게 쓴 소리를 계속했다. 그리고 의회 민주주의를 요구했다. 물론 민주주의가 반드시 서구화를 의미하는 것은 아님을 강조했다. 당시 이집트는 오스만터키 제국의 독재에 항거하는 자들의 망명지이자 전통 이슬람과 아랍 문화 부흥의 중심지였으므로 알 아프가니가 자유롭게 활동할 수 있었다. 그는 주로 알 아즈하르 근처에서 당대의 지식인들과 함께 자주독립, 서구 제국주의에 대한 비판, 민중의식 고양 등 정치적 주제들을 논의했다.

거기서 또 다시 영국의 견제로 추방당하여 이번에는 인도로 향했다. 그곳에서는 사이드 아마드가 창시한 알리가르 운동이 한창이었다. 자말알딘은 같은 개혁을 외치는 사이드 아마드였지만, 영국을 치켜세우는 꼴을 보고 있을 수가 없었다. 자말 알딘이 이슬람의 개혁을 위해 서구의 기술을 받아들이자는 정도였다면, 사이드 아마드는 아예 대놓고 서구를 추종했기 때문이다. 결국 이집트에서 반란이 일어나자 자말알딘은 영국이 뒤집어씌운 반역죄로 말미암아 또 다시 추방을 당해야 했다.

이번에는 파리였다. 거기서도 자말알딘은 이슬람이 근본적으로는 합리적인 종교이며 과학혁명의 터를 닦았다고 주장했다. 다만 울리마와 전제 군주들로 말미암아 진보가 더디었을 뿐이며, 그것은 기독교나 다른 종교에서도 타락한 성직자와 전제 군주들에게서 볼 수 있는 일이라고 했다.

그리고 이슬람이 기독교보다 덜 과학적으로 보이는 이유는 이슬람이 늦게 창시된 때문이며, 지금도 발전의 단계에 있음을 강조했다. 그리고 당대에 무슬림과 유럽 사이에서 일어나고 있는 모든 문제는 부분의 문제가 아니라 이슬람과 서구의 문제임을 주장했다. 이러한 인식은 그의 '범 이슬람주의'에 대한 사상적 배경이기도 했다. 범 이슬람주의의 이상을 실현하려고 온 세상을 돌아다니며 노력을 기우렸고, 말년에는 미국과 영국을 거쳐 우즈베키스탄과 이란을 두루 거쳐 다니다 오스만터키의 이스탄불에 정착했으나, 결국 그의 노력은 술탄과의 불화로 끝나고 말았다.

자말알딘이 부르짖은 혼합적 근대주의의 내용은 '자유로운 사고'야말로 이슬람의 기본 요소라는 것이고, 그것은 반드시 『쿠란』과 『하디스』에 뿌리를 두어야 한다는 것이다. 오늘날 무슬림이 몰락의 길을 걷게 된 원인은 서구식 교육과 사회적 관습만 받아들이고 서구의 과학은 등한시했기 때문이라고 진단했다. 따라서 이슬람의 부흥은 서구의 과학을 받아들이고 오히려 교육체계와 타락한 사회적 관습에는 문을 닫아야 한다는 것이다.

자말알딘의 이러한 사상을 받아들인 여러 제자 가운데 한 사람이 바로 '무슬림형제단'(Muslim Brotherhood)을 창설한 하산 알 반나(Hasan al-banna: 1906-1949)이다. 1928년 창설된 이 단체는 무슬림식 보이스카우트였다. 무엇보다도 아이들에게 이슬람 고유의 전통과 문화를 가르쳤다. 수에즈 운하 근처 아이들이 다니던 이 단체에 도시 빈민 노동자들이 드나들면서 무슬림형제단은 세력을 키웠다. 서구에 굴종하던 상류 지도층이 이들의 주적이었다. 예언자 무함마드와 종교지도자 칼리프들이 이끌던 초기 이슬람 공동체의 모습을 재현하는 것이 그들의 꿈이었다.

2. 추락의 시작

이쯤해서 이슬람 세계의 대표주자라고 할 수 있는 오스만터키의 중심인 아나톨리아의 운명을 살펴보자. 그들이 선택한 개혁의 길은 '세속적 근대주의'라고 할 수 있다. 물론 '근본주의'나 '혼합적 근대주의'와 완전한 선을 그을 수 있는 것은 아니었다. 그들은 우선 자신의 정체성을 '투르크족'임을 확인하고 근대주의의 산물인 민족주의부터 실현키로 했다.

그것은 다문화적인 제국이라는 오스만의 생각을 근절하고, 간결하며 깨끗하고 보편적인, 구체적으로 말하자면 투르크족의 국가 체제로 대체하자는 생각이었다. 물론 아랍 지방은 그 국가에 맞지 않으니 잘라내야 할 테지만, 새로운 투르크 민족주의자들은 투르크 조상들의 고향인 중앙아시아와 아나톨리아를 연결하는 것을 꿈꾸었다. 이스탄불의 보스포루스 해협부터 카작스탄 근방까지 펼쳐진 투르크 민족국가였다.

그리고 1894년부터 1896년 사이에 아나톨리아 동부의 소수민족인 아르메니아족의 학살을 시작했다. 그것은 1915년에 일어난 인종청소와도 직결된다. 아르메니아 민족 전체를 소아시아나 투르크족이 지배하는 지역에서만이 아니라 아예 지구상에서 송두리째 없애려는 조직적인 학살의 시작이었다. 어림잡아도 죽은 자의 숫자가 1백 만 명이 넘는다고 하니, 인류 역사를 비극으로 읽게 하는 또 하나의 끔찍한 사건이었다.[43)]

문제는 곳곳에서 일어났다. 아랍 민족은 민족주의 운동을 벌이며 투르크족에게서 독립하고자 했다. 고대로부터 이어진 아랍 부족의 혈통에서는 오스만의 행정 법령을 무시하고 독자적인 지역 왕조를 세우고자 했다. 와하브 성직자들과 여전히 동맹관계인 이븐 사우드 가문, 이슬람의 영적 중심지인 메카를 다스리는 하시미테(Hashemite) 가문이 그들이었다. 이들은 서로가 치명적인 경쟁 구도를 이루고 있었는데, 이들 두 가문을 부추긴 것은 아라비아에서 오스만의 지배력을 깨뜨리고 싶어 했던 영국이었다.

이때 등장한 사나이가 바로 '아라비아의 로렌스'라는 별명을 가진 로렌스(Thomas Edward Lawrence: 1888-1935) 대령이었다.[44)] 영국은 같은 영토를 하시미테, 사우디, 그리고 유럽의 시오니즘 세력에게까지 각각 약속을 해버리고 말았다. 그러니까 마치 한반도가 강대국들의 금 긋기로 그 운명이 결정되었듯이 말이다. 시오니즘 세력은 유대 민족의 이민으로 유럽의 반 유대운동과 맞물려 있었다.

---

43) 2005년에는 터키 출신의 노벨상 수상자 오르한 파묵이 아르메니아 대학살 사건을 공개적으로 비판하다가 기소를 당하고, 2011년에는 프랑스 의회가 년 '아르메니아 대학살 부정 금지법'을 통과시켜 새롭게 부각된 사건이다.

44) 헐리우드 영화 「아라비아의 로렌스」(1962)는 아랍민족이 영국에 이용당하는 과정과 이스라엘의 건국의 과정이 철저히 서구적인 시각으로 그려지고 있다.

1883년에 팔레스타인의 유대인 인구가 4퍼센트에 지나지 않았는데, 제1차 세계대전이 발발할 무렵에는 8퍼센트, 그리고 전쟁이 끝날 무렵에는 거의 13퍼센트까지 증가했다. 하나의 땅 덩어리에 세 개의 다른 집단들이 몰려들었으니, 결과가 어떠할지 상상을 하고도 남는다. 그것만이 아니다. 원래 그 땅에는 강한 민족주의 열망을 지닌 다른 아랍인들이 살고 있던 곳이었다.

이렇게 해서 오스만 왕조는 소아시아 밖의 모든 영토를 잃고 말았다. 팔레스타인과 시리아, 메소포타미아를 영국에 양도했다. 이제 얼마 남지 않은 아나톨리아 땅덩어리에도 프랑스와 이탈리아 병력이 우글거리고 있었다. 무스타파 케말(Mustafa Kemal: 1881-1938) 장군이 등장한 것은 이때였다. 케말의 군대는 그 땅에서 외국인을 모조리 몰라내고 1923년 새로운 민족국가의 탄생을 선포했으니, 그곳이 바로 터키였다.

나폴레옹의 침략을 받은 이집트에서 새로운 총독 무함마드 알리가 대대적인 개혁이라는 그림을 그리기 시작한지 100년이 좀 넘은 후였다. 그는 우선 오스만의 과거와 인연을 끊었다. 제국과 절연한 것이다. 이제부터 터키는 국경을 분명히 하고, 터키어를 사용하는 투르크족 중심의 나라가 될 것이었다. 그가 취한 개혁의 조치는 여섯 개의 화살로 비유되곤 한다. 세속주의, 민족주의, 공화주의, 인민주의, 국가주의, 혁신주의가 그것이다.

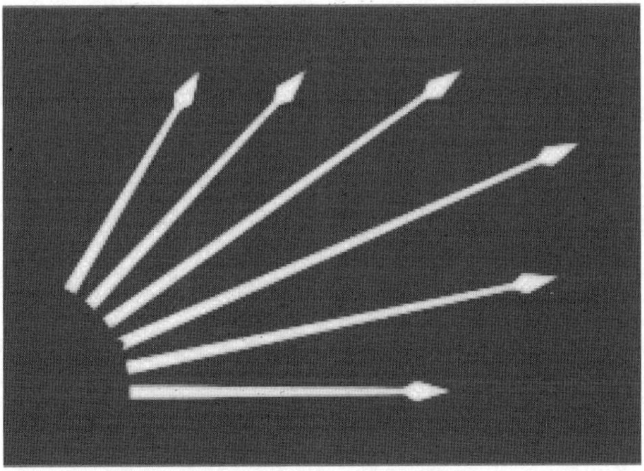

그림 33. 여섯 개의 화살은 공화주의, 민족주의, 인민주의, 국가통제, 세속주의, 혁명을 나타낸다.

그 첫 번째 화살은 세속주의였다. 투르크의 술탄은 예부터 최고 종교지도자인 칼리프를 겸하며 절대적인 지배권을 행사했다. 그러나 케말은 칼리프제는 유지하되 종교적 권한만 갖도록 하고, 정치적 지배자인 술탄은 폐지하도록 했다. 종교의 영향을 감소시키고 세속적인 국가를 세우겠다는 뜻이다.

두 번째 화살은 민족주의였다. 투르크인, 아니, 터키인이 일치단결하여 터키인의 새로운 국가를 세워야 한다는 것이다. 이를 위해 터키민족사와 터키민족문화를 국가적 규모로 연구하고 널리 보급했을 뿐 아니라, 모든 국민이 성을 갖도록 하여 자신의 뿌리가 터키에 있음을 자각하게 하였다. 케말 자신도 아타투르크, 즉 "터키의 아버지"라는 성을 만들어 썼다. 그는 그리스 영토 내의 터키계 주민과 터키 영토 내의 그리스계 주민을 대규모로 맞교환하는 등 "민족국가 터키"를 만들기 위해 꾸준히 노력했다.

세 번째의 공화주의는 이슬람 국가로서의 정체성을 벗고 근대적, 서구적인 국가와 사회를 이룩하는 것이었다. 이슬람교의 공휴일인 금요일 대신 일요일을 공휴일로 삼았다. 그리고 아랍 문자를 빌려 쓰던 터키 문자를 폐지하고 로마자를 대신 쓰게 했으며, 민족어인 터키어를 회복했다. 이 과정에서 일부 광신자들은 외래어를 금지하자고 주장했으나 그의 대답은 간단했다. 터키어는 모든 언어의 어머니이므로 다른 언어에서 빌려온 단어들은 고향으로 돌아온 터키어일 뿐이라고. 『쿠란』의 낭독조차 터키어로 하도록 했으니 말이다.

네 번째 인민주의는 모든 터키인들은 법 앞에 평등하다는 것이었다. 이를 위해 법률의 국교 조항을 폐지하고, 무슬림과 비무슬림 사이의 차별을 금지했으며, 여성에게도 교육을 실시하고, 남성과 똑같은 권리와 의무를 인정했다. 일부다처제를 금하고 지참금 관습을 막는 등 이혼에 대한 법의 제정도 『쿠란』이나 『하디스』가 아니라 스위스의 시민법을 기반으로 했다.

다섯 번째의 국가주의는 1차 대전에 패하면서 나라꼴이 말이 아니었기에 낙후된 국가경제 발전을 위해 국가가 직접 나서서 경제를 선도하고 관리한다는 것이다.

여섯 번째의 혁신주의는 국가적인 위기 상황을 감안해 이 모든 과정을 "혁명적으로 실행한다"는 것이다. 다시 말해 다소 비민주적이고 폭력적인 방법을 써서라도 진취적으로 추진해 나간다는 것이었다.

이만하면 '세속근대주의'의 성취라고 할 만하지 않는가? 다시 말하면 무슬림 사회는 이제 서양과 같은 길을 걷고 있었던 것이다. 물론 그들이 서양보다 뒤처졌으니 안간힘을 다해 따라잡아야 한다. 그래서 더욱 서두르고 민주주의처럼 세세하고 미묘한 것은 눌러둔 채로 우선 급한 것부터 처리해야 했다. 다름 아닌 '개발'이었다. 아프가니스탄과 이란에서도 이런 '서구화'를 위한 개발의 바람이 불었지만, 그들은 그 목표를 국민의 자유를 확장하는 과업과는 전혀 연관을 짓지 못했다. 자유보다 번영과 자존이 시급했던 것이다.

무릇 모든 변화는 한 가지만의 원인으로는 일어나지 않는다. 그럴만한 환경이 있었고, 그런 환경이 서로 영향을 주고받으면서 변화를 일으켜가는 법이다. 앞서 말한 여러 가지 개혁의 발상들이 그토록 설득력을 얻은 것은 마치 쓰나미처럼 이슬람 세계의 중심부로 쏟아져 들어 온 유럽의 세 가지 현상 덕분이었다. 산업화, 입헌주의, 민족주의가 그것이다. 물론 이들은 그 자체로서 가치가 있고, 범지구적인 문명의 변동을 예고하는 것이기는 하지만, 중요한 것은 이러한 가치들이 쉽게 받아들여질 수 없었던 당시 이슬람의 사회적 맥락이 문제였던 것이다.

첫 번째가 산업화의 문제이다. 유럽인들이 이슬람 세계로 왔을 때 그들은 산업혁명의 최종 산물인 상품들은 갖고 왔지만 그러한 상품이 나오게 된 진화의 과정은 옮겨오지 않았다. 또 그렇게 할 수도 없었다. 이슬람 세계에서는 세계를 남성의 공공 영역과 여성의 사적 영역으로 뚜렷이 구분하고 있었기 때문이다. 그것은 가내 수공업이 산업화 생산으로 나아가는 데 커다란 걸림돌이 되었다.

세속적 개혁이 필요하다는 데는 이의가 없었지만, 그렇게 하기 위해서는 우선 분할된 사회 체계 전체를 뒤집어야 했다. 그런데 그게 어디 그리 쉬운 일인가? 남성과 여성 모두 의식적이거나 무의식적으로도 정체성에 대해 깊고 해결되지 않는 질문을 떠안게 된 것이다. 개혁주의자들은 근대적 교육을 통해 새로운 사회계층을 배출했지만, 그것은 또 다른 사회적 분열의 신호탄에 불과했다.

두 번째가 입헌주의의 문제이다. 그것은 나라를 거의 개인의 소유물처럼 다스리고 있는 카자르 왕조(Qajar Dynasty: 1779-1925)에 대한 세속 근대주의자들의 불만에서 비롯되었다. 왕들은 나라의 경제를 조금씩 떼어내서 외국인들에게 팔아버렸고, 그 돈으로 유럽에 호화 유람을 떠났으니 백성들의 입장에서는 열을 받을 일이었다. 외국으로 경제적 이권 매각이 계속되고, 수입 품목이 무기에서부터 담배까지 확대되자 귀족, 종교계, 지식인 엘리트들은 왕권을 제한하고 자주적 외교를 해야 한다고 나섰다. 이것이 이란 입헌혁명(Constitutional Revolution)의 시작이었다. 이는 특히 당시 국내에서 영향력이 증가하고 있던 러시아를 겨냥한 것이기도 했는데, 마침 러일전쟁(1904~1905)에서 러시아가 패배하여 그 세력약화를 틈탄 것이다.

그 중심 세력은 1892년 담배불매운동(Tobacco Rebellion)을 계기로 결합한 테헤란의 상인들과 종교계였다. 마치 담배를 끊어 나라 빚을 갚자며 대구에서 1907년에 발생한 국채보상운동과도 닮았다. 그러나 이 역시 불발로 끝나고 말았다. 혁명 세력이 승리하기는 했으나 혁명정부는 혁명과 내란으로 인한 경제 악화와 무역 단절, 그리고 러시아의 지원을 받아 왕권을 회복하려는 무함마드 알리 샤의 군사 공격(1910년 7월) 등의 난제에 직면했다.

그러나 무엇보다도 심각한 것은 이란에서의 이권을 양분하려는 영-러 협정(Anglo-Russian Agreement 1907)으로 외세로부터의 자주 독립을 주창하던 입헌의회의 목적 달성이 불확실해졌다. 그리고 이미 이란 내부로 진격해있던 러시아군이 수도 테헤란을 공격하면서 1911년 12월 20일 패배했으며 입헌 혁명정부도 끝이 났다.

세 번째가 민족주의와 관련된 문제이다. 인도에서는 이미 알리가르 근대주의를 사회운동으로 변모시켜 결국 파키스탄이 탄생했음은 앞서 설명한 바 있다. 서구식 교육의 확대로 이성과 자유, 평등의 가치를 배운 중산층들을 중심으로 인도국민회의(INC)가 조직이 된다. 그들은 자신들이 교육을 통해 알게 된 지식이 실제로는 영국 제국주의가 인도를 인종적, 문화적으로 경멸하고 지배하는 형태로 나가는 것을 깨닫고 점차 불만을 가지게 된다. 그 후 민족주의가 점차 확산되자 불리해진 영국은 힌두와 무슬림간의 분리통치 정책을 사용하게 된다. 실제로 무슬림은 '알리가르 운동'을 통해 보다 적극적으로 반 힌두 감정을 고취시키고 무슬림 민족의식을 강조하려는 것이었다.

결국 그들은 무슬림과 힌두의 분리 선거를 실시했고, 사실상 인도와 파키스탄이 분리 독립되는 시초가 되었다. 민족주의는 일정한 범위의 영토 내에 거주하면서 인종, 언어, 역사, 종교를 공유하는 집단의 자기 정체성을 바탕으로 형성된다. 그러나 인도는 일정한 범위의 영토 내에 거주한다는 것 말고는 인종, 언어, 종교 등이 서로 다른 수많은 공동체들이 공존하는 나라이다. 이러한 상황에서 하나의 민족주의를 기대한다는 것은 애초에 불가능한 일이었다.

그런 뜻에서 이란도 민족주의와는 거리가 먼 지역이었고 그런 토양도 마련되지 않은 나라였다. 그 당시 이슬람 지역에서 민족주의가 제대로 성취된 곳이 있다면 오스만 제국일 테이지만, 그들이 이룬 성취에 비해 피의 대가가 너무 컸다.

그런데, 근대화를 위한 또 다른 입장이 있었던 것을 우리는 기억한다. 원래의 이슬람으로 돌아가자는 근본주의, 즉 자말 알딘이 구현한 혼합적 근대주의는 어떻게 되었을까? 그의 제자 무함마드 아브두(Muhammad Abdu: 1849-1905)는 앞서 언급한 무슬림형제단을 창설하는데 커다란 사상적 영향을 끼쳤다.[45] 그는 영국과 프랑스가 수에즈 운하에서 발생하는 이익의 대부분을 챙겨가고 있는 것을 알았다. 그리고 그의 무슬림형제단은 세속적 이슬람과 이집트의 서구화된 상류층을 적으로 삼았다. 그들은 모든 무슬림을 통합하고자 했기 때문에 민족주의를 반대했다. 그러나 서구화와 산업화가 진행될수록 이집트의 도시 빈민 노동자 계층도 급격하게 증식했고, 그럴수록 무슬림형제단도 활발해졌다.

세속적 근대주의자들도 마음이 급했다. 그들은 계속해서 '개발'의 깃발을 흔들었으나 실제로 얻은 소득은 없었다. 민족주의를 외치는 것도 부담이었다. 실제로 그들 민족의 독립은 이루어지지 않았기 때문이다. 앞 다퉈 산업화 경쟁을 하고 있던 서구 열강들이 그들을 놓아 줄 리가 있겠는가? 산업화는 석유에 달려있었고, 세계의 석유 대부분은 무슬림이 거주하는 땅 아래 묻혀 있었다.

---

45) 근대 이슬람 개혁주의의 이론적 틀은 그가 마련한 것이라고 할 수 있다. 그의 사상과 이론은 아랍 세계뿐만 아니라 멀리 인도네시아에까지 교육 · 신앙관 · 사회적 생활 윤리 등 무슬림 생활의 개선과 향상에 큰 영향을 주었다. 오늘날 인도네시아의 자유주의 경향의 이슬람 조직 무하마디야(Muhammadiya)와 여성단체 아이샤(Aisha)도 모두 아브두의 영향을 받아 설립된 것이다.

그런데 황당하게도 1901년 어떤 영국인 시굴자가 이란 왕으로부터 석유의 독점권을 사들였다. 그때만 해도 석유는 별로 중요해 보이지 않았다. 그러나 누가 알았으랴? 1904년 무렵에 자동차는 유럽과 미국에서 대중화되기 시작했고, 기차도 석유로 달리기 시작했다. 1903년에는 비행기가 발명되었고, 그 다음에는 바다를 항해하는 배도 석유가 필요하다고 했다. 제1차 세계대전의 승패는 석유를 손에 넣는 자에게 달린 것이었다. 이란이나 사우디에게 이런 깨달음은 너무 늦게 찾아왔다. 추락의 시작이었다.

제10장

분노와 굴욕의 세계로

1. 이집트와 페르시아에서
2. 저항의 몸짓

1. 이집트와 페르시아에서

이슬람은 여러 신앙체계, 문화, 국가, 그리고 정치적 변형을 포함하는 다양한 형태의 복합체이다. 모든 공부가 다 그렇기는 하지만, 그 복합성을 따지기 시작하면 문제가 오히려 더 어려워진다. 모르는 게 약이라더니 ... 그러나 다른 한편으로는 얽힌 실타래를 풀어가는 재미도 적지 않다. 실타래를 풀었다가 다시 감으면 실체는 훨씬 더 명료해진다. 그래서 우리가 지금까지 뒤엉긴 이슬람의 역사와 신념의 태도를 헤쳐 가며 여기까지 오지 않았던가?

이슬람에는 시아파와 수니파, 온건파와 급진파, 유신론자와 불가지론자 등의 대립이 뚜렷하지만, 아랍과 비아랍, 중동과 아시아, 아프리카와 유럽 등의 지역적 대립까지 복잡한 회로를 가지고 있다는 사실을 기억할 필요가 있다. 사실 이런 식의 물리적인 범주화는 불가능하다고 해야 할 정도이다. 그렇다면 오늘날의 이슬람 세계는 그 복합성으로 말미암아 불안감이라는 감정을 공유하고, 그것으로 결속되어 있다고 해도 된다.

시아파	⇔	수니파
온건파	⇔	급진파
아랍	⇔	비아랍
유신론자	⇔	불가지론자
중동	⇔	아시아
아프리카	⇔	유럽

그림 34. 오늘날 이슬람 세계의 대립적 구조

이들이 한 때는 정치적으로 범아랍 민족주의를 내세워 탈식민 운동의 지지를 받았던 것도 사실이지만, 이것이 힘을 잃으면서 지금은 오히려 이슬람이 아랍의 정체성을 대신하고 있다. 오늘날 무슬림들은 인구통계학적 측면에서 상승세에 있고 그 어느 때보다 세계 인구에서 많은 비중을 차지하고 있다. 그러나 심리적으로나 감정적으로 오늘날 이슬람을 지배하는 것은 정치적, 문화적 굴욕감이라고 해도 과언이 아니다. 그것은 내부적으로 생겨난 모순의 결과일 수도 있고, 외세의 침략에 의한 결과일 수도 있다. 이 둘을 따로 생겨난 것으로 생각하고 이분법적으로 나눌 수는 없다.

예를 들어 오스만 제국은 역사의 마지막 3세기 동안 내리막길을 내려오면서 19세기에는 '유럽의 병자(病者)'로 알려졌다.(필립스 24) 사실 그러한 조짐은 17세기부터 있었다. 역사의 아이러니이기는 하지만, 7세기에 아랍인들이 다른 민족을 흡수하여 이슬람세계를 구축했다면, 19세기와 20세기에는 그들이 서구 유럽이 만든 세계로 편입되었다고 할 수 있다. 정치적으로나 경제적으로 뿐만 아니라 문화와 역사의 총체적 굴욕이었다.

이 굴욕과 몰락의 근원은 어디에서 기인하는가? 그 전환점은 아마도 1683년 오스만이 빈 탈환에 실패하고 주저앉았을 때부터였을 것이다. 그것은 오스만 제국이 군사 기술 개발 분야, 특히 총기류 분야에서 유럽에 대해 경쟁 우위를 유지하는 데 실패한 것과 맞물린다. 힘의 축은 이슬람에서 서구로 옮겨갔고, 그 힘은 서구에서 르네상스로 꽃을 피운다. 18세기말 나폴레옹이 이집트를 삼킬 때도 막상 이집트 자신은 없었으니 무주공산(無主空山)이나 다를 바 없었다. 넬슨이 지휘하던 영국 함대와의 전쟁이 있었을 뿐이다.

이미 당시의 이슬람을 주도하던 세력은 외부 세력이었다. 이는 19세기와 20세기 초 서구 제국주의에 연이어 굴복하면서 좌절감은 더욱 커졌다. 독립에 대한 환멸감, 이스라엘 국가의 창설, 초창기에 석유가 경제 및 외교적 무기로서의 역할 수행 실패, 지도자들의 무능 등, 이슬람의 입장에서는 참으로 죽을 맛이었다.

1948년, 시나이 반도의 한쪽 끄트머리에 이스라엘이라는 국가가 떡하니 자리를 차지하고 앉은 것은 그야말로 아

그림 35. 아랍세계 한 가운데 소위 '알 박기'를 하고 있는 이스라엘과 팔레스타인 분쟁지역

랍 세계를 정신적 공황 상태에 빠트린 사건이었다. 자신들이 얼마나 무력했는지를 몸으로 체험하는 순간이었고, 민

었던 서구로부터 철저히 배신을 당했음을 깨달았다. 그리고 이제는 자신들의 역사를 자기 마음대로 할 수 없다는 좌절감만 남게 되었다.

사실 이스라엘은 이슬람 문명이 지배하는 거대 지역 한복판의 조그마한 한쪽 구석을 차지하고 있을 따름이다. 그러나 문제는 국가의 규모가 아니라 이슬람 최고의 성지라고 할 수 있는 바위돔(Dome of the Rock)이 있는 예루살렘이 거기에 포함되었다는 사실이다. 게다가 아랍과 이슬람이 수 천 년 동안 자신의 땅으로 믿고 살아온 땅덩어리 한가운데에 이스라엘이 둥지를 틀고 앉았다는 사실이다. 이스라엘로 말미암아 가장 굴욕감을 느낀 국가는 아마도 이집트였을 것이다.

아랍의 입장에서는 이걸 그냥 두고 볼 수는 없는 일이었다. 1948년 5월 15일, 이스라엘이 건국을 선포하자 아랍군은 한꺼번에 치고 들어갔다. 그러나 이스라엘의 반격은 예상을 훨씬 뛰어넘을 만큼 강했다. 그들은 시리아, 요르단, 이집트 군대를 패주시키면서 독립전쟁에서 승리를 했다고 외쳤다. 아랍인들에게 그것은 재앙이었다. 이 참패한 전쟁에 참전했던 한 청년 장교가 1952년 이집트에서 쿠데타를 일으킨 나세르(Gamal Abdel Nasser: 1918-1970)였다.

그는 곧 왕정을 폐지했고, 무슬림형제단은 환호했다. 이집트는 19세기 말 이래, 황제와 영국의 군사 지배 아래서 봉건적 대토지소유제도와 외국인 특권에 의한 착취와 차별로 고통을 받아오던 터였다. 제2차 세계대전 뒤 이미 영국·이집트군사동맹조약의 폐지를 요구하는 국민운동과, 대지주층 · 외국자본계 대기업에 대항하는 농민·노동자의 투쟁도 점점 강화되고 있었다.

그러나 무슬림형제단과의 관계는 오래 갈 수 없었다. 나세르가 종교와 거리를 둔 채 세속주의를 추구했기 때문이다. 나세르는 미국과 소련의 힘을 빌려 우선 영국과 프랑스의 구시대적이고 신제국주의적인 조치에 성공적으로 맞섰다. 그리고 1956년 7월, 나세르는 댐 건설비를 충당하기 위해서라며 수에즈 운하의 전격적인 국유화를 선언했다. 그것은 서구 세계에 던진 도전장과 마찬가지였다. 그리고 아랍세계는 열광했다.

시나이 반도의 수에즈 운하는 1869년에 개통된 이래 이집트의 현대사에서 갖가지 쟁점의 핵심에 놓여 있었다. 지중해와 홍해를 연결해 주는 이 중요한 물길은 프랑스의 기술 및 자본에 이집트의 노동력이 합쳐져 완성되었지만, 이후 재정난에 직면한 이집트 정부가 운하 회사의 주식을 대거 매각함으로써 영국과 프랑스의 공동 소유가 되어 있었다. 그러나 3개월 뒤에 영국과 프랑스, 그리고 이스라엘의 연합군이 수에즈 운하로 진격하며 시작된 제2차 중동전쟁(수에즈 전쟁)에서 이집트군은 무릎을 꿇어야 했다.

다행히도 국제 사회의 비난 여론을 이기지 못한 영국과 프랑스가 협상 끝에 물러남으로써, 이후 수에즈 운하는 이집트의 소유이자 주요 외화벌이의 수단이 된다. 이집트의 군사적 패배가 나세르에게는 정치적 승리를 선사한 셈이었다. 그 여세를 몰아 이집트는 눈엣가시와 같은 이스라엘을 향해 압박의 끈을 늦추지 않았다.

그러나 궁지에 몰려있던 이스라엘 공군이 1967년 6월 5일 아침, 대규모 공습을 감행했다. 이집트 공군은 속수무책으로 공격용 전투기 총 419대 중 304대를 순식간에 잃어버리고 말았다. 공군기들이 활주로에 일렬로 정렬되어 있었으니 이집트는 초토화된 것이다. 이스라엘 공군은 이후 요르단·시리아·이라크까지 공습을 감행하여 약 450대의 아랍동맹 전투기마저 박살냈다. 정신을 차리지 못하고 허둥대는 동안 상황은 끝나버렸다. 전쟁이 시작된 지 6일 만이었다. 아랍동맹국은 이스라엘에 비해 영토는 약 8배, 인구는 약 18배, 경제와 군사력은 약 2~3배의 압도적인 우위를 점하고 있었지만 소용없는 일이었다. 전체 인구가 겨우 300만을 약간 넘는 손바닥만 한 국가의 단 한 차례 공습에 맥없이 스러지고 말았다. 그리고 시나이 반도, 골란 고원, 가자지구, 서안 지역도 빼앗기고 말았다.

이 손바닥만 한 국가는 다름 아닌 서구의 오만함을 대신한 골칫덩어리인 동시에 치욕의 징표나 다름없었다. 게다가 그들은 스스로를 이집트 노예의 영적 후손이라고 했다.[46] 소수 노예의 후손들이 그들의 주인이었던 람세스 II

46) 이 부분에 관해서는 1장에서 자세히 설명한 바 있다.

세의 후예들에게 이토록 굴욕감을 주다니, 그야말로 미칠 노릇이었을 것이다. 그들의 절망감은 이제 막다른 골목에 이르렀다.

이제 믿을 구석은 '무슬림형제단' 밖에 없었다. 그리고 이스라엘의 첨단 정밀 무기에 맞설 수 있는 길도 인간 폭탄 밖에 없었다. 무슬림형제단은 이집트 국경을 넘어 아랍권 전역으로 세력을 넓히기 시작했다. 분파도 생겼다. 이집트의 지하드(Jihad) 조직을 창설한 알 자와히리(al-Zawahiri, 1951-)는 외과의사 출신으로 오사마 빈 라덴의 조언자였고 지금은 알카에다의 2대 총수이기도 하다. 몇몇 과격파들은 지하드에 참여하는 것이 진정한 무슬림과 비무슬림을 구별하는 유일한 방법이라고 선언했다. 지하드주의자들의 광기는 9·11 테러에서 절정에 이른다.

아랍어로 '지하드'란 '투쟁'의 의미를 가진 말이다. 흔히 이슬람교의 옹호와 전파를 위해 '이교도에 대해 벌이는 전쟁'이란 개념으로 알려져 있기도 하다. 그러나 그 원래 개념은 이슬람이 근본교리로 삼는 6신(信 · 알라신, 천사, 쿠란, 예언자, 내세, 천명)과 5행(行 · 고백, 예배, 단식, 희사(喜捨), 순례)의 신앙의무를 이행하라는 것으로, 곧바로 이교도에 대한 무장투쟁을 의미하지는 않는다.

지하드는 반드시 무력에만 의존하지 않고, 마음에 의한, 펜(논설)에 의한, 지배에 의한, 그리고 검에 의한 4종의 지하드로 나뉜다. 지하드가 폭력, 선동의 이미지를 갖게 된 것은 급진적 무장조직 덕택이다. 그들은 자신들의 테러활동을 알라신의 계시를 구현하는 방법이라며 대중을 선동하기 위해서 사용하였고, 서구 역시 이슬람을 자신들의 문명사회에 대한 도전으로 정치 도구화하여 사용한 결과이다.

이번에는 아랍에서 페르시아로 가보자. 페르시아는 1979년 2월 팔레비 왕조의 국왕독재를 무너뜨리고 이슬람 혁명을 일으킨 호메이니(Ayatollah Ruhollah Khomeini: 1901~1989) 이전의 이란을 말한다. 여기서도 사정은 비슷했다. 처음부터 그들에게 미국이 껄끄러운 존재였던 것은 아니었다. 종교적인 무슬림들이야 미국식 근대주의의 주장들을 거부했을 테지만 세속 근대주의자들에게 민주주의는 희망이었으며, 미국식 이상주의와 이슬람은 천생연분이었다. 토착 민주주의와 함께 왕조의 폭정만 몰아낼 수 있다면 말이다.

이미 1941년에 모하멧 팔레비(Mohammad Reza Shah Pahlevi: 재위 1941-1979)가 국왕이 되면서 서구적 개념의 국가근대화를 추진했고, 민족주의 세력과 이슬람 종교 세력은 크게 반발하고 있던 터였다. 드디어 그들은 무함마드 모사데크(Mohammad Mossadegh: 1880-1967)를 총리로 선출하여 비종교적인 민주주의를 실현할 기회를 얻었다. 세속 근대주의자인 모사데크 총리는 취임하자마자 영국의 사설 회사에 맡겨졌던 석유산업의 임대차 계약을 취소하고 이란의 국영화를 선언했다. 이란의 가장 귀중한 자원에 대한 완전한 통제권을 되찾은 것이다.

그러나 그것은 미국이 원하던 바가 아니었다. 미국은 즉시 쿠데타를 막후에서 조종하여 정권을 뒤집어버리고 팔레비의 아들을 이란의 왕으로 복원시켰다. 그리고 석유관리를 다시 명분 좋은 석유회사 컨소시엄에 맡겼다. 한마디로 석유관리권을 미국에 빼앗긴 것이다. 이란으로서는 완전히 뒤통수를 맞은 격이 되었고, 그들은 분노에 몸을 떨었다.

이란을 비롯하여 아프가니스탄과 중앙아시아도 이렇게 하여 러시아와 미국이라는 두 강대국의 각축장으로 변했다. 그 놈의 석유가 문제였다. 세계 석유의 약 65퍼센트가 페르시아 만 아래와 주변 지역, 북아프리카의 몇몇 무슬림 국가에 매장되어 있었고, 그 나머지 석유는 대부분 아프가니스탄 북쪽 중앙아시아의 무슬림 국가들에 매장되어 있었기 때문이다.

나라꼴이야 어찌되든 돈이 쏟아져 들어오기 시작했다. 아직 민주화가 이루어지기 전이었으니 그 돈이 상류층에게 쏠린 것은 당연한 일이었다. 사회는 지배층과 피지배층으로 극명하게 갈라졌다. 그것은 단순히 경제적인 것만은 아니었다. 문화적인 분열이었다. 피지배층은 그러한 차이에 대한 불만이 높았고, 팔레비를 둘러싼 상류층은 미국인들에게 면책특권을 제공함으로써 자주권을 거저 넘기는 것이나 마찬가지 짓을 벌였다.

팔레비가 이렇게 계속해서 독재 행각을 벌이며 무리수

를 두고 있는 동안 다시금 자말 알딘이 등장했다. 당연한 일이었다. 그들은 이슬람식 근대주의를 주창하며 서구의 지배로부터 벗어나기 위해 안간힘을 썼다. 이슬람 전통 안에서 진보적인 사회주의의 근간을 추구한 것이다. 그들은 매년 메카 순례를 하는 하즈(Hajj) 시기에 무슬림들이 세 번의 돌팔매질을 하는 풍습마저 저항운동의 상징으로 확대 해석했다. 첫 번째 돌팔매질은 자본주의, 두 번째 돌팔매질은 전제정치, 세 번째 돌팔매질은 종교적 위선이라는 우상을 향한 것이라고.

사회주의 저항운동이라고 할 수 있는 모자헤딘 할크(Mojahedin Khalq)[47)]가 등장한 것도 당연한 일이었다. 그리고 수니파의 와하비야 운동처럼 호메이니가 주도한 정통파 종교운동이 저항세력으로 나타난 것도 이때였다. 팔레비가 '진정한' 이슬람에서 벗어나 서구식 의복을 권장하고, 여성의 권리를 보호하고, 나이트클럽을 허락하는 짓거리들이야말로 그들에게는 '타락한' 근대주의에 다름 아니었기 때문이다.

비록 호메이니도 쫓겨나긴 했지만, 정치적인 이슬람주의자들은 소외된 경제권의 소외된 사람들 속에서 계속 성

---

47) 이란의 모사테크 혁명 실패 후에 등장한 이슬람사회주의 무장 게릴라 조직으로, 모든 당원이 시아파 가문 출신이다. 이들은 1971년 마르크스주의자들과 함께 무장투쟁을 개시하였다. 1975년에는 마르크스주의파와 이슬람주의파로 분열되었으나, 그 후 게릴라조직으로 재건되었다. 이란혁명이 성공한 후에는 반호메이니 · 반이슬람 공화당세력의 조직체인 저항국민회의(National Council of Resistance)를 결성했다.

장했다. 그들은 세계가 두 개의 상호 배타적인 영역으로 구별되어, 평화의 영역과 전쟁의 영역으로 나뉘어 있다고 믿는 사람들이 아니던가? 실제로 그들은 자신이 처한 삶의 현장에서 누구보다 그 분열을 뚜렷이 느낀 사람들이었다. 그러나 서구인들은 그 문제를 그들이 살고 있는 사회적 조건이 아니라 그들 머릿속의 잘못된 생각 때문이라고 했다.

그래서 이슬람 세계의 세속 근대주의자들을 때로는 노골적으로, 때로는 은근히 지지하기도 했다. 그런데 문제는 서구인들의 기대와 달리 이들 세속근대주의자들은 추락을 시작했다. 파키스탄, 이란, 아프가니스탄, 알제리, 팔레스타인, 시리아 등 모두가 한 결 같이 몰락의 길을 걸었다. 그리고 이슬람권의 내분은 걷잡을 수 없는 지경에 이르렀다.

이란과 이라크의 충돌이야말로 명분도 실리도 없었던 전쟁이었지만, 오늘날 얽히고설킨 중동의 사태를 이해하려면 설명이 필요하다. 두 나라는 같은 이슬람권이지만 이란은 시아파, 이라크는 수니파가 우세한 차이를 지니고 있고, 이라크가 대표적인 아랍문화권이라면 이란은 페르시아 문화권이다. 페르시아의 지배자 팔레비는 근대주의의 이름으로 미국의 전폭적인 지원을 받아 강력한 군사력을 구축했다. 막대한 오일머니로 미국이 자랑하던 첨단 무기를 계속 사들인 것이다.

그러나 1977년 호메이니의 이슬람혁명으로 팔레비는 달아나고 이란정부가 들어섰다. 그것은 시간의 흐름을 거스르는 구식 정권 이었다. 한창 개발의 노선에 들어선 이란에 찬물을 끼얹은 꼴이었고, 게다가 미국과의 단교로 하루아침에 서방과의 문을 닫고 말았다. 하지만 이라크의 사담 후세인은 구닥다리 이슬람혁명 이데올로기가 자국에 전파되는 것을 막아야 하는 입장이었으니 이란이 비틀거리는 것은 그에게 놓칠 수 없는 기회였다. 게다가 이란의 미 대사관 인질사건으로 체면을 구긴 미국은 후세인이 필요했다. 이렇게 하여 벌어진 전쟁은 미국의 지원을 받은 이라크가 이란을 상대로 한 대리전이었던 것이다.

둘 다 치명적인 상처를 입었다. 지칠 대로 지친 그들은 8년간의 전쟁 끝에 어쩔 수 없이 1988년 8월20일 종전에 동의한다. 그리고 이라크는 상처를 회복하기 위해 또 하나의 전쟁을 벌였다. 쿠웨이트마저 침공한 것이다. 그러나 너무 멀리 갔다. 이번에는 미국마저 적으로 등장하여 걸프전(Gulf War: 1991.1.17-2.28)이 발발한 것이다. 그리고 모든 걸 잃었다.

한국도 이 전쟁에 5억 달러의 지원금을 분담하고 군 의료진 200명, 수송기 5대를 파견하여 34개 다국적군의 일원이 되었다는 사실을 기억할 필요가 있다. 그것은 한국이 이슬람 세계와 맺은 다양한 인연의 끈 가운데 하나가 될 것이므로. 또한 이 전쟁은 서아시아 국가들의 역학 관계, 탈 냉전시대의 대립양상을 고스란히 보여주고 있다. 그들에게는 이념보다 종교와 문화가 끼치는 요소가 우세하며, 그보다 더 우세한 것은 소속 지역(국가)의 맴버십 혹은 혈연적인 요소라는 것이다.

이런 무모한 전쟁의 원인은 세속근대주의자들을 쫓아낸 지하드주의자와 와하비파가 미국을 굴복시켰다고 믿었기 때문이고, 아프가니스탄에서는 소련을 패퇴시켰다고 믿었기 때문이다. 아무리 엄청난 타격을 입었다 하더라도 그런 믿음을 쉽게 버릴 수는 없는 일이다. 그들은 다시 아프가니스탄 땅으로 모여들었다.

미국과 서유럽 동맹들이 수십억의 무기와 자금을 쏟아부었지만 한 치의 소득도 없이 떠나버렸고, 소련이 초토화시켜버리고 도망치듯 떠나버렸던 그 땅이다. 그들의 희망은 이상적인 공동체를 다시 세우는 것이었다. 그것은 모든 남자와 여자, 그리고 어린아이들까지도 신의 율법에 따라 사는 공동체였다.

이를 위해 앞장 선 이들이 바로 탈레반(Taliban)이다. 그들은 1994년 10월, 2만 5천여 명의 학생들이 중심이 되어 아프가니스탄 남부 칸다하르(Kandahar)에서 결성한 수니파 무장 이슬람 정치조직이다. 아프가니스탄 국토의 대부분을 장악한 뒤 이듬해 수도 카불(Kabul)을 점령, 14년간 계속된 아프가니스탄 내전과 4년 동안의 모자헤딘 권력투쟁을 종식시켰다.

우리에게 아프가니스탄은 테러리스트이며, 영화 「람보 2」에서와 같이 소련과 전쟁을 했고, 그리고 우리 기독교 선교단을 강제로 납치했던 황폐화 된 황갈색의 나라이다. 『쿠란』에 대한 지나치게 엄격한 해석으로 인해 갈수록 사회 차별이 심해지고, 여학교 폐쇄, 텔레비전 시청 금지, 가혹한 이슬람식 처벌제도의 부활, 아동 학대 등 많은 부작용을 낳았던 나라이기도 하다. 2001년 3월에는 탈레반 정권이 군대를 동원해 로켓과 탱크 등으로 아프가니스탄 내 불교 유적과 불상들을 부수는 등 유례없는 유적 파괴 행위를 공개적으로 일삼기도 하였다.

세계적 문화유산인 바미안 대불(Bamiyan Buddhas)의 파괴가 그것이다. 아프가니스탄 바미안 주의 힌두쿠시 산맥의 절벽 한 면을 파서 세워져 있었던 석불들로 6세기경에 그리스 조형 미술의 영향을 받은 간다라 양식으로 세워진 것이다. 2개의 석불 가운데 하나는 높이 52.5m이며, 다른 하나는 34.5m였다. 혜초가 『왕오천축국전』에서 간략히 언급한 적이 있고, 당나라 현장법사도 다음과 같이 바미얀 석불을 묘사하고 있다.

> 왕성 동북의 산 귀퉁이에 입불(立佛)의 석상이 높이 140~150척이나 되는 것이 있는데 금빛으로 번쩍이며 보식(寶飾)이 빛나고 있다. 동쪽에 가람이 있는데 이 나라의 선왕이 세운 것이다. 가람 동쪽에 유석(鍮石)의 입상이 있는데 높이가 1백여 척이다. 몸체를 부분으로 나누어서 주조하여 맞춘 것이다.

권덕주 편역, 『대당서역기』 中

바미안 지역은 8세기 이후 지속적으로 이슬람교를 믿고 있었다. 이번 파괴 행위는 정치적인 이유 외에도 이미지를 형상화하는데 근본적인 거부감을 가지고 있는 원리주의자들의 행위로 짐작이 된다. 과연 이들이 이슬람의 희망이 될 수 있을지는 두고 봐야 할 일이다.

2. 저항의 몸짓

정리해보자. 이슬람은 800년 가까이 스페인의 이베리아 반도를 지배했다. 그리고 문명의 최대 전성기를 누렸다. 그리고 그리스를 포함한 발칸 반도에서도 400년 이상 오스만 터키의 이름으로 통치를 했다. 그러던 이슬람이 17세기 이후부터 20세기까지 동남아시아, 북아프리카, 중앙아시아 지역을 유럽의 제국주의에 양도해야 했다. 한때 유럽 문명의 스승이었던 화려한 중세 이슬람 문화는 위력을 잃었고, 뒤바뀐 처지에 일부 급진적 이슬람 세력은 서구에 대한 분노와 저항의 몸짓을 노골적으로 표출했다.

우리가 읽어 온 몇 개의 역사적 사건만 들추어도 서구에 일방적으로 당한 치욕은 적지 않다. 1099년 1차 십자군 전쟁 때 서구의 예루살렘 정복으로 그곳에 살던 무슬림들이 집단학살 당한 사건이 그러하고, 1492년 스페인 땅을 다시 회복하려는 레콩키스타는 그곳의 수많은 무슬림과 유대인을 학살하거나 추방했다. 무엇보다 제2차 세계대전 중 나치 정권이 자행했던 유대인 대학살 이후 살아남은 유대인들을 위해 미국이 팔레스타인 땅 심장부에 이스라엘 건국을 주도했다.

이는 많은 무슬림의 가슴에 반미 감정을 각인시키는 결정적 계기였다. 더욱이 이스라엘이 4차례의 중동전쟁을 승리로 이끌고, 유엔 안보리 결의안의 철수 요구에도 불구하고 이웃 아랍 국가들의 영토를 불법으로 점령한 것은 미국의 막대한 군사지원에 힘입은 것임은 누구나 다 아는 사실이다. 이슬람으로서는 서방으로부터 뒤통수를 맞은 거나 다름없었다. 무엇보다 서구의 공공연한 이중 잣대에 크게 분노하지 않을 수 없었다. 이스라엘을 향한 어떤 비난이나 팔레스타인 학살 문제 언급은 반유대법의 제재를 받지만, 무함마드 모독 영화나 이슬람 모욕 행위는 표현의 자유나 예술적 행위라는 논리로 별다른 제재를 받지 않는다는 사실이 그 증거다.

정말 그들이 참을 수 없는 사실은 이슬람 문화에 대한 서구의 노골적이고 의도적인 폄하일 것이다. 과거 역사 속에서 서구가 이슬람을 왜곡한 일은 그렇다 치더라도, 지금도 계속되는 이러한 '폭력'으로부터 그들은 꼼짝없이 당하고 있는 것이다. 2004년 8월에 고흐(Theo van Gogh)가 제작한 10분짜리 단편영화 「복종」(Submission)이나, 2008년 네덜란드 우파 정치인 빌더스(Geert Wilders)가 제작한 15분짜리 단편영화 「시험」(Fitna)이 그런 예일 것이다.

이 책을 마무리하는 2012년 9월, 세계 언론은 미국에서 제작된 아마추어 쓰레기 영화 「무슬림의 무지」(Innocence of Muslim)로 뜨겁다. 무함마드를 사기꾼, 난봉꾼, 성도착자로 묘사한 14분짜리 동영상이 유튜브를 통해 퍼지면서 중동의 반미 시위가 거세어졌기 때문이다. 영화감독이라는 배슬리 나쿨라는 유죄 판결을 받은 사기꾼이다. 그는 영화에 대해서는 물론이고 이슬람에 대해서도 일자무식이다. 그런데 서구와 이슬람 사이에 형성된 시한폭탄을 인터넷을 이용하여 터뜨리고 말았다. 이슬람 세계의 들끓는 여론은 문제아 나쿨라의 조잡한 작품 하나를 마치 이슬람에 대한 미국 및 서방세계 전체의 입장인 것처럼 이해하고 있다.

인터넷 유튜브의 역할이다. 그것은 마치 싸이가 강남의 과시적 소비를 조롱한다며 내놓은 '강남 스타일'의 말 춤에 온 세상이 열광하며 따라하는 것과 마찬가지다. 인터넷을 이용했다는 점은 같지만, 나쿨라는 이슬람 왜곡을 의도했다는데 문제가 있다.

2005년 덴마크 신문에 실린 무함마드에 관한 만화, 『쿠란』을 불태우겠다는 플로리다 목사 테리 존스의 위협, 뉴욕 그라운드제로 회교사원에 관한 반대시위 등도 같은 맥락이다. 그리고 9·11테러 11주년인 11일 밤 리비아 제2의 도시 벵가지에서 무장 시위대가 미국 영사관을 습격해 주(駐)리비아 미국 대사와 미 국무부 관리 3명을 살해했다. 미국 언론들은 이 사건이 유튜브에 소개된 「무슬림의 무지」 때문이라고 했다.

과연 이슬람 세계가 격하게 반응하는 이유가 단순히 서방의 무책임한 말장난에 있는 것일까? 오히려 서방의 이중적인 정책 때문이라고 해야 할 것이다. 이슬람이 믿기에, 미국은 부패하고(아프가니스탄), 전제주의적이고(사우디아라비아), 개혁에 저항하는(바레인) 이슬람 정부들과 동맹을 맺고 있다. 미국의 전쟁, 그리고 동맹국들이 편 정책의 피해자들은 거의 무슬림들이다. 미군은 『쿠란』을 불태우고, 주검에 방뇨한다. 조지 부시 전 미국 대통령은 이라크·아프간 전쟁을 하면서 서양이 현대적인 십자군전쟁을 하고 있다고 주장했다. 이슬람으로서는 서양이 '십자군전쟁'을 치르고 있다고 믿을만한 근거를 제공한 셈이다. 이슬람 공포증 환자들도 덩달아 모든 무슬림들이 선천적으로 폭력적이라며 9·11 공중 납치자들과 탈레반 극단주의자들, 소말리아의 알샤바브[48] 광신자들을 지목한다.

그러나 곰곰이 따져보라. 이들의 실체는 나쿨라가 미국의 소수 과격파인 것처럼 이슬람의 소수 과격분자들일 뿐이다. 부분을 전체로 오인하는 것이 어디 이슬람 세계 특유의 질병뿐이겠는가. 이 두 거울 이미지의 무리들이 서로 폭력을 조장하면 할수록 관심을 끈다. 그들은 서로를 필요로 하기 때문에 서로에게 격렬하게 반응한다.

사태가 이러할진대 무슬림들은 지금 그런 외부적인 폭력에 아파할 틈도 없어 보인다. 아랍 정치권에서 계속되는

---

48) 소말리아 남부 라스 캄보니에 근거를 둔 이슬람 극단주의 테러 조직이다. '알 샤바브'는 아랍어로 '젊음' 또는 '청년'을 뜻한다. 알 샤바브는 이슬람법정연합(ICU)이라는 이름의 근본주의 조직의 청년 분과로 출발했으며, 2006년 독립했다. 조직원은 총 3,000–7,000명 정도인 것으로 추정되는데, 약 280–300명은 예멘 · 리비아 · 이집트 출신으로 알려져 있다. 자폭테러와 동영상을 이용한 선전, 해외 조직원 모집 등 알 카에다의 전술을 그대로 사용한다.

내란의 불씨가 점점 더 커지고 있으니 그걸 끄는 게 더 급한 일이다. 과연 유일신교 이슬람은 하나임에 틀림없다. 그러나 이슬람이 종교로서의 역사를 시작하면서 그들은 바로 '여럿'의 모습을 취했다.

제 3자인 우리는 십자군 전사와 지하드 전사가 관심의 중심에 서도록 해서는 안 된다. 반대 세력이라기보다는 밀접하게 관련돼 있는 서방과 이슬람은 손을 맞잡고 원을 형성해 이 극단주의자들이 주변부에만 머물도록 해야 한다. 서방의 근본주의자들은 무슬림 과격분자들만큼이나 위험하다. 이슬람에 관한 한 우리는 이러한 서구를 간접적 정보원으로 삼을 수밖에 없었다. 그러나 서구는 이미 동양에 대한 서양의 사고방식이나 지배방식이라고 할 수 있는 오리엔탈리즘에 물들어 있었다.

오리엔탈리즘은 단순히 지리상의 동양을 가리키는 게 아니라 서양이 동양을 지배하고 재구성하며 동양을 억압하기 위하여 만들어낸 지배 담론이다. 동양에 관하여 무엇을 서술하거나, 동양에 관한 견해에 권위를 부여하거나, 동양을 묘사하거나, 동양을 강의하거나 또는 동양에 식민지를 세우거나 통치하기 위한 수단이었다. 에드워드 사이드에 따르면 서양인들은 동양인을 열등, 무능하고 게으른 존재로 여겼고, 자신들보다 두뇌, 신체 면에서도 하위에 있다고 여겼다. 뿐만 아니라 수많은 다양한 문화가 존재하는데도 불구하고 이를 한꺼번에 동양이라는 단어에 묶어서 생각하고 표현하고 있다는 것이다.

이러한 오리엔탈리즘은 동양뿐만 아니라 자신 이외의 타자(아메리칸 인디언, 아프리칸)에게도 적용될 뿐만 아니라 개인의 상호관계까지 지배하는 개념이다. 더 구체적으로 말하자면, 이슬람 혹은 아랍을 자신과 대조적인 타자의 이미지로 규정하고, 자신들보다 열등하다고 치부해 왔다. 땅덩어리가 크고 자원이 풍요로운 중동의 이슬람 문화가 오랫동안 자신들에게 부담스러운 상대였기 때문이었을 것이다.(사이드 11-58).

이런 서구의 오리엔탈리즘적 시각이 한국에 유입된 것은 메이지 유신 이후 서구에 의해 일찌감치 근대화를 이루었던 일본을 통해서였다. 그리고 기독교의 이름으로 국내에 들어온 미국인 선교사들에 의해서이다. 선교사들이 들어오기 시작한 것은 일본이 한국을 지배하며 근대화를 강제하고 있던 차였다. 그들이 교육, 의료 등의 분야에서 많은 도움을 베푼 것이 사실이다. 병원과 학교를 짓고, 서양의 신기술을 이용하여 낙후된 분야의 개선과 복지에 많은 노력을 하였다.

하지만 그들의 사고방식에는 우월한 미국인이나 서양인으로서 미개한 조선을 '문명화' 시키기 위해 파견된 '문화 전파인'이라는 생각이 있었다. 더구나 한국의 기존 종교, 전통문화, 사상들이 모두 미개하다고 여겼다. 그런 생각의 뿌리는 16세기 이전까지 이슬람 세계보다 열세에 처해 있던 유럽인들의 집단적 열등감의 산물일 것이다. 오늘날 한국의 일부 기독교인들은 무슬림 노동자들조차 이슬람을 선교하기 위해 한국에 정착하기 시작했다고 생각하여 그들을 선교의 대상으로 삼아 개종을 시키기 위해 많은 노력을 기울이고 있다.

더구나 언론은 역사적, 문화적, 사회적 배경이나 전후 맥락에 대한 아무런 설명도 없이 보도되는 서구의 언론, 정보를 통해서만 이슬람의 문제를 다루고 있는 게 사실이다. 또한, 이것을 받아들이는 대중들은 자신과 세계 간의 상호활동과정이나 비판적 사고과정을 심각하게 거치지 않는다. 인터넷과 TV 등의 미디어에서 매일 반복적으로 쏟아지는 각종 유형화된 사실들을 부지불식간에 진리, 사실, 신념으로 받아들이고 있는 것이 현실이다.(김중순 2010: 220)

과연 우리 안의 오리엔탈리즘을 극복하는 길은 없을까? 역사적으로나 세계사적 정황으로나 서방의 입장에 가까울 수밖에 없는 우리가 할 수 있는 일은 무엇일까? 우리는 자신이 가지고 있는 시각의 한계를 인정하기가 참으로 어렵다. 스스로를 객관화하는 일이 필요하다는 것을 심정적으로 동의하는 것만으로는 부족하다. 결핍된 부분을 재빨리 인정할 뿐만 아니라 보완해야 한다.

보완을 위해서라면 남의 영역을 기웃거리고, 필요하다면 아예 건너가서 제대로 배울 필요가 있다. 그런데 이때 '남'이란 게 자기와 비슷한 생각을 가진 사람이라면 효과가 없다. 오히려 나와 완전히 다른, 어쩌면 절대적인 적이라고 여겼던 사람이어야 한다. 그것은 결코 항복을 뜻하는 게 아니다. 나에게 있는 가능성을 일깨우는 일(evoke)이다. 그것이 종교일 때는 더욱 그렇다.

이러한 태도를 미국의 종교학자 존 던(John S. Dunne)은 변증법적 '넘어가 봄(passing over)'과 '되돌아 옴(coming back)'의 과정이라고 했다. 던은 오늘날 우리가 감행해야 할 정신적 모험은 "한 문화에서 다른 문화로, 한 생활양식에서 다른 생활양식으로, 한 종교에서 다른 종교로 넘어가 봄"을 통해 "새로운 안목(new insight)을 가지고 자기 자신의 문화, 자기 자신의 생활양식, 자기 자신의 종교로 되돌아옴"이라고 했다.(Dunne: IX)

이것은 물론 한 종교에서 다른 종교로 개종하고 거기서 다시 개종하는 등 분주한 형식적, 외형적 넘나듦을 요청하는 것이 아니다. 우리의 정신 태도가 경직된 옹고집에서 해방되어 다른 사고방식, 다른 종교적 입장과 내면적 대화를 감행함으로 계속적으로 더욱 깊은 정신적 차원으로 들어가는 변증법적 전진을 의미한다. 그 말은 행여 내가 가진 것으로 상대방의 안목을 깊게 하는 데 도움이 될 일이 있으면 우리도 상대방에게 공헌할 수 있다는 뜻이기도 하다.

그렇다면 우리가 이슬람을 어떻게 대화의 상대로 삼을 수 있을까? 대화가 반드시 얼굴을 맞대고 앉아 이야기하는 것만을 의미하는 것은 아니다. 전쟁터의 한 가운데로 뛰어들어야 하는 것도 아니다. 이야기를 하던, 글을 통하던, 그들과 생활을 같이 하던, 상대방의 생각 깊이에 들어감으로 내 속에서 이루어지는 내면적 변증법을 통해 정신적으로 성숙해지는 일이다.

대화는 상대방을 모방하거나 상대방의 생각을 무조건 동의하거나 받아들이는 일이 아니라 상대방의 생각에 접하여 내 속에 있는 무엇을 '일깨우는' 일이기 때문이다. "한 종교만 아는 사람은 아무 종교도 알지 못한다."고 했던 종교학의 창시자 막스 뮬러(Max Mueller)의 생각도 다르지 않았다. 남의 종교를 아는 것은 나 자신의 종교를 더욱 깊이 깨닫게 되는 길이라는 뜻이다. "남의 종교를 아는 것은 상대방 종교인 거울 앞에 서서 나를 보는 것과 같다"고 했던 한스 큉의 생각도 마찬가지다. 종교들의 접촉은 이런 철저한 자기비판이 가능하도록 한다는 이야기다.(Küng 81)

대화는 단순히 상대방을 이해하기 위한 것만은 아니다. 지평융합(Horizontverschmelzung)과 같은 변증법적 천이(遷移)를 가져다주기 마련이다. 예를 들면 중세라는 시대와 르네상스라는 시대적 이념에 대한 이해는 지평융합을 통해 서구적 시각을 뛰어넘어 새롭게 확장된 시각을 얻을 수 있다.

우리는 르네상스라고 하면 레오나르도 다 빈치나 미켈란젤로 같은 뛰어난 예술가들이 무더기로 배출된 이탈리아의 르네상스를 떠올리게 된다. 이러한 고정관념은 상당 부분 부르크하르트(Jacob Burckhardt: 1818-1897)가 1860년에 출간한 『이탈리아 르네상스의 문화』(*The Civilization of the Renaissance in Italy*)라는 책에 의해 만들어진 것이다. 그는 르네상스를 이탈리아 회화의 이미지만으로 해석한 사람이다. 그 이후 르네상스는 이탈리아의 전유물인 것처럼 세계적으로 확산되었다. 부르크하르트는 미술에 열광한 나머지 근대가 이탈리아로부터 시작되었다고 주장한다. 중세와는 아무런 상관이 없다며 시대를 분리한 것이다.

이런 견해에 반박을 한 사람이 네덜란드의 역사학자 요한 하위징아(Johan Huizinga: 1872-1945)이다. 그는 1919년에 쓴 『중세의 가을』(*The Autumn of the Middle Ages*)이란 책에서 "르네상스는 하나가 아니라 여럿이며, 당시의 이탈리아가 유럽 전체를 나타내는 것은 아니다"고 했다. 호이징가는 르네상스가 이탈리아에만 한정된 것이 아니며, 시기적으로도 12세기경부터 이미 르네상스와 비슷한 움직임이 있었다고 했다.

그 근거가 바로 십자군이었다. 십자군이 활약한 것은 11세기말부터 2백여 년간으로, 이 사이에 이슬람으로부터의 예루살렘 성지 탈환이라는 슬로건 아래 많은 유럽인들이 아라비아 세계로 파병되었다. 그들에 의해 유럽에 아라비아 문화가 일시에 몰려들어왔고, 그것이 르네상스의 계기가 되었다는 것이다. 르네상스의 의미와 목적은 고대 그리스 로마적인 이상으로 돌아가자는 것이었다.

그러나 고대 그리스적인 위대한 지혜가 당시의 유럽에는 존재하지 않았다. 고대 세계의 뛰어난 지혜는 유럽 교회가 아닌 이슬람 문화권에 의해 계승되었기 때문이다. 특히 이집트의 알렉산드리아, 안달루시아의 톨레도와 코르도바에는 세계 최대의 도서관이 있었고 번역사업도 활발했다. 그곳을 중심으로 키워진 문화와 선현의 지혜를 정리한 다양한 서적은 십자군 운동을 계기로 유럽에 역수입된 것이 바로 12세기였다.

우리가 르네상스라고 생각하는 이탈리아의 문예부흥은 사실상 르네상스 가운데 일부에 불과했다. 교회의 지배가 아직 견고했던 12세기경부터 이미 유럽에서는 십자군을 통해 아라비아 문화가 유입되기 시작했고, 그것으로 중세 유럽 각지에서 르네상스적인 움직임이 조금씩 싹트고 있었던 것이다.

중세부터 근대로의 이행은 교회의 절대적인 지배가 1천 년 동안이나 계속되다가 갑자기 이탈리아 르네상스라는 커다란 꽃이 만개한 것으로 시작된 것은 아니다. 12세기경부터 각지에서 조금씩 작은 꽃들이 피기 시작했고, 그 연장선상에서 이탈리아 르네상스라는 커다란 꽃이 활짝 피어 난 것이다. 중세에도 후반 이후에는 조금씩 아라비아계의 문화가 유입되기 시작했고, 그것이 유럽 각지에 다양한 르네상스적인 움직임을 일으켰다는 사실을 기억할 필요가 있다.

근대 이전에는 서유럽을 중심으로 하는 기독교 세계보

다 이슬람 세계가 압도적으로 뛰어난 문화를 가지고 있었기 때문에 가능한 일이었다. 그러한 이슬람 문화의 우위는, 그리스 로마가 그 문명적 우위를 상실한 후부터 서양에 근대문명이 생겨나기까지 약 1천년 가까이 지속되었다. 이슬람이 세계사에 등장하는 것은 대략 7세기경이지만, 그 이후는 급속하게 힘을 키워 8세기에는 중동, 아프리카, 그리고 이베리아 반도까지 포괄하는 광대한 이슬람제국을 건설했다는 사실을 우리는 이미 확인했다.

이슬람 제국은 끝도 없이 영토를 넓혔고, 그 전까지 고대 지중해 문화에서 시작해 고도로 발전한 그리스 로마의 문화, 그리고 알렉산드리아에 축적된 지혜를 전부 흡수하여 자신의 제국 안에서 더욱 발전시켰다. 과학도 마찬가지다. 과학이라고 하면 우리는 흔히 이탈리아의 갈릴레오나 영국의 뉴턴 같은 사람들이 등장하면서 시작되었다고 생각하는 경향이 있다. 그러나 실상 유럽의 근대과학은 이슬람 문화의 유입이라는 외부의 자극에 의해 시작되었음을 기억할 필요가 있다. 또한 그 시기 아라비아에서 유럽으로 빠르게 보급되어 근대화를 도운 것 가운데 하나가 '아라비아 숫자'이다.

숫자 자체는 유럽에서 10세기경부터 그 흔적을 볼 수 있지만, 일반 대중에게까지 보급되는 것은 이탈리아의 수학자 레오나르도 피보나치(Leonardo Fibonacci: 1170-1250)가 1202년에 펴낸 『계산판에 관한 책』(*Liber Abaci; Book of Calculation*)에서 아라비아 숫자의 시스템을 소개하면서 부터이다. 그 전까지는 로마 숫자가 광범위하게 사용되었다. 그것은 요즘도 시계 문자판에서 볼 수 있지만 숫자가 커질수록 읽기가 쉽지 않다. 또한 '0'이 없다는 것이 결정적인 문제다. '0'은 원래 인도의 발명품인데 그것이 먼저 이슬람권에 전해졌고, 다시 전 세계로 퍼져나가게 되었다. 그런 의미에서 유럽 근대과학의 발전은 이슬람의 아라비아 숫자 없이는 성립할 수 없었다고 해도 지나친 말이 아니다. 천문학과 관련한 지리학, 광학, 화학, 의학 등 근대과학의 대부분도 이슬람에서 유래 혹은 발전했다는 사실은 결코 새삼스러운 일이 아니다.

그럼에도 불구하고 이슬람 문명이 폄하되었던 것은 유럽의 일방적 세계관의 책임이 크다. 다시 말하거니와, 서구가 아니라 이슬람이 옳다는 게 아니다. 이만하면 충분히 "넘어가" 볼 만한 가치가 있지 않을까? 그리고 다시 "되돌아" 와 깨우침과 더불어 지평융합에 이르는 길이야 말로 다문화 시대에 이슬람을 이해하는 의미가 될 것이다. 그렇게 하여, 인류 역사상 딱 한번이었던 11세기에서 12세기 초, 유일신을 믿는 세 개의 종교가 서로를 존중하고 찬양하며 서로에게서 자양분을 섭취했다는 그곳, 안달루시아로 우리가 다시 되돌아 갈 수 있을까?

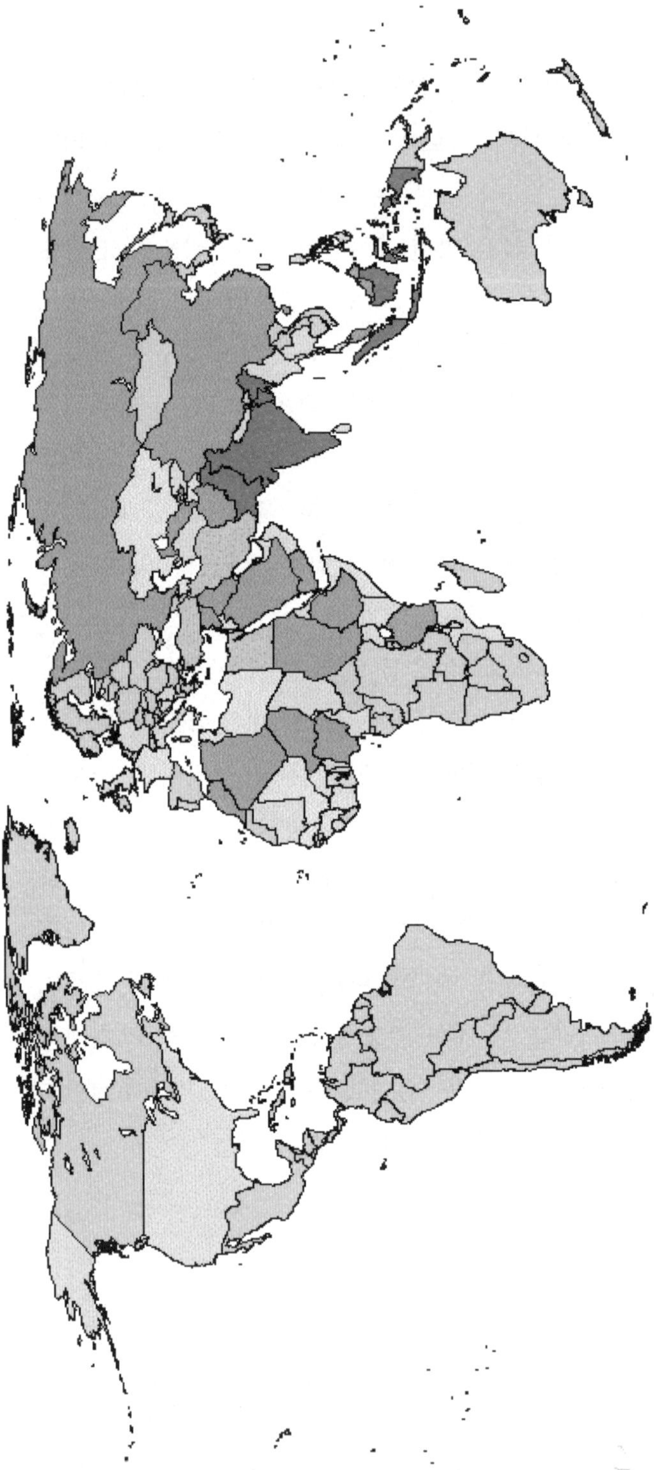

그림 36.
2000년 현재
무슬림 분포도

- 1백만 이하
- 1~5백만
- 5백만~1천만
- 1천만~5천만
- 5천만~1억
- 1억 이상

무슬림 총인구
2010년 현재
약 16억
(출처: John Templeton Foundation)

닫는 글

긴 여정이었다. 정리가 필요할 것 같다. 인류 문명의 출발은 보통 기원전 4000년경 발생한 중동지역의 고대 오리엔트 문명(메소포타미아 문명, 이집트 문명)과 인더스 문명, 중국 황하 문명 등 강을 낀 고대 문명에서 시작된다. 중동과 가까운 그리스는 고대 오리엔트 문명을 계승하면서도 독창적인 문명을 창출해 이후 서양 문명의 모체가 된 그리스 문명을 이룩해 냈다. 민주적 제도와 자유로운 정신을 바탕으로 한 그리스는 고대 오리엔트의 언어를 이용해 개발한 알파벳 문자를 통해 지식을 넓혔고 문학, 철학, 예술 외에 자연과학에서도 놀라운 성취를 거두었다.

그렇게 축적된 그리스의 과학 지식은 알렉산더 대왕(BC 356-323)의 동방 정복을 통해 오리엔트의 건축술, 의술 같은 실증적 지식과 결합해 세계화된 헬레니즘 과학으로 발전했다. 당시 이집트의 도시 알렉산드리아는 수학, 역학, 천문학 등을 포함하는 헬레니즘 과학의 중심지였다. 로마 시대에는 주로 그리스의 과학과 기술이 응용됐으며, 그리스 과학자들에 의해 고대 과학이 마무리됐다.

그러나 로마의 멸망과 더불어 유럽은 과학기술을 포함한 고대 그리스 문명의 지적 성과가 내리막길을 걷기 시작한다. 봉건제도와 기독교 교의의 지배체제가 자리를 잡았기 때문이다. 소위 암흑시대(400-1500년경)가 시작된 것이다. 중세과학은 '하늘의 왕국'을 꿈꾸는 기독교 신학 덕택에 그 기반을 잃게 되었고, 그리스 사상과 과학지식은 학문에서 배제되었다.

인류가 4000년 이상 쌓아왔고 그리스가 종합하고 발전시킨 엄청난 과학 지식이 자칫 역사에서 매몰될 뻔 했을 때 고전 문명 지식의 파수꾼을 자처한 이들이 있었으니, 그들이 바로 이슬람 세계의 사람들이었다. 중세 유럽에서 학문의 암흑기라고 규정한 기간은 아이러니칼하게도 이슬람 문명권에 있어서는 학문의 전성기였다. 서구 유럽에서 과학은 기독교 신학에 억눌려 퇴보할 무렵, 동쪽의 바그다드에서는 세계 최고 수준의 과학 지식이 생산되고 있었다. 그것은 이슬람의 영토의 확대, 이슬람 제국 통치자들의 개방적 태도와 관용적 특성 덕택이라고 할 수 있다.

그들은 632년에 예언자 무함마드가 죽고 나서 30년도 채 지나지 않아 서남아시아와 북아프리카를 점령하지 않았던가? 동로마와 페르시아 사산조 제국(224-651)을 멸망시켰고, 732년 무렵에는 중앙아시아와 인도에서 스페인과 피레네 산맥에 이르기까지 영토를 확대시켰다. 그곳은 일찍이 알렉산더 대왕이 차지했던 영토이며, 이후 로마인들과 비잔틴인들이 지배했던 곳이었다. 고대 문명이 존재했던 유프라테스 강 동부의 페르시아와 '비옥한 초승달 지역',

그리고 이집트는 알렉산더 대왕의 통합으로 고도의 헬레니즘 문명이 만개했던 지역이었다. 따라서 그들이 점령한 땅은 메소포타미아 문명, 고대 이집트 문명, 고대 페르시아 문명, 헬레니즘 문명, 인도 문명 등 앞서 나타난 문명들의 발상지이기도 했다. 결국 이슬람 제국은 여기서 축적된 지식을 통합하여 제국을 발전시킬 꿈을 키울 수 있었던 것이다.

그 꿈은 동서 문명의 교량 역할을 자임함으로써 실현시켰다. 과거 이 지역은 동양을 대표하는 페르시아와 서양을 대표하는 그리스, 로마, 비잔틴 간에 여러 시대를 거쳐 늘 전쟁이 벌어졌던 곳이다. 그 전쟁으로 인해 동서 문물의 교류와 교역이 막혔고 이 지역은 황폐화되었다. 그러나 이슬람의 광범위한 영토 점령으로 이집트-페르시아-인도를 잇는 길을 열었다. 이를 통해 동서 간에 농산물, 원자재, 제조물품, 용역, 기술, 사고와 사상 등의 문물이 자유로이 만나게 된 것이다.

이슬람권에 들어간 인도와 동부 지중해 지역 간 교류가 원활해지면서 서남아시아와 지중해 권으로 많은 농산물이 수입되었고, 또한 농업 기술과 지식이 도입됐다. 그동안 활발한 무역을 통한 이익이 일부 상인 계급에 국한된 경향이 있지만, 농업의 발전은 모든 계층 사람들에게 부와 식생활의 향상을 가져다주면서 이슬람 제국의 경제적 안정에 기여하였다.

이는 결국 지식산업의 발달을 가져왔다. 750년 탈라스 전투를 통해 종이가 도입되었고, 이와 더불어 8세기 중엽 바그다드에서 일어난 동서 문헌의 번역운동은 지식의 확산에 크게 기여하였다. 학자들은 그리스어 외에 옛 시리아어나 페르시아어 같은 상이한 언어들로 쓰인 과학 문헌들을 볼 수 있었으며, 서로 만나 교류하면서 활발하게 이루어진 번역은 종이를 통해 급속도로 확대되었다. 다마스쿠스에는 최초의 아랍 도서관이 문을 열었고 연금술, 의학 등 과학 분야 관련 그리스어 기독교 서적들이 수집, 보관됐다.

특히 이슬람법과 의학 실습, 행정, 관료, 정치, 상업상의 문서를 번역하는 일, 그리고 수학, 천문학, 물리학, 공학, 화학, 의학, 철학 등 여러 과학 이론과 실용적 발명이 동과 서에서 유입된 뒤 다시 발전된 형태로 주변에 전해졌다. 과학이 가장 번성했던 8세기 후반부터 9세기(750~900년)에 이르는 기간은 바로 압바스조의 수도 바그다드를 중심으로 제국 전역에서 왕성한 번역활동이 전개된 기간과 일치한다.

그것이 가능했던 것은 지식 탐구를 공개적으로 권장했던 이슬람 종교의 성격 때문이다. 『쿠란』은 "지식이 있는 자와 없는 자가 같을 수 있느냐?"(39: 9)라고 하며, 예언자 무함마드도 자신의 언행록 『하디스』에서 "지식을 구하라. 중국에 가서라도" "지식을 추구하는 것은 모든 무슬림의 의무다" "학자의 잉크는 순교자의 피보다 값지다" "학자는 예언자들의 진정한 후계자"라며 지식탐구의 중요성을 설파

했다.

그런 탓에 무슬림들이 1년에 한 차례씩 세계 각지에서 성지 메카로 모이게 되는 '순례(Hajj·하즈)' 또한 다양한 사고와 학문, 문화를 교류하는 컨벤션이 되었다. 물론 그들은 이슬람 교의에 대한 지식을 우선시하지만, 전반적인 학문의 가치를 인정하는 데 인색하지 않았다. 이는 과학 지식은 단지 교회를 위한 봉사의 도구가 되어야 한다며 학문을 등한시한 중세 기독교와는 대조되는 진취적인 태도였다.

이러한 과정을 거쳐 이슬람 세계는 인류역사에서 가장 빠르게 전파된 문화로 인정받고 있다. 이슬람교가 7세기 초엽 무함마드에 의해 처음 알려진 이후 불과 100년도 안 되는 시간에 그 당시 동쪽의 가장 끝인 중국에까지 전파되었다. 그리고 8세기에서 16세기에 이르는 동안 실크로드의 주역으로 활동한 무슬림들에 의해 이슬람 문화의 제 요소가 동서로 교류되었으며, 이것은 결과적으로 세계문화의 다양화와 일체화에 기여했다. 그 결과 공간적으로는 주변문화를 수렴했고, 역사적으로는 고대문화를 재생시키면서 이슬람 문화라는 종합문화를 창출하였다.

이러한 이슬람 문화의 가장 현저한 특징은 그 특유의 융화력이다. 그들은 방대한 지역을 한동안은 군사적 정치적 권력을 통하여, 그 후 훨씬 오랜 기간 동안은 아랍어와 믿음을 통하여 한 덩이로 묶어놓았다. 그리고 이슬람교는 서로 불화 관계에 있었던 두 문화 즉 그리스, 로마, 및 고대

중근동의 다양한 지중해 문화와, 인도 및 중국문화와 오랜 접촉을 가진 페르시아 문화를 융합시켰다. 서로 다른 수많은 인종, 신앙 및 문화가 이슬람 영역 내에 공존함으로써 하나의 새로운 문명이 생성되었고 아랍적인 이슬람의 독특한 색채를 띠게 된 것이다.

이러한 이슬람 사회의 다양성은 중세 기독교 세계에서 찾아보기 힘든 상대적인 관용성 때문이다. 중세 무슬림들은 그들의 통치 아래 있는 모든 백성들에게 자신들의 신앙을 강조할 필요성을 느끼지 못 하였다. 그들은 여러 신앙 가운데에 지배적인 신앙으로 군림하는데 만족하였다. 무슬림들은 우위의 표시로서 비 무슬림들에게 일정한 사회적 및 법적인 차등책을 실시하기도 하였으며 그렇지 않은 경우에는 비 무슬림들의 종교적 경제적 및 지적 활동의 자유를 어느 정도 인정해 주면서 무슬림들의 문명창조에 눈부신 공헌을 할 수 있는 참여 기회를 만들게 하였다.

당시 비잔틴과 페르시아의 수탈과 착취에 시달리던 백성들은 이슬람의 진출을 오히려 환영하였고 이슬람 정복과정에서 강제 개종은 실제로 거의 일어나지 않았다. 오히려 세금 감면을 노린 대량 개종을 막았고, 이슬람 정부는 국가수입의 증대를 위해 피정복민의 개종보다 공납을 요구했다. 또한 공납액수도 비잔틴이나 페르시아의 수탈에 비하면 가벼웠다. 그래서 이슬람제국 하에서 기독교인들과 유대교인들은 상당한 종교적 자유와 경제적 기득권을 향유했다. 다시 말해 무력에 의한 이슬람 전파는 없었던 셈이다. 이와 같이 이슬람교는 15세기까지 크게 부흥하여 유럽을 압도하는 문화권을 중동은 물론 스페인을 위시한 유럽 일대, 아프리카 대륙의 서북부 그리고 동남 중앙아시아에서 이루었던 것이다.

그러나 이슬람은 오랜 번영이 지속되면서 내부 사상들이 보수화되고 타 문화권에 대한 탄력성을 잃고 쇠퇴하기 시작하였고, 18세기 이후에는 유럽의 식민지로 전락한다. 따라서 그에 대한 반작용으로 서구의 가치체계에 대항해 이슬람 정신에 입각한 새로운 질서를 창출하려는 새로운 이슬람 운동이 일어나게 되었다. 그것이 오늘날 서구에서 이슬람 원리주의로 표현하는 "이슬람부흥운동", "이슬람개혁운동", "이슬람자각운동" 등이다.

이런 움직임은 『쿠란』과 『하디스』에 철저히 따르면서 이슬람식 삶의 확립을 목표로 했지만, 이슬람 각국의 내부로 인해 현실 정치에 뿌리내리는데 많은 어려움을 겪고 있다. 일부 독재정권 하에서는 심한 탄압을 받고 있으며 이슬람 운동주의자들은 이러한 독재정권과 이들을 지원하는 서구세력에 대항하기 위해 조직화되었다. 이들 중 극히 일부가 서구의 끊임없는 경제적 착취와 이슬람 가치체계에 대한 침탈에 극단적으로 반응하면서 과격주의와 폭력주의가 생성되었으나 이들은 대중적 지지를 받지 못하고 있다.

이슬람 부흥운동은 원래 제국주의 열강의 침탈에 대항

해 이슬람의 정통성과 이슬람권을 보호 발전시키자는 취지를 담고 있는 총체적 운동이었다. 19세기 후반에서 20세기 초 서구 유럽의 식민통치 하에서 개혁 성향의 교육을 받은 부흥 운동가들의 등장을 통해서였다. 그들은 서구 문물에 대해 더 이상 적대적인 배척은 하지 않았다. 앞선 과학과 제도를 발전적으로 수용하는 이슬람식 사고에 과감한 발상 전환을 시도했다. 그들은 이슬람 율법에 대한 맹목적 추종보다는 합리적으로 이성적인 재해석을 강조했다. 한마디로 이슬람 부흥운동은 이슬람식 전통과 현대화 사이의 모순과 갈등을 합리적으로 조화롭게 극복하려는 지적 고뇌의 표현이었고 현실적인 대안이었다.

이러한 개혁 성향의 이슬람 부흥운동은 근년에 들어 젊은 층과 소외층의 공감을 얻으면서 북아프리카, 중동 아랍 국가, 이란, 터키, 파키스탄, 동남아시아 등 이슬람권 전역에서 더욱 확산되고 있다. 그것은 미국을 중심으로 한 서구의 이슬람권 지배력 강화와 세속주의, 서구화에 따른 도덕적 가치관의 혼란에 기인한 것이다. 뿐만 아니라 이슬람권 국가들의 민주화 부진, 부정부패나 경제 정책 실패로 인한 빈부 격차의 심화, 이스라엘에 대한 서방의 일방적 두둔 자세, 그리고 보스니아와 캐시미르 같은 분쟁 지역에서의 무슬림 대량 살해에 대한 서방의 방관자적 태도 등은 그들의 부흥운동을 더욱 촉진시켜주고 있다.

이러한 상황은 이슬람교가 정교일치로서 믿음과 행동,

즉 이슬람법과 믿음으로 구성되어 있는 데서 비롯된다. 이 둘의 관계는 그 영역이 서로 확연히 구분되어 있는 것이 아니라 상호 보완적인 형태를 유지하고 있다. 즉 믿음은 이슬람법을 포함하고 있으며 이슬람법은 믿음을 기초로 하고 있다. 따라서 이슬람법의 역할은 다른 문화권의 실정법보다 좀 더 광범위한 것이며, 법인 동시에 믿음이며 사상이다. 한편 이슬람법은 신에 대한 경배와 개인과 가족, 그리고 사회관계와 같은 인간사 모든 행위를 포함하고 있다. 따라서 이슬람 사회는 다른 종교 문화권과 구분되는 사회제도와 국가법률, 경제, 그리고 문화 등의 독특한 제도로 구성되어 있음을 인지할 필요가 있다.

우리나라에서 기독교와 불교의 영향력에 비할 때 이슬람은 아무래도 낯설고 이국적인 종교이다. 거기에는 몇 가지 이유가 있다. 정치와 종교의 분리를 당연시하는 우리와 정교분리 원칙이 없는 이슬람, 종교의 자유를 주요 가치로 지향하는 우리와 종교의 자유를 인정치 않는 이슬람이라는 차이 때문이다.

이슬람은 종교분리나 종교자유와 같은 근대적 원칙에 아예 관심이 없으니 근대적인 삶의 방식과는 어울리지 않는 종교로 보일 수밖에 없다. 이른바 '근대화'라는 기준으로 선진국과 후진국을 구분하는데 익숙한 우리들은 자연스레 이슬람의 '전근대성'에 우월감을 느끼게 된다. 그리고 이슬람의 '반근대성'에는 당혹감을 느낀다. 이렇게 하여

'그들'은 우리보다 훨씬 뒤쳐져 있으며, 뭔가 근본적으로 결핍되어 있다는 결론에 이르게 된다.

인구 통계학적 측면에서는 무슬림들의 증가가 뚜렷한 상승세를 보이지만, 그들은 자긍심보다 정치적 문화적 굴욕을 겪고 있는 것이 사실이다. 아랍 언어와 문화의 쇠퇴가 그것이다. 이슬람이 종교로서는 확대되고 있을지 모르지만 문화로서는 그렇지 않은 것 같다. 내가 아는 아랍 소설은 최초의 노벨상을 수상한 나기브 마푸즈(Naguib Mahfouz, 1911-2006)의 『우리동네 아이들』(*Children of Gebelawi*, 정성호 역, 중원문화. 2006) 정도다. 아랍의 음악이나 영화는 전혀 알지 못한다. 번역을 거의 찾을 수가 없으니 글로벌 문화에서 아랍 세계가 상대적으로 소외되고 있다는 증거일 것이다.

그것은 이슬람 세계 내에서도 별로 다르지 않다. 오히려 반대의 경우가 더 많아 나기브 마푸즈의 경우에도 사다트 대통령의 이스라엘과의 평화협정을 지지했다가 원리주의자들로부터 위협을 받았을 정도이다. 이제 우리는 이슬람 문화의 향기를 아랍어가 아닌 터키어의 번역을 통해서 맡을 수 있는 것만으로도 다행으로 생각한다. 오르한 파묵의 『내 이름은 빨강』(이난아 역 2009) 같은 터키어 작품들이 이슬람 문화를 대표하고 있는 셈이다. 그러나 이것은 문화도 시장논리의 지배를 받고 있을 뿐이라는 사실을 보여주는 또 하나의 실례인지도 모른다.

우리는 팩트(fact)의 열거만으로 역사라고 하지 않는다. 더구나 순수한 팩트란 있을 수 없을지도 모른다. 팩트는 시간과 공간과 시각(perspective)에 의해 해석되어진 것이기 때문이다. 그런 뜻에서 이 책에서 다룬 이슬람 역사는 창조적 이슬람 연구를 위한 주춧돌이기를 바란다. 이슬람 역사의 개관을 위해 그야말로 '좌충우돌'한 셈이다.

유일신교 이슬람은 하나이다. 그러나 그것은 종교로서의 역사를 시작하면서 '여럿'의 모습을 취한다. 그 '여럿'을 파악하기 위해서는 이 책만으로 충분치 않다. 그들의 삶 속으로 좀 더 깊숙이 들어가서 이슬람의 문화를 읽어낼 수 있어야 하기에, 그 여정을 2권에서 계속하기로 한다.

그림목록

참고문헌

김능우 (2004). 「자힐리야-이슬람 전환기의 아랍시 연구」 『아랍어와 아랍문학』 제8집2호.

김능우 (2008). 「중세(中世) 아랍 시(詩)에 나타난 '몽골과 이슬람 세계와의 충돌'에 관한 연구: 13세기 초-15세기 초」 『韓國中東學會論叢』 第28-2號. 韓國中東學會.

김호동 (2007). 『몽골제국과 고려 : 쿠빌라이 정권의 탄생과 고려의 정치적 위상』, 서울: 서울대학교출판부.

배철현 (2001). 「이슬람 다시 읽기: 그리스도교-이슬람교는 같은 뿌리였다」 『역사비평』 57호.

송경근 (1998) 「중국의 이슬람」 『한국이슬람학회논총』, 한국이슬람학회.

신양섭 (2002). 「중동의 토속신앙과 미신」 『종교로 본 동양문화』, 역민사.

오명석 (1998). 「닥꽈에서 신말레이로」 『한국인류학의 성과와 전망』, 한국문화인류학회 편.

이성덕 (2002). 「종교개혁 시대 이슬람의 팽창과 루터의 입장」 『한국기독교신학논총』(Korea Journal of Christian Studies) Vol.24.

이희수 (1995). 「이슬람 개혁운동의 현황과 그 전망: 제4장 마우두디의 사상과 21세기 파키스탄의 이슬람화 운동: 자마티 이슬람미의 개혁운동을 중심으로」『한국이슬람학회논총』.
이희수 (1997).「이슬람교의 중국전입과 회족공동체의 태동」『민족과 문화』 제5집.
이희수 (2011).『이슬람』, 청아출판사.
장병옥 (2011).「중앙아시아 이슬람 원리주의 단체에 대한 연구」『韓國中東學會論叢』第31-3號. 韓國中東學會.
장세원 (2011).「자힐리야시대 아랍시에 나타난 이슬람 이전 아랍사회와 문화 연구」『지중해지역연구』 제13권4호.
조희선 (2006).『아랍문학의 이해』, 서울: 명지대학출판사
최영길(2005).「쿠란에 등장한 인물 연구: 이복형제 이스마엘과 이삭을 중심으로」『한국이슬람학회 논총』 15권 2집.
허홍범, 한종엽 외 (2008).『세계를 움직인 해전의 역사: 바다에서 만들어지는 역사와 미래』, 지성사.
황병하 (2009).「신장의 이슬람 역사와 중국의 대 이슬람 정책」『韓國中東學會論叢』第30-1號, 韓國中東學會.

자크 아탈리, 이재룡 옮김 (2010).『깨어있는 자들의 나라』, 사월의책.
찰스 필립스, 홍정민 옮김 (2000).『20세기에 우리에겐 무슨 일이 있었나?』, 좋은책만들기.
하르트무트 보브친, 염정용 옮김 (2005).『무함마드는 이렇게 말했다』, 들녘코기토.
요한 하위징아, 이희승맑시아 옮김 (2010).『중세의 가을』, 동서문화사.
타밈 안사리, 류한원 옮김 (2009).『이슬람의 눈으로 본 세계사』,

뿌리와이파리.
야콥 부르크하르트, 안인희 옮김 (1999). 『이탈리아 르네상스의 문화』, 푸른 숲.
맥그로힐, 이형식 옮김 (2005). 『롤랑전』, 궁리출판.
보라기네의 야코부스, 윤기향 옮김 (2007). 『황금의 전설』, 크리스챤다이제스트.
테 아리기에리, 한형곤 옮김 (2005). 『신곡』, 서해문집.
마이클 모건, 김소희 옮김 (2007). 『잃어버린 역사, 이슬람』 성균관대학교 출판부.
안드레아 아로마티코, 성기완 역 (1998). 『연금술: 현자의 돌』, 시공사.
이보 안드리치, 김지향 옮김 (2005). 『드리나 강의 다리』, 문학과 지성사
에드워드 사이드, 박홍규 옮김 (1991). 『오리엔탈리즘』, 교보문고.
마노 에이지, 현승수 옮김 (2009). "티무르조 문화," 『교양인을 위한 중앙아시아사』, 서울: 책과함께.
르네 그루세, 김호동, 유원수, 정재훈 옮김 (1998). 『유라시아 유목 제국사』, 서울: 사계절.

Broomhall, Marshall (1910). *Islam in China*, London: Morgan and Scott.
Confessor, Theophanes (1997). *The Chronicle of Theophanes Confessor: Byzantine and Near Eastern History AD 284-813.* trans. Cyril Mango and Roger Scott. Oxford.
Davis, Paul K. (2001). *100 Decisive Battles: From Ancient Times*

to the Present. Oxford University Press.

De Lesseps, *Lettres,* journal et documents.

Dunne, John S. Dunne (1982). *The Way of All the Earth*. New York: Macmillan.

Flaubert, Gustav (1997). *Briefe*. Hrsg. und übersetzt von Helmut Scheffel, Zürich.

Fourier, Jean-Baptiste-Joseph. "Preface historique", vol.1 of *Description de l'Egypte.*

Fuller, Graham E. & Lipman, Jonathan N. (2004). *Islam in Xinjiang*. ed. Starr, S. Frederick. New York: M. E. Sharpe.

Green, Peter (1996). "Alexander's Alexandria", in *Alexandra and Alexandrianism.* Ed. by Kenneth Hamma. Malibu, California: J. Paul Getty Museum.

Hakim al-Nishaburi (1015). *Al-Mustadrak alaa al-Sahihain.* (a five volume hadith collection).

Hefner, Robert. (2000). *Civil Islam: Muslims and Democratization in Indonesia*. Princeton: Princeton University Press.

Herold, J. Christopher (1992). *Bonaparte in Egypt.* New York: Harper & Row.

Him, Philip K. (1970). *A History of the Arabs.* London: Macmillan.

Hodgson, Marshall (1993). *Rethinking World History.* Cambridge: Cambridge University Press.

Küng, Hans (1977). *On Being a Christian*. London: Collins. 1977.

Kymlicka, Will (2012). *Multiculturalism: Success, Failure, and the Future. Transatlantic Council of Migration.* Washington, DC: Migration Policy Institute.

Leffler, Anne Charlotte and Furuhjelm, A. De (2010). *Sonya Kovalevsky: A Biography.* BiblioBazaar.

Lessing, Gotthold Ephraim (1973). *Nathan der Weise*. Stuttgart: Reclam.

Lewis, Bernard (1993). *The Arabs in History*. New York: Oxford University Press.

Manz, Beatrice Forbes (1989). *The rise and rule of Tamerlane.* Cambridge: Cambridge University Press.

Michel, Robert and Forbes, Novill (1914). *The Chronicle of Novgorod: 1016~1491*. Camden 3rd Series, vol. 25. London: Offices of Society.

Napoleon, Campagne (1843). *d'Egypte et de Syrie: 1798-1799: Mémoires pour servir à l'histoire de Napoleon*. Comou. Digitalized e-Book.

Oussani, Gabriel (2006). *Mohammed and Mohammedanism.* Catholic Encyclopedia.

Potok, Chaim (1978). *History of the Jews*. New York: Ballantine Books.

Renan, Ernest (1929). *La Reforme intellectuelle et morale*. Paris: Calmann-Levy.

Richards, D.S. trans. (2008). *1. The Chronicle of Ibn Al-Athir for the Crusading Period from Al-kamil fi'l Ta'rikh, Part 3.* Ashgate Publishing.

Rodinson, Maxime (2002). *Muhammad.* Translated by Anne Carter, Taurus Parke Paperback.

Schwab, Raymond (1977). *La renaissance orientale*. (Paris: Payot, 1950) New York: AMS.

Shaw, Standford (1976). *History of the Ottoman Empire and Modern Turkey*. Cambridge: Cambridge University Press.

Towson, Duncan (1979). *Muslim Spain.* Minneapolis: Lerner Publications Company.

Israeli, Raphael (1980). *Muslims in China*. London: Curzon Press.

Wakeman, Frederic (1967). *Strangers at the Gate.* Berkeley: University of California Press.

Wheatcroft, Andrew (2004). *Infidels: A History of the Conflict between Christendom and Islam*. Penguin Books.

연보

■ 이슬람 역사 ■ 서구의 역사 ■ **한반도와 동아시아의 역사**

570년 예언자 무함마드 탄생
610년 무함마드 알라에게 계시
622년 무함마드 메카에서 메디나로 이주
624년 **고구려, 당에서 도교 전래**
627년 **당 현장, 인도로 출발**
632년 무함마드 사망 · 후계 아부바르크 (정통 칼리프 시작)
634년 후계 우마르
638년 예루살렘 점령
644년 후계 오스만 · 북아프리카, 이란, 아프가니스탄 정복
646년 **현장 『대당서역기』 · 신라 황룡사9층탑 건립**
650년 『쿠란』 완성
660년 **백제의 멸망**
661년 알리 암살: 수니와 시아파로 분리
661년 무아위야, 우마이야 왕조 다마스커스에 수립
668년 **고구려 멸망**
676년 **신라, 삼국통일**
698년 **대조영, 발해 건국**
711년 아랍과 베르베르 혼성군대 안달루시아 침입
723년 **혜초의 인도여행**
726년 비잔틴 제국 레오3세, 성상숭배금지령 발표

727년 **혜초『왕오천축국전』**
750-945 압바스 왕조 바그다드에 수립
751년 탈라스 전투. 제지법 전래 · **신라 불국사 창건**
756년 안달루시아, 後우마이야 왕조수립
762년 압바스 왕조, 수도 바그다드 건설
800년 프랑크왕국 · 칼롤루스 대제 서로마 황제로 대관
801년 카와리지파 북아프리카에 독립국 건국
830년 알마문 바그다드에 <지혜의 집> 설립
850년 수학자 알콰리즈미 사망
852년 아르멘 피르만 코르도바 탑에서 뛰어내림
900년 라제스 천연두와 홍역 발견
900년 알 파라비 음악서 저술
909년 파티마조 북아프리카 진출
910년 클뤼니 수도원 설립
918년 **왕건, 고려 건국**
936년 **후삼국 통일**
960년 **송나라 건국**
958년 **과거제도 실시**
962년 신성 로마제국 성립
969년 파티마 왕조, 이집트 정복
970년 카이로, 알아즈하르 대학 개교
980년 이븐시나 탄생
992년 바그다드 도서관 설립
1037년 셀주크 제국 건설
1049년 교황 레오 9세 교황청 개혁 시작
1054년 동–서 교회 분열
1066년 노르망디공 윌리엄, 잉글랜드 정복
1067년 셀주크 왕조 바그다드에 대학 설립

1077년 카노사의 굴욕

1088년 이탈리아 볼로냐대학 창립

1096년 제1차 십자군 원정 시작

1099년 기독교인들 예루살렘 통치

1145년 **김부식 『삼국사기』**

1163년 프랑스 노트르담 대성당 건축시작

1170년 **무신의 난**

1187년 살라딘이 예루살렘 회복

1192년 **가마쿠라 막부 성립**

1195년 이슬람 선원, 유럽에 나침반 소개

1204년 제4차 십자군 콘스탄티노플 함락 · **징기스칸 몽골초원 통일**

1206-1406 몽골제국 시대

1207-1273 시인 알루미의 활동

1218년 **몽골의 정복 시작**

1237년 이베리아 반도 알함브라 궁 공사 시작

1241년 신성로마제국, 한자동맹 성립 · **이규보 『동국이상국집』**

1250-1517 맘무르크조 이집트에서 권력획득

1258년 압바스왕조, 몽골의 바그다드 침입으로 멸망

1259년 마라가, 천문 관측소 설치

1271년 마르코 폴로 동방여행 시작

1281년 **일연 『삼국유사』**

1290년 **성리학 전래**

1291년 십자군원정 종결

1299년 오스만제국 성립 · 마르코폴로 『동방견문록』 출판

1309년 교황의 아비뇽 유수

1325 이븐 바투타 세계여행 시작

1336-1506 티무르조 중앙아시아 정복

1337년 영 · 불 백년전쟁 시작

1363년 **문익점, 목화씨 수입**
1377년 **직지심체요절 활판인쇄**
1378년 교회의 대분열 시작
1392년 **조선 건국**
1403년 말라카 왕국 성립
1446년 **훈민정음 반포**
1450년 구텐베르크 활판 인쇄술 창안
1453-1922 비잔틴제국 멸망. 오토만제국 수립
1455년 영국, 장미전쟁 발발
1476년 이븐시나 『의학전범』 간행
1492년 안달루시아 멸망 · 콜럼부스, 아메리카 대륙 발견
1502년 이스마일 1세, 사파비 왕조 수립
1506년 **중종반정**
1517년 셀림 2세, 레판토 해전 패배 · 루터 종교개혁
1526년 무굴왕조 인도에 설립
1588년 영국, 에스파냐 무적함대 격파
1592년 **임진왜란**
1597년 **정유재란**
1598년 낭뜨칙령으로 신앙의 자유 인정
1600년 영국, 동인도회사 설립
1613년 **허준 『동의보감』**
1618년 독일 30년 전쟁 발발
1620년 영국 청교도, 아메리카 상륙
1623년 **인조반정**
1636년 **병자호란**
1642년 영국, 청교도 혁명
1653년 **하멜, 제주도 표착**
1683년 제2차 빈 공격 실패

1699년 카를로비츠 조약체결
1707년 영국의 탄생: 잉글랜드와 스코트랜드의 합병
1722년 아프간 족, 이스파한 점령
1736년 사파비 왕조 멸망
1769년 제임스 와트 증기엔진 발명
1789년 미국의 탄생; 프랑스 혁명
1793년 셀림3세, 서구식 군사학교 창설
1798년 나폴레옹의 이집트 침공
1805년 무함마드 알리의 이집트 근대화 시도
1830년 프랑스의 알제리 점령
1854년 크림전쟁
1875년 이집트의 수에즈운하 주식 영국에 매각
1881년 프랑스의 튀니지 정복
1889년 영국의 수단 점령
1892년 이란 민중의 담배 불매운동
1901년 이란 석유발견 및 석유이권 영국에 양도
1910년 **한일합방**
1914년 제1차 세계대전
1920년 간디의 불복종운동 전개
1922년 오토만 제국의 멸망
1932년 사우디아라비아 왕국 국명개칭
1933년 터키 국제연맹 가입
1939년 팔레스타인 문제 런던원탁회의 · 제2차 세계대전 발발
1945년 제2차 세계대전 종전 · 아랍연맹 결성 · **한국의 독립**
1946년 인도와 파키스탄 분립
1948년 이스라엘 독립선언
1949년 **인도네시아 이슬람국가 독립선언**
1950년 **한국전쟁 발발**

1951년 이란 석유국유화 선언

1953년 **한국전 휴전** · 이집트 공화국 선언

1956년 나세르 수에즈운하 국유화 · 파키스탄 이슬람공화국 건립

1967년 제3차 중동전쟁. 이스라엘이 요르단강 서안, 가자, 고란고원, 시나이반도 점령하고 예루살렘 병합

1968년 아랍석유수출국기구(OAPEC) 발족

1977년 이집트 대통령 사다트 이스라엘 방문

1980년 이란-이라크 전쟁 발발

1981년 이집트 대통령 사다트 피살 · 이스라엘 고란고원 병합

1982년 이스라엘 레바논 남부 점령

2001년 9.11 뉴욕 테러사건 발생

2004년 이라크의 알카에다 김선일 참수

2007년 **아프가니스탄 탈레반에게 한국기독교선교단 납치 및 피살**

찾아보기

다문화 시대의 이슬람, 그 반역의 역사

발행일 | 2013년 3월 20일
저 자 | **김중순**
펴낸이 | 최도욱
펴낸곳 | 소 통
주 소 | 경기도 안양시 동안구 부림동1586, 305-205
전 화 | 070-8843-1172
팩시밀리 | 0505-828-1177
이메일 | sotongpub@gmail.com chio7417@hanmail.net
가 격 | 15,000원

잘못된 책은 바꾸어 드립니다.

ISBN 978-89-93454-70-3 93280

이 도서의 국립중앙도서관 출판시도서목록(CIP)은 서지정보유통지원시스템 홈페이지(http://seoji.nl.go.kr)와 국가자료공동목록시스템(http://www.nl.go.kr/kolisnet)에서 이용하실 수 있습니다.(CIP제어번호: CIP2013001134)